广东培正学院重点学科专业建设丛书 / 黄崴◎主编

基于案例驱动的
电子商务法教程

陈 伟 郑伊伊 主 编

兰巧丽 张艳梅 副主编

中山大学出版社
SUN YAT-SEN UNIVERSITY PRESS
·广州·

图书在版编目（CIP）数据

基于案例驱动的电子商务法教程/陈伟，郑伊伊主编 . —广州：中山大学出版社，2023.9

（广东培正学院重点学科专业建设丛书/黄崴主编）

ISBN 978 - 7 - 306 - 07874 - 2

Ⅰ.①基…　Ⅱ.①陈…②郑　Ⅲ.①电子商务—法规—中国—教材　Ⅳ.①D922.294

中国国家版本馆 CIP 数据核字（2023）第 150468 号

JIYU ANLI QUDONG DE DIANZISHANGWUFA JIAOCHENG

出　版　人：王天琪
策划编辑：王延红
责任编辑：周明恩
封面设计：林绵华
责任校对：陈晓阳
责任技编：靳晓虹
出版发行：中山大学出版社
电　　话：编辑部 020 - 84110283，84113349，84111997，84110779，84110776
　　　　　发行部 020 - 84111998，84111981，84111160
地　　址：广州市新港西路 135 号
邮　　编：510275　传　真：020 - 84036565
网　　址：http://www. zsup. com. cn　E-mail：zdcbs@ mail. sysu. edu. cn
印　刷　者：广东虎彩云印刷有限公司
规　　格：787mm×1092mm　1/16　17.25 印张　305 千字
版次印次：2023 年 9 月第 1 版　2025 年 3 月第 2 次印刷
定　　价：48.00 元

编　委　会

主　编：陈　伟　郑伊伊
副主编：兰巧丽　张艳梅
成　员：陈化琴　曾　兰　彭　波　罗玉娟　刘水健

前　　言

随着信息技术和计算机网络的不断发展，以互联网为平台的电子商务近年来发展迅猛，电子商务的引领作用不断凸显。电子商务行业逐步规范、完善，政府相关监管措施陆续到位，经过多次的审议与修订，《中华人民共和国电子商务法》于 2018 年 8 月 31 日第十三届全国人民代表大会常务委员会第五次会议通过，2019 年 1 月 1 日起正式实施。

伴随着电子商务法的实施，社会对电子商务及相关领域法律人才的需求越来越大，对电子商务及相关法律专业课程也提出了新的时代要求。为适应电子商务及相关法律专业的实际教学需要，结合广东培正学院电子商务系陈伟老师主持的 2020 年广东省本科高校教学质量与教学改革工程建设项目"广东培正学院电子商务系—京东华南（广州）电子商务实践教学基地"，我们邀请了广东培正学院管理学院电子商务系陈伟老师、张艳梅老师、曾兰老师、彭波老师，广东培正学院法学院法学系郑伊伊老师、兰巧丽老师、陈化琴老师，以及广东京邦达供应链科技有限公司人力资源经理罗玉娟女士、广东京邦达供应链科技有限公司能力提升经理刘永健先生一起合作，在对历年来的相关研究内容进行梳理的基础上，分析前人的教学与科研成果，加入案例与电子商务法相结合的创新特色，编写了本书。

本教程特点是通过电子商务领域的代表性具体案例，结合电子商务法的具体内容展开案例分析的方式来组织教学，引导并帮助学生理解电子商务法的具体内容，达到在课堂教学过程中一方面巩固理论知识，另一方面能与行业企业具体应用紧密联系的效果，从而培养出能真正满足社会需要的应用型人才。

目　录

绪　　论

　　20 世纪 90 年代以来，伴随着计算机与互联网信息技术的不断普及，电子商务在国际范围内得到了快速蓬勃的发展。自 1999 年开始，阿里巴巴、易趣网、当当网和卓越网陆续在我国上线，因此许多人把 1999 年称为"中国电子商务元年"。电子商务是伴随着信息技术发展的一种全新的商务形式。而用于规范电子商务领域的电子商务法，与我们传统的民商事法律有着众多的不同，电子商务法属于一个新兴的法律领域。

　　1995 年以来，电子商务规模在全世界范围内逐步扩大，在经济中占据越来越重的分量，人们对电子商务立法的必要性、重要性和紧迫性，已取得了普遍共识。世界各国以及国际组织开始针对电子商务的特点制定特定的规则和法规。电子商务法正是伴随着电子商务的发展而逐步形成的。电子商务立法的目的，在于通过规范秩序、规范行为，实现市场的健康有序和可持续发展。

　　放眼全球，国际上电子商务法的形成要早于我国。1997—2001 年，联合国颁布的《电子商务示范法》和《电子签名示范法》，为各国电子商务立法提供了示范与模板。以这两个"示范法"为蓝本，出现了一系列代表性立法。比如，欧盟、美国、澳大利亚、新加坡、日本、韩国等国际组织或国家陆续颁布了各自的电子商务法律法规。其中，美国、韩国、新加坡等国家的电子商务法是全面性的、综合性的法律，如新加坡《电子交易法》，对电子商务活动中涉及的法律问题进行了全面性的规定。同时，部分国家的电子商务法律法规是就电子商务活动中的某一个特定领域进行规定的，如日本在 2000 年颁布的《关于电子签名及认证业务的法案》。

　　虽然国际上电子商务法的形成要早于我国，但我国的电子商务发展也极为迅速。从 20 世纪 90 年代开始，我国的电子商务市场经过近 30 年的发展，已经位居世界领先水平。2000 年以来，我国相继出台了关于电子商务的法律、法规与规章制度。这些法律、法规与规章制度对电子签名、电子支付、网络交易等电子商务活动的关键问题进行了相应的规定。但一直以来，相较于发达国家的电子商务立法，我国大部分的电子商务的法律、法规都较为分散，层级较低，且缺少系统性。

法律是治国之重器，良法是善治之前提。社会各界迫切期望加快电子商务立法。2013 年全国人大常委会正式启动了电子商务法起草工作，电子商务法纳入十二届全国人大常委会五年立法规划。经历了长达 5 年的调研、起草和审议的过程，2018 年 8 月 31 日，《中华人民共和国电子商务法》颁布，并于 2019 年 1 月 1 日起实施。

一、电子商务法的地位

电子商务法的地位，是指电子商务法在我国法律体系中所处的位置；是指电子商务法是从属于某个法律部门，还是作为一个单独的法律部门存在；是指在对电子商务进行规范调整时，在内容上是通过修改传统法律部门的规定，还是另行单独制定的电子商务法。

一般来说，电子商务法所包含的内容非常广泛，涉及多个部门法的交叉，如民法、商法、公司企业法、消费者权益法等。但整体上来说，电子商务法的主要内容还是民法与商法，尤其是商法。

与此同时，电子商务法调整对象的特殊性使得其难以依据传统的法律框架运行，使用原有的民法、商法不足以应对复杂的电子商务活动和环境，包括我国在内的许多国家都有单独制定的电子商务法。因此，确有单独制定专门的电子商务法的必要。所以，电子商务法在我国的法律体系中属于民商法，是商法的特别法，是一个独立的部门法。

二、电子商务交易类型

按照分类方式的不同，可对电子商务进行不同类型的划分。由于篇幅有限，本书从交易模式方面将电子商务分为五种。

（1）企业与企业之间的电子商务交易模式（Business-to-Business，B2B）。B2B 是指企业与企业之间通过电子信息技术或互联网进行数据信息的交换、传递，开展交易活动的商业模式。其中较为典型的 B2B 平台有阿里巴巴、ECplaza 等。

（2）企业与消费者之间的电子商务交易模式（Business-to-Customer，B2C）。B2C 是我国最早出现的交易模式，该种交易模式下每笔金额虽然小但总体规模较大。目前，该种交易模式在电子商务中规模最为庞大，如当当网（自营部分）、京东商城（自营部分）、eBay、亚马逊（自营部分）等。

（3）消费者与消费者之间的电子商务交易模式（Customer-to-Customer，C2C）。C2C 是指消费者之间的通过电子信息技术或互联网进行的交易模式。消费者个人之间通过互联网经营者提供的交易平台进行线上交易，国内的电子商务平台如淘宝网、闲鱼网所采用的就是典型的 C2C。

（4）线下与线上相结合的电子商务交易模式（Online-to-Offline，O2O）。O2O 是指利用互联网，将线下商品、服务与线上相结合，由线上营销、线上购买带动线下经营和线下消费的方式。这种模式一般通过提供信息、服务预订等方式，把线下商店信息推送给互联网用户，将线上客户发展为线下客户。

（5）电子政务与电子商务相结合的电子商务交易模式（Government-to-Business，G2B）。G2B 是指政府与企业之间的电子商务交易模式，即政府通过网络系统进行采购与招标，通过线上的方式简化审批手续，提高办事效率，减轻企业负担，为企业的生存和发展提供良好的环境，促进企业发展。

三、电子商务对传统商事法律的影响

从表现形式上看，电子商务借助电子信息技术及互联网，使得交易所涉及的各方当事人能通过电子在线的方式相互联系，实现交易的网络化、电子化。这种不同于传统商务的活动和环境，势必会产生很多传统商事法律难以调解的新问题，也给传统商事法律带来新的挑战。

（1）电子商务经营者的监管问题。随着电子商务行业的快速发展，电子商务经营者（如网站的经营者、电子商务平台经营者、平台内的经营者等）的类型和数量不断增多，原有的法律体系中缺少对电子商务经营者的相关规定，比如电子商务经营者的准入资质、经营内容、经营方式、权利责任义务等，不利于对电子商务经营者进行监督和监管。

（2）电子合同的签订问题。电子合同的签订是电子商务活动的首要环节。与传统民事合同相比，电子合同是以电子数据的形式形成的合同，在电子签名的法律效力及信息安全问题上均具有特殊性。电子合同的非实体性、无纸化特性，也使得交易的当事人无须进行面对面签署。那么，对电子合同当事人身份信息的确认、信息的输入、信息的保护等问题，也需要特定的法律法规进行规范。

（3）电子支付的结算问题。电子支付是电子商务活动的重要环节。在电子商务活动中，付款人使用电子支付后，网上银行或第三方电子支付机构将付款人的资金从付款方转移至收款方，此中所需的操作均在线上完成。这就涉及支付机构的管理规则、电子支付账户的开户规则、支付指令的发出与接收、资金的安全转移、信息存储的技术和资金管理安全等问题。在此过程中，通过特定的法律法规保障电子支付的安全性是电子商务必须要面对的重要问题。

（4）电子商务的交易保护问题。电子商务活动中，与传统商务活动一样，亦有消费者权益保护、知识产权保护、交易纠纷等问题。对于这些问题，现行法律体系中已有相应的规定，比如消费者权益保护、知识产权保护等相关法律法规。但电子商务的特殊性，使得交易中存在与传统商务有所区别的特殊情形，比如消费者面对平台内经营者设置的格式条款、与平台内经营者间信息不对称的情况而导致的申诉无门、维权难等问题。因此，对于电子商务活动来说，一方面必须利用现行已有的法律法规对电子商务活动进行保护，另一方面需要针对特殊情况作出补充规定。

（5）电子商务交易的纠纷解决问题。电子商务的蓬勃发展带来了激增的交易量，也随之产生了更多种形式的纠纷。已有的司法程序对于解决电子商务纠纷仍然是有效的，但由于电子商务的特殊性，比如跨越地域等情况，解决纠纷过程中易出现法律文书送达成本高、异地起诉花费时间长、维权成本高等诸多问题。因此，要在保证司法公正的前提下，探索更适合解决电子商务纠纷的方式，提高解决纠纷的效率，如增设线上立案、电子文书送达等配套司法程序。

第一章

电子商务法概述

【案例1-1】 某旅行网 "泄密事件"①

2014年，一则关于某旅行网安全漏洞信息的新闻，称大量该网用户的银行卡信息可能遭遇严重泄露，让曾经用信用卡在该旅行网消费过的用户陷入一片恐慌。随后，该旅行网方面迅速进行了技术排查，发现确实存在漏洞并于两小时内修复了问题。

据该旅行网官方通告显示，除了存在潜在风险的93名客户需要更换信用卡外，其他所有的客户信息在该旅行网都是安全的。与此同时，该旅行网致歉并承诺如因安全漏洞引发用户损失，该旅行网将承担全部责任并给予赔付，并启动一系列加固系统信息安全的措施。据悉，此次事件主要是由电子商务平台中电子支付的其中一种——信用卡支付所引起的。信用卡网上支付只需要三个关键信息：卡号、有效期、CVV码〔即 card verification value，而 Mastercard 的安全码称作 card validation code（CVC），通常指的是卡片背面签名条后面的三个数字〕。银行的线上接口核对确认这三个信息后，就能完成支付。CVV码认证支付是国际上成熟的信用卡支付模式，也是我国业内许可的方式。为确保支付安全，我国央行明确规定，商家不能违规储存CVV码，以防被黑客盗用。该旅行网在技术调试过程中，违规地将部分用户的CVV码数据保存了下来，同时又缺少与之配套的严格的安全配置，造成安全漏洞。这些信息一旦泄露，不法分子就可能盗用持卡人的信用卡。

此后，该旅行网方面表示，其已建立安全应急响应中心（sec.ctip.com），并设立了总额500万元的信息安全奖励基金，奖励为该旅行网找出漏洞的信息安全卫士，且将邀请国际知名信息安全认证机构来共同保障用户的个人信息安全。此外，该旅行网保证将不再保存客户的CVV信息，以前保存的那些CVV信息，正在予以删除。

思考：

1. 该旅行网的做法有何问题？

---

① 节选自人民网：http://opinion.people.com.cn/n/2014/0404/c1003-24823085.html。

2. 电子商务法应该如何更好地规范平台的行为?

20 世纪 90 年代以来，随着计算机技术、互联网技术的高速发展，基于互联网活动和应用的不断发展以及 5G 网络、智能手机的普及，我国网民数量节节攀升。中国互联网络信息中心（CNNIC）的第 50 次《中国互联网络发展状况统计报告》显示，截至 2022 年 6 月，我国网民规模为 10.51 亿，互联网普及率达 74.4%，网民人均每周上网时长为 29.5 个小时，较 2021 年 12 月提升 1.0 个小时。在我国，超过 10 亿用户接入互联网，已经形成了全球最为庞大、生机勃勃的数字社会。截至 2022 年 6 月，我国短视频用户的规模增长最为明显，达 9.62 亿，较 2021 年 12 月增长 2805 万，占网民整体的 91.5%。即时通信用户规模达 10.27 亿，较 2021 年 12 月增长 2042 万，占网民整体的 97.7%。网络新闻用户规模达 7.88 亿，较 2021 年 12 月增长 1698 万，占网民整体的 75.0%。网络直播用户规模达 7.16 亿，较 2021 年 12 月增长 1290 万，占网民整体的 68.1%。在线医疗用户规模达 3.00 亿，较 2021 年 12 月增长 196 万，占网民整体的 28.5%。网络的高频使用，致使全民的生活方式、购物方式、餐饮方式都正在悄然发生变化。

网络高速发展也带来电子商务活动的蓬勃发展，电子商务活动在市场经济中发挥越来越重要的作用。而电子商务法是规范电子商务活动的法律，是十分重要的法学部门。本章将通过介绍电子商务的法律概念、特征，电子商务法的调整对象、适用范围及基本原则，以及电子商务法的形成与发展，使学生对电子商务与电子商务法有一个梗概性的了解。

第一节　电子商务的概念和特征

一、电子商务的概念

对于电子商务的定义，当前在世界范围内尚未形成一致的观点，不同国家和地区的学者、各国政府和组织对其均有不同的理解，并未达成共识。但这些定义基本都从"电子商务"当中的"电子"和"商务"两词所代表的"技术手段"和"活动"来进行定义，一般可分为广义说和狭义说两种。

广义说的"电子商务"将其定义为一切以电子信息技术为手段进行的商务活动，将"电子"的范围作最广义的解读，理解为：电子信息技术并不局限于互联网，其他如电话、电报、智能卡等通信手段也同样属于电子商务的范畴。且广义说在"商务"活动的性质方面的理解是，只要属于经济活动或者与商务相关联，均可认为是"电子商务"。而狭义说则是从不同程度和方面对广义说的"电子商务"进行了缩小或限制，不同的国家、组织对此有不同的观点。一些狭义说对电子商务的"技术手段"进行了缩小或限制，如认为电报、电话等手段不属于电子商务的范围，应仅限于"互联网"。另一些狭义说则从"活动"的性质上进行了限制，如认为电子商务是"运用各种电子通信手段所进行的商事法律行为"，而不包括一般的民事活动。

《中华人民共和国电子商务法》结合了2016年商务部发布的《第三方电子商务交易平台服务规范》中对电子商务的界定——"本规范所指的电子商务，系指交易当事人或参与人利用现代信息技术和计算机网络（包括互联网、移动网络和其他信息网络）所进行的各类商业活动，包括货物交易、服务交易和知识产权交易"，对电子商务概念作了统一的界定。

根据《中华人民共和国电子商务法》第二条所解释的定义："本法所称电子商务，是指通过互联网等信息网络销售商品或者提供服务的经营活动。"我国电子商务法对电子商务的定义内涵较为狭窄，属于狭义说。该定义将电子商务的"技术手段"限定为"互联网等信息网络"，将"活动"的性质限定为"销售商品或者提供服务的经营活动"，属于商事活动，而非一般的民事活动。

二、电子商务的特征

从电子商务的发展历程和定义，我们可以总结出电子商务具有以下四种基本特征。

（一）便利性

以互联网的高速发展作为依托，电子商务实现了经营者与消费者、经营者与经营者之间的快捷、实时沟通，实现了人们在不同的地域、时间以方便、简捷、省时、高效的方法完成传统的各种商业活动。比如，在全球范围内，经营者和消费者、经营者和经营者之间都能通过网络平台进行实时沟通，完成信息的传递、合同的签订、交易的支付，不再需要实际到场进行相应的操作，而往往可能只是在网页上进行几个简单的按键和点击操作就完成交易。从空间上来说，电子商务打破了地域的壁垒，只要有网络的联通，就能实现全球范围内的无障碍交易。从时间上来说，电子商务又使得经营者和消费者之间可以更便利地随时进行交易，比如消费者想要购买产品，24 小时内都可以登录网页进行浏览和操作，而无须等到商场开门才进行购买。

（二）虚拟性

电子商务作为一种新型的交易方式，是伴随着电子信息技术和互联网成长起来的。电子商务以互联网等技术作为手段，搭建起一个有别于传统交易的新天地。这种新的交易方式将经营者、消费者、生产企业、流通企业和政府都带进了一个虚拟的市场。这些主体，都可以通过网络信息技术，在网络的空间里进行商务活动，包括信息的传递、合同的签订和交易的支付等。有一些交易活动，甚至无须涉及线下的具体实物的转移和交付，直接在线上通过信息技术完成订单，如在线购买电子书籍、数字音乐产品、网络视频会员服务等。

但需要注意的是，此处所说的虚拟性，并不代表电子商务发生在一个虚无缥缈的世界，而是指网络平台中的虚拟市场。电子商务市场中，活动的参与者都有其在网络世界外的物理实体，都是客观存在的。

【案例 1-2】网约车乘客遇危险，平台是否担责？[①]

乘坐网约车发生交通事故，平台所有人是否应承担赔偿责任？日

---

① 节选自人民网：http://society.people.com.cn/n1/2022/0601/c1008-32435628.html。

前，张某乘坐网约车途中发生交通事故死亡，其继承人张某某、翦某某等将重庆某公司、李某某等4名被告诉至法院，主张损害赔偿。该案经重庆市第四中级人民法院审理后，依法判决由重庆某公司、李某某向张某某、翦某某等赔付43万余元。

法院经审理查明，2020年11月15日，常某驾驶货车与李某某驾驶的普通客车相撞，造成乘车人张某死亡，其他人受伤。道路交通事故认定书认定李某某与常某对本次道路交通事故承担同等责任，乘车人不担责。

李某某使用app从事网约车服务。重庆某公司是该app的所有人，对李某某的身份证、驾驶证、行驶证、运营证、网约车从业资格证进行了审核。李某某每月向重庆某公司支付100元软件服务费。死者张某的手机上显示"网约车，本人乘车，行驶中"。

一审法院审理后判决，某保险公司向张某某、翦某某等赔付583041.89元；李某某向张某某、翦某某等赔付437980.11元；驳回张某某、翦某某等其余诉讼请求。张某某、翦某某等不服，提起上诉。

重庆四中院审理后认为，李某某向重庆某公司提交资料通过审核，每月交纳费用100元，成为重庆某公司的网络预约出租汽车驾驶员。重庆某公司向李某某、张某提供扫码服务，授权李某某与张某订立网约车服务合同。张某通过扫码模式发出订单，李某某在该平台接单确认，张某与重庆某公司之间已经成立运输合同，重庆某公司自合同成立之时起应当承担承运人的安全运输责任。重庆某公司辩称其不参与交易价格、订单分配、利益提成、设置行程终点等涉及经营核心内容的问题，不应承担责任。但这些运营方式，均系重庆某公司的内部管理行为，与乘客无关，其内部管理行为不得对抗乘客，不得免除其对张某应承担的责任和义务，故重庆某公司应当承担对死者张某相应的损害赔偿责任。法院遂依法判决维持一审民事判决第一项；撤销一审民事判决第二、第三项；重庆某公司、李某某向张某某、翦某某等赔付437980.11元。[①]

随着社会的发展，越来越多的人选择网约车出行。网约车平台公

---

① 宁海市人民政府网：http://www.ninghai.gov.cn/art/2022/6/1/art_1229116352_59065250.html。

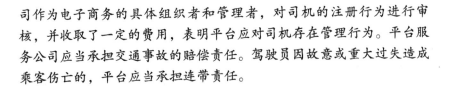

司作为电子商务的具体组织者和管理者，对司机的注册行为进行审核，并收取了一定的费用，表明平台应对司机存在管理行为。平台服务公司应当承担交通事故的赔偿责任。驾驶员因故意或重大过失造成乘客伤亡的，平台应当承担连带责任。

思考：

1. 网络平台的责任应该如何规定？

（三）安全性

电子商务所利用的互联网技术具有虚拟性，使得安全性成为电子商务不得不提的一个重要特征。在电子商务中，交易主体、交易客体展示出来的并非真实的物理实体，而是一种以信息技术为依托的虚拟存在。因此，交易主体往往无法仅从网络世界去判断对方是否具有相应的资质、能否履约、是否符合网络中的宣传、是否能承担相应的责任、能否避免产生任何的风险和危险。另外，除实体的风险和危险以外，在电子商务活动过程中，在网络虚拟世界搭建的虚拟交易市场所涉及的信息加密技术、安全防范技术、防火墙技术、信息保密技术等，也与传统交易有着巨大的区别，易引发其他交易安全的问题。

（四）低成本性

与传统的交易模式相较，电子商务第四大特征就是低成本性。首先，电子商务的操作只需要接入互联网即可，对物理场地和人力资源的需求都较低。很多电子商务活动无须固定的经营场所，部分经营者甚至可以通过在自己家里装设一台电脑、一台手机来完成经营活动，无须支付租金、水电费、人工费等费用。其次，电子商务活动的准入门槛也较低，对经营者的身份往往没有特别的要求，只要是具有民事行为能力的自然人，通过简单的注册程序，就可以开展经营活动。最后，由于通过互联网能进行实时的沟通，经营者可以直接和消费者对接，没有中间环节，交易环节的简化降低了交易成本——节省了传统交易中因层层中介而产生的各种成本。

第二节　电子商务法的调整对象和适用范围

电子商务法是调整电子商务活动的各种法律法规的总称。相较于传统的交易模式，电子商务因其便利、高效的交易方式和相对低廉的成本，在全球范围内高速蓬勃发展。在这个飞速发展的过程中，也出现了许多传统法律难以解决的新问题，为了规范电子商务活动、维护市场的秩序和稳定，电子商务法应运而生。明确电子商务法的调整对象和适用范围，能确保相关的法律法规发挥其应有的作用。

一、电子商务法的调整对象

电子商务法的调整对象指的是电子商务活动中所形成的各种法律关系。主要有以下两种关系。

（1）电子商务活动中，平等主体之间的各种法律关系。平等主体指的是电子商务的经营者与经营者、电子商务的经营者与消费者以及电子商务平台经营者与平台内经营者。

（2）电子商务活动中，行政机关与相关主体之间的各种法律关系。行政机关在对电子商务活动的监管过程中，与相关电子商务经营者形成了相应的法律关系，如市场监管法律关系、税收法律关系等。

电子商务活动一般具有以下三种特点：第一，电子商务活动是通过互联网等信息网络进行销售商品或者提供服务的活动，与传统商务活动相比较，依托网络信息技术是其最大的不同。第二，电子商务活动中交易的内容不仅包括有形的商品，更包括无形的产品以及服务，如数字音乐、在线信息服务等。第三，电子商务活动是以营利为目的的经营活动，不以营利为目的的活动不属于电子商务活动，如公益捐款等。

二、电子商务法的适用范围

商法是调整营利主体之间交易关系的法律，电子商务法属于商法的范畴。具体而言，电子商务法适用范围包括电子商务经营者之间的电子商务关系、电子商务经营者与电子商务消费者之间的电子商务关系。

《中华人民共和国电子商务法》第九条明确规定："本法所称电子商务经营者，是指通过互联网等信息网络从事销售商品或者提供服务的经营活动的自然人、法人和非法人组织，包括电子商务平台经营者、平台内经营者以及通过自建网站、其他网络服务销售商品或者提供服务的电子商务经营者。"这就说明，电子商务经营者包括三大主体：分别是电子商务平台经营者、平台内经营者以及通过自建网站、其他网络服务销售商品或者提供服务的电子商务经营者。

（一）《中华人民共和国电子商务法》的空间适用范围

这里的空间适用范围指的是法律意义上的空间，也就是指该法律在哪些具体的地域范围内发挥其效力，即适用于哪些具体的地区。法律的空间适用范围往往与一国的国情、法律的形式、调整的对象相关。通常在一国主权所及的全部领域产生效力。比如，我国宪法和全国人大及其常委会制定的法律、国务院制定的行政法规，除另有规定外，都在全国范围内有效。《中华人民共和国电子商务法》第二条第一款规定："中华人民共和国境内的电子商务活动，适用本法。"该条款规定了电子商务法的空间适用范围，采用了属地原则，使我国电子商务法的适用范围涵盖我国以及外国公民在我国境内的一切电子商务活动。电子商务活动基于其能通过网络技术的互联实现跨越国境交易的特点而也日趋全球化。我国电子商务法的这一空间规定有利于我国对国境内电子商务活动进行切实有效的监管，也符合我国法律适用空间范围的一般性规定。

需要注意的是，电子商务活动中的境内外属性，并不以主体的国籍作为判断的标准，而以行为所在地划分境内与境外。也就是说，如果行为主体是外国国籍，但在中国境内进行电子商务活动，就应适用我国的电子商务法。换言之，中国主体在境外的电子商务活动，不属于"境内的电子商务活动"。

（二）《中华人民共和国电子商务法》的除外情形

《中华人民共和国电子商务法》第二条第三款规定："……金融类产品和服务，利用信息网络提供新闻信息、音视频节目、出版以及文化产品等内容方面的服务，不适用本法。"此条规定说明，涉及金融类产品和服务虽然符合法律关于电子商务的定义，但考虑到其自身的特殊性以及其已有专门立法所规范，如《中华人民共和国证券法》《中华人民共和国保险法》等，不再适用电子商务法；出于对国家安全的考量，利用信息网络提供新闻信息等内容方面的服务，已有《中华人民共和国广播电视法》《中华人民共和国网络安全法》等立法予以规范，不再适用电子商务法。

第三节　电子商务法的基本原则

电子商务是新兴的立法领域，除遵循法律的一般原则以外，还应根据其特点，增加符合其特点的新的法律原则。电子商务法的基本原则是电子商务活动应遵守的基本准则，是电子商务立法的基本准则和指导思想。

一、自愿、平等、诚信原则

自愿、平等、诚信原则是传统民商法的基本原则，是一切商事活动都应遵守的行为准则。电子商务活动与传统民商事活动的最大区别在于所依赖的活动手段不同，但电子商务活动本质上仍然是民商事活动，所以也应当遵守自愿、平等、诚信原则。在电子商务法中明确自愿、平等、诚信原则，有助于实现法律制度的系统性及完整性。这一原则在《中华人民共和国民法典》中亦有规定，体现在电子商务活动中，不仅电子商务的经营者，而且其他电子商务的参与者如消费者等，均应遵守这个民商事活动中最重要的一般原则。

（一）自愿原则

自愿原则，又称作意思自治原则，是民法的核心原则，也是贯穿电子商务活动各个环节的基本原则。在电子商务领域，自愿原则是指在法律规定的范围内，电子商务活动的当事人有权按照自己的意愿进行协商、从事电子商务活动。比如，电子商务经营者有权按照自己的意愿决定是否进入或者退出电子商务领域进行经营活动；电子商务平台内经营者有权按照自己的意愿选择在哪个平台进行经营活动；消费者有权按照自己的意愿决定购买哪个商家的商品，有权根据自己的体验对经营者的商品和服务作出相应的评价。电子商务活动中如有争议发生，当事人也可以按自己的意愿进行协商解决。但自愿原则并不是绝对的，必须在法律允许的范围内进行。对涉及他人合法利益以及社会整体利益的事项，当事人的约定不得违反法律的强制性规定。比如《中华人民共和国电子商务法》第四十九条第二款规定："电子商务经营者不得以格式条款等方式约定消费者支付价款后合同不成立；格式条款等含有该内容的，其内容无效。"实践中，部分经营者以格式条款约定合同只有在其发货或者消费者收货时才成立，根据《中华人民共和国电子商务法》的规定，此类条款属无效。

（二）平等原则

平等原则是指电子商务活动中参与者均享有平等的法律地位。平等原则是电子商务主体实现意思自治、进行公平竞争的前提和基础，也是电子商务市场稳定发展的重中之重。只有在电子商务交易中当事人之间的法律地位保持平等，当事人才能相互尊重、自由平等地对话，从而达成共识，实现公平交易。如若交易中的任何一方利用某种优势地位，威胁、限制、压制另一方，交易则无法实现公平，也会对市场造成不良影响。比如，平台经营者不得利用格式条款、服务协议和交易规则排除平台内经营者、消费者的主要权利，免除自己的责任，加重对方的责任。

（三）诚信原则

诚信原则，也称作诚实信用原则。诚信原则是民法的基本原则，也被称为民法的"帝王条款"。它要求人们在民事活动中应当诚实、守信用，正当行使权利并履行义务。诚信原则是市场经济活动的一项基本道德准则，是现代法治社会的一项基本法律规则，也是电子商务法的基本原则。由于电子商务活动的特性是虚拟性，其对诚信有着更高的需求。比如，要求经营者交易时不得欺诈、不得虚假宣传、不得误导消费者；要求消费者根据购物或获得服务的情况作出真实的评价；要求经营者不得通过刷单、刷评价的方式影响消费者判断等。《中华人民共和国电子商务法》在立法时也将诚信原则贯穿其中，制定了大量条款推进电子商务诚信体系的建设。比如，《中华人民共和国电子商务法》第三十九条规定："电子商务平台经营者应当建立健全信用评价制度，公示信用评价规则，为消费者提供对平台内销售的商品或者提供的服务进行评价的途径。电子商务平台经营者不得删除消费者对其平台内销售的商品或者提供的服务的评价。"保障评价权的规定有利于促进经营者诚信经营，保护消费者权益。

二、线上、线下平等原则

线上、线下平等原则是指线上的电子商务活动与线下的传统商务活动，都应遵守民商事法律法规的要求，公平进行竞争及公平开展商务活动。线上的电子商务活动与线下的一般传统商务活动的最大区别在于所依赖的活动手段不同，但本质上二者均是民商事活动，属于市场基本经营活动的范畴，在对营利的追求上无任何实质的差别。随着互联网的高速发展，线上的电子商务活动与线下的传统商务活动都迎来了各自的挑战和机遇，但二者之间不应是互相排斥、此消彼长的关系，而是互相依存、互相促进的关系，二者对市场发展都有着推动作用，只有线上、线下的商务活动均有序、健康、可持续发展，才能带来市场的稳定发展。《中华人民共和国电子商务法》第四条规定："国家平等对待线上线下商务活动，促进线上线下融合发展，各级人民政府和有关部门不得采取歧视性的政策措施，不得滥用行政权力排除、限制市场竞争。"这既是对民事活动平等原则的贯彻，也体现了维护公平竞争原则的要求。

三、技术中立原则

技术中立原则又称作不偏重任何技术手段原则，是指法律应当对电子商务交易所采用的技术手段同等对待，不应把对某一特定技术的理解作为立法基础，从而区别对待或限制其他形式的新兴技术手段。

对此原则的理解可分为两个部分：一是不应把对某一特定技术的理解作为法律规定的基础而区别对待或限制其他形式的技术手段；二是国家、政府不应因为政治、地区等非技术因素对技术的发展采取限制性措施。也就是说，既不能规定其必须采用某种特定技术，亦不能阻碍未来其他技术的发展。

此原则是为了排除不必要的司法、行政对技术的干预，保障信息技术的自由、良性竞争和发展。技术中立原则不仅是对现有技术的保护，更是给未来技术的不断发展留下法律空间，比如更新型的计算机或者更新型的信息技术手段。

电子商务法的基本目标是在电子商务活动中建立公平的交易规则。为了实现各方利益的平衡，达到公平的目标，使市场有序、健康地发展，目前世界各国和国际组织在电子商务立法中，都共同遵循的基本原则之一就是技术中立原则。比如，该原则在电子商务中的一个重要表现是电子签名的广泛应用。电子签名不以数字签名为限制，只要其采用的技术手段可确保资料在传输或存储时保持完整性以及安全性即可。任何利用信息技术生成的电子签名与文件都具有和书面签名文件同等的功能和法律效力。美国在 2000 年通过第一部统一的电子签名法《国际与国内商务电子签名法》也遵循了技术中立原则，认定只要是符合技术标准的电子签名都具有法律效力。技术中立原则在《中华人民共和国电子商务法》中也有所体现，比如第五十三条、第五十四条均写明了电子支付服务提供者的义务，只要求其确保电子支付指令的完整性、一致性、可跟踪稽核和不可篡改，而未要求其必须采用某种技术手段。

四、鼓励创新与发展原则

电子商务作为新兴的商业活动模式，仍然处于上升且不断发展的阶段。电子商务的高速和蓬勃发展离不开在此过程中科技手段日新月异的变化以及行业内源源不断的创新与发展。创新与发展为电子商务活动注入了更强的生命力与活力。

《中华人民共和国电子商务法》第三条规定："国家鼓励发展电子商务新业态，创新商业模式，促进电子商务技术研发和推广应用，推进电子商务诚信体系建设，营造有利于电子商务创新发展的市场环境，充分发挥电子商务在推动高质量发展、满足人民日益增长的美好生活需要、构建开放型经济方面的重要作用。"

鼓励电子商务创新，要从法律、政策层面出发，给电子商务经营的内容、方式和手段提供更多的支持和保障，给予电子商务足够的发展空间，鼓励电子商务创新、革新商业模式，在传统商业模式的基础上发挥电子商务的特点，推动市场的发展。我国部署启动面向 2030 年的科技创新重大项目，支持北京、上海建设具有全球影响力的科技创新中心，新设 6 个国家自主创新示范区。国家知识产权局数据显示：2022 年，我国共授权发明专利 79.8 万件。截至 2022 年底，我国发明专利有效量达 421.2 万件，每万人口高价值发明专利拥有量达 9.4 件，较 2021 年提高 1.9 件。国内拥有有效发明专利的企业达 35.5 万家，较 2021 年增加 5.7 万家。我国是世界上首个国内发明专利有效量超过 300 万件的国家，其中高价值发明专利拥有量的比重超过四成。《世界知识产权指标》报告也显示，我国发明专利有效量已经位居世界第一。[①] 科技进步贡献率稳步上升，创新对发展的支撑作用明显增强。近年来，国务院发布的关于电子商务创新发展的扶持政策包括《国务院关于大力发展电子商务加快培育经济新动力的意见》（国发〔2015〕24 号）、《关于促进跨境电子商务健康快速发展的指导意见》（国办发〔2015〕46 号）、《国务院办公厅关于推进线上线下互动加快商贸流通创新发展转型升级的意见》（国办发〔2015〕72 号）等。

第四节　电子商务法的形成与发展

电子商务的快速发展在全球范围内都对世界各国以及国际组织的法律法规产生了巨大的冲击，带来了前所未有的挑战。电子商务需要法律法规

---

① 人民日报，《我国发明专利有效量达 421.2 万件》，https://www.cnipa.gov.cn/art/2023/2/13/art_ 55_ 182064. html。

进行调整，就必须有相应的立法。为此，多年以来，世界各国和国际组织都对制定涉及电子商务的法律法规进行了许多的尝试。

一、世界电子商务法的形成与发展

（一）联合国电子商务立法

1. 电子商务示范法

联合国国际贸易法委员会（United Nations Commission on International Trade Law，UNCITRAL）于 1996 年 12 月通过了《联合国国际贸易法委员会电子商务示范法》（*UNCITRAL Model Law on Electronic Commerce*，以下简称《电子商务示范法》）。联合国从 20 世纪 80 年代开始研究和探讨关于电子商务的立法问题，联合国国际贸易法委员会对电子商务的立法工作作了全面研究后，在 1996 年 6 月提出了《电子商务示范法》的蓝本，并于 1996 年 12 月在联合国大会通过。该法是目前世界范围内第一部关于电子商务的统一法规，此法律的诞生解决了世界上许多国家在电子商务法律上的空白及不完善的问题。《电子商务示范法》向各国提供了一套国际公认的电子商务法律范本，以供各国制定本国电子商务法律时参考，促进全球使用电子数据、电子签名、电子邮件、传真等现代信息技术和手段。

联合国国际贸易法委员会制定的《电子商务示范法》内容共 17 条，由两部分组成：第一部分为电子商务总原则，是《电子商务示范法》的核心组成，共分为三章 15 条。包括一般条款、数据电文的适用法律要求、数据电文的传递，内容主要涉及电子商务中数据电文、电子数据交换（electronic data interchange，EDI）的定义，数据电文的法律承认，电子签字的效力，电子证据的原件，数据电文的可接受性和证据效力，数据电文的确认收讫、发出和收到数据电文的时间和地点等问题。第二部分为电子商务的特定领域，此部分有一个章节 2 个条款，对货物运输中的运输合同、运输单据、电子提单的效力和证据效力等作出了规定。

2. 电子签名示范法

联合国国际贸易法委员会于 2001 年 7 月通过了《电子签名示范法》（*UNCITRAL Model Law on Electronic Signature*）。《电子签名示范法》是联合国国际贸易法委员会在颁布《电子商务示范法》之后，在全世界范围内，为各国和地区制定电子签名法研究的又一成果，《电子签名示范法》为许多国家和组织提供了相应的范本。

《电子签名示范法》是《电子商务示范法》的具体化和发展，《电子签名示范法》在《电子商务示范法》第七条关于电子签名规定的基础上，对电子签名相关的内容作了明确的规定。例如，对电子签名的定义、电子签名的要求、签名人和认证服务提供者及签名信赖方的行为和义务等，制定了相应的规范，为《电子商务示范法》提供了更高的操作性。从《电子签名示范法》的颁布开始，世界范围内掀起了新的一波关于电子签名立法工作的高潮。

（二）世界贸易组织电子商务立法

从 1986 年开始的关贸总协定"乌拉圭回合"贸易谈判最终制定的《服务贸易总协定》（*General Agreement on Trade in Services*，GATS）于 1995 年 1 月开始生效。《服务贸易总协定》的谈判产生了《电信业附录》，为所有的金融服务贸易（包括电子贸易在内）提供了一个基本法律框架。

随后，世界贸易组织（World Trade Organization，WTO）先后达成了三大协议：《全球基础电信协议》《信息技术协议》（ITA）和《开放全球金融服务市场协议》。

1998 年 5 月，WTO 的 132 个成员达成一致，签署了《关于全球电子商务的宣言》。宣言规定至少一年内免征互联网上所有贸易活动的关税。1998 年 9 月，世界贸易组织理事会通过了极具影响力的《电子商务工作计划》，涵盖服务贸易、知识产权保护、强化发展中国家的参与等问题。1999 年 9 月，WTO 通过了《数字签名统一规则草案》，对电子合同实施过程中的电子签名问题作了相应规定。

（三）美国电子商务立法

美国的电子商务开展的时间最早，发展也最快，是电子商务的发源地。为了使电子商务活动有法可依，美国从 20 世纪 90 年代起就开始了有关电子商务的立法工作。

1. 美国犹他州 1995 年《犹他州数字签名法》

美国的电子商务立法始于各州。美国犹他州于 1995 年颁布了《犹他州数字签名法》（*Utah Digital Signature Act*），是世界范围内第一部关于电子商务运行以及电子签名的立法。由于在互联网手段下的电子商务活动，

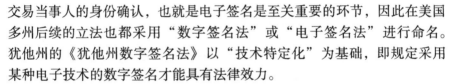

交易当事人的身份确认，也就是电子签名是至关重要的环节，因此在美国多州后续的立法也都采用"数字签名法"或"电子签名法"进行命名。犹他州的《犹他州数字签名法》以"技术特定化"为基础，即规定采用某种电子技术的数字签名才能具有法律效力。

2. 美国1997年《全球电子商务纲要》

1997年7月1日，时任美国总统克林顿发布了《全球电子商务纲要》（*A Framework for Global Electronic Commerce*），号召各国政府支持和帮助企业发展互联网的线上商务应用。《全球电子商务纲要》是世界上第一份官方正式发布的关于电子商务立场的文件。纲要中提出了关于电子商务发展的一系列原则，旨在为电子商务的国际讨论与国际协议签订建立框架。

（四）欧盟和欧洲部分国家电子商务立法

欧盟于1997年提出《关于电子商务的欧洲建议》，为规范欧洲电子商务活动奠定了框架。1998年又发布了《发展电子商务法律架构指令》，主要针对使用网络服务的职业者进行规范。1999年欧洲议会通过了《关于建立有关电子签名共同法律框架的指令》（以下简称《电子签名指令》）。2000年欧洲议会通过了《关于共同体内部市场的信息社会服务指令》（以下简称《电子商务指令》）。《电子签名指令》和《电子商务指令》构成了欧盟电子商务立法的核心。《电子签名指令》的基本框架成为各成员国电子签名的立法基础，具有深远的社会意义。《电子商务指令》对电子交易、电子商务服务提供者的责任归属等问题进行了规定。《电子商务指令》颁布后，欧盟成员各国也相继将其纳入了本国法律。

（五）英国电子商务立法

英国属于电子商务起步较早的国家。英国政府的大力支持使得英国在电子商务的立法方面发展迅速。从1996年开始，英国先后提出了五份关于电子商务的立法动议。2000年，英国政府制定了《电子通信法案》，该法案综合性强、涉及内容广泛，对加密服务提供商、电子商务的数据储存、电子执照、法律修改、主管机关等方面进行了规定。其后，英国在2002年又发布了《2002年电子商务（欧盟指令）条例》和《2002年电子签名（欧盟指令）条例》。这两个条例使英国的电子商务和电子签名从原有的遵循英国2000年颁布的《电子通信法案》的原则过渡为欧盟指令的规则。

（六）新加坡电子商务立法

新加坡是亚太国家中电子商务发展较快的国家之一。在联合国颁布《电子商务示范法》后，新加坡便开始了相关的立法工作，是世界上较早制定电子商务法律的国家之一。1998 年新加坡颁布了有关电子商务的综合性法律《电子交易法》，对电子商务活动进行全面规范。《电子交易法》包括电子商务的三个核心方面：电子签名、电子合同的效力和网络服务提供者的责任。该法的颁布早于欧盟的《电子商务指令》，在内容上与联合国《电子商务示范法》的国际标准保持高度一致，在全世界范围内都产生了较大的影响。

（七）日本电子商务立法

日本的电子商务起步并不早，但为了保证电子商务的发展，日本政府一直致力于推动电子商务立法。2000 年日本制定了《高度信息通信网络社会形成基本法》（简称《IT 基本法》），该法对政策方针、机构设置、重点计划等方面进行了规定。2000 年 6 月日本又发布了《数字化日本之发端——行动纲领》，该行动纲领提出了实现"数字化日本"的目标。对关于电子商务的三个方面——跨国交易的安全性、电子签名的法律效力、电子商务主体的法律责任进行了规定。此外，为了更好地应对电子商务活动中产生的大量小额交易，日本政府制定了非诉讼纠纷解决处理制度（Alternative Dispute Resolution，ADR），方便消费者进行维权。

（八）韩国电子商务立法

韩国《电子商务基本法》于 1999 年 7 月正式生效，旨在促进电子商务的发展。该法共分为总则、电子通信信息、电子商务安全、电子商务的促进、消费者保护和附则六章，内容较为全面。《电子商务基本法》兼容欧洲各国和美国在电子商务方面立法的长处，对技术问题和消费者保护方面都有借鉴。且为了具体实施《电子商务基本法》，韩国在 1999 年制定并于 2001 年修订了专门的《电子签名法》。

二、我国电子商务法的形成与发展

(一) 我国电子商务的发展背景

(1) 1999—2007 年，网络技术在全球范围内有了突飞猛进的发展，也影响了我国电子商务市场的发展。国内市场相继出现了淘宝网、当当网和京东等网络购物平台，网购的便利性逐步走进了中国消费者的视野，人们也开始尝试选择网络购物这一新颖的购物方式。但在此期间，由于物流配送服务的不健全性、网络平台管理的不规范性和消费者多数持观望态度，网购市场仍然面临不少问题和挑战。在我国电子商务法颁布实施之前，为了规范电子商务市场，我国已陆续出台了多部与电子商务相关的法律法规和规章制度，比如 2001 年 6 月 29 日中国人民银行颁布的《网上银行业务管理暂行办法》、2003 年文化部制定的《互联网文化管理暂行规定》、2005 年 4 月 1 日起实施的《中华人民共和国电子签名法》、2006 年 3 月 1 日中国银监会发布的《电子银行业务管理办法》等。这些法律法规大都只对电子商务的某些环节和特定问题进行了规范调整，但对当时的电子商务市场起到了非常积极的作用。

(2) 从 2008 年开始，我国迎来了电子商务发展的新一轮高峰，我国电子商务市场竞争力逐渐增强，逐渐显露出自身的特色。随着国内 3G 网络的建立和使用，物流快递行业的配套支持，网购用户突破一亿大关，线上经营平台迎来发展的新春天。线上电子商务市场的快速发展，对传统市场造成了很大的冲击，不少传统企业和资金开始向电子商务市场流转，更多的新兴网络平台全面开花，如苏宁易购、天猫全球购和亚马逊直邮等。网购平台的迅速发展，使得如何对其进行有效的监管成为重要课题。2008—2016 年，我国又陆续出台了多部对电子商务市场进行规范管理的法律法规，以保障电子商务市场的安全稳定运行。比如 2009 年 2 月工信部颁布的《电子认证服务管理办法》、2010 年 5 月国家工商行政管理总局颁布的《网络商品交易及有关服务行为管理暂行办法》、2011 年商务部发布的《第三方电子商务交易平台服务规范》以及 2016 年 11 月 7 日颁布的《中华人民共和国网络安全法》等。

（二）《中华人民共和国电子商务法》的立法过程

1. 立法启动

随着电子商务市场的不断发展，对电子商务活动进行规范化管理，形成一部统一、有效的电子商务法被提上日程。根据第十二届全国人民代表大会常务委员会的立法规划，电子商务法被列入第二类立法项目。第二类立法项目是指需要抓紧工作，在条件成熟时提请全国人民代表大会常务委员会审议的法律草案。2013 年 12 月 27 日，全国人民代表大会财政经济委员会在人民大会堂召开电子商务法起草组成立暨第一次全体会议，标志着电子商务法立法工作正式启动。①

2. 立法审议

2016 年 12 月 19 日，第十二届全国人民代表大会常务委员会第二十五次会议在北京召开，首次审议《中华人民共和国电子商务法（草案)》。这是我国电子商务立法的首次审议。

2017 年 10 月 31 日，第十二届全国人民代表大会常务委员会第三十次会议对《中华人民共和国电子商务法（草案)》进行了再次审议，这是我国电子商务立法的第二次审议。全国人民代表大会法律委员会介绍了草案的修改思路：与前稿相比，审议稿结构及条文内容变化较大，调整内容涉及电子商务主体类型及其登记、报备程序，电子商务平台交易规则制定、公示及修改方式，电子商务平台知识产权保护责任等内容。

2018 年 6 月 19 日，第十三届全国人民代表大会常务委员会第三次会议分组审议了《中华人民共和国电子商务法（草案)》三审稿。本次审议当中，面对我国快速发展的电子商务领域，与会人员建议尽快修改完善该法。

2018 年 8 月 28 日，第十三届全国人民代表大会常务委员会第五次会议就《中华人民共和国电子商务法（草案）四次审议稿》进行了分组审议。本次会议上，委会和代表们就平台押金收取问题、平台推送服务授权、消费者权益保护等问题进行了集中讨论，总体意见认为《中华人民共和国电子商务法（草案)》已经较为成熟。

---

① 中国人大网，《电子商务法立法启动》，http://www.npc.gov.cn/npc/c513/201312/6c9e472ea11746a78060185839c885c5.shtml。

3. 审议通过

立法是一项十分复杂且系统的过程，电子商务法经过多次审议和修改才能正式颁布实施。2018 年 8 月 31 日，第十三届全国人民代表大会常务委员会第五次会议审议通过了《中华人民共和国电子商务法（草案）》。以中华人民共和国主席令第七号公布：《中华人民共和国电子商务法》已由中华人民共和国第十三届全国人民代表大会常务委员会第五次会议于2018 年 8 月 31 日通过，现予公布，自 2019 年 1 月 1 日起施行。

（三）《中华人民共和国电子商务法》的特色

（1）中国电子商务法是综合性的立法，涵盖了一系列与电子商务有关的法律问题。与许多国家的电子商务法不同，中国电子商务法并不局限于规制电子交易的某一方面，而是延伸到电子支付、快递物流、数据交换、数据储存、市场竞争、消费者权益保护、在线争议解决、跨境电子商务、行政监督管理等其他相关的关键性法律问题，构建有利于电子商务发展的整体性法律环境。中国电子商务法以"解决电子商务活动中可能存在的问题"作为导向出发，虽然有民商法的特性，但不属于任何传统的法律部门，创造出中国法律体系中调整"电子商务活动"的基本法。中国电子商务法体例与内容上的综合性特征，使其在司法实践中更具有广泛应用和适用的空间优势。

（2）中国电子商务法是基础性的立法，在系统的法律框架内建立了大量的灵活性法律规范，以"树干"的姿势维系了法律生态系统的一致性，既与我们原有的法律、法规相兼容，也能与其他特别法相联系。中国电子商务法虽然是综合性的法律，但并非冗长的法律汇编，而是通过确立明晰的、基础的法律原则与框架，保障电子商务法律的进一步充实与发展。

（3）中国电子商务法是创新性的立法，建立了许多新的法律制度以适应电子商务的需要。中国电子商务法明确了各方面共同配合的原则，鼓励创造性的政府监督管理，支持在数字经济中以市场作为资源配置主导力量，尽量减少政府对市场的不必要干预；将电子商务平台经营者作为法律规范的核心，赋予其独立法律地位，规范其行为，明确其法律责任；承认自动信息系统的法律效力，建立电子商务平台知识产权保护制度，禁止对消费者进行"大数据杀熟"，规范电子商务市场竞争秩序，从而修正与更新了《中华人民共和国电子签名法》《中华人民共和国消费者权益保护法》《中华人民共和国著作权法》《中华人民共和国反不正当竞争法》等多部法律中的相关法律规范。

（4）中国电子商务法是国际化的立法。跨境电子商务是中国国际贸易的重要组成部分。中国电子商务法关于跨境电子商务的条款与国际接轨，建立了无纸化贸易与单一窗口机制的法律框架，对电子支付、物流快递、数据安全、争议快速解决等法律空白的领域进行了有效的补充。同时，为这些领域制定具体的法律、行政法规提供了法律基础与依据。因此，中国电子商务法是一部电子商务活动的基础法，由此逐渐衍生出更多的法律制度。

第二章

电子商务经营者

【案例2-1】电子商务经营者各自的权利、义务①

　　张先生与他人合作成立了"家××有限公司"，专门设计、生产、销售家用洗洁精、消毒液等产品。为迅速扩大其在业界的知名度和推销产品，张先生在阿里巴巴网注册了账号，然后根据要求申请注册了支付宝账号，签订了"支付宝绑定协议"。接着，张先生通过"诚信通"进行了企业实名认证，并按程序将其公司各类产品的信息进行发布。不久，就有几家家庭洗涤用品经销商从网上发来了采购意向，在确定了一家经销商也是通过"诚信通"进行了企业实名认证后，双方开始了商务接触。经过多次网上沟通之后，双方在阿里巴巴网上交易平台签订了一份标的额为120万元的家用洗洁精、消毒液买卖合同。在确认该经销商已将货款通过支付宝汇至家××有限公司的支付宝账户后，家××有限公司通过网络向某合作物流公司派单实现快速发货，该物流公司接单后迅速上门收货并发运。两天后，买方收到该批货物，经检验确认合格后通过阿里巴巴网上交易平台确认收货。双方对本次交易都比较满意，互相给予对方好评。家××有限公司登录其支付宝账户，按操作程序提现，将买方支付的预付款和尾款共120万元货款划至家××有限公司在中国建设银行开户的网上银行卡上。

思考：

1. 家××有限公司的网上销售活动涉及哪些电子商务法律关系？
2. 本案例涉及的电子商务法律关系的主体分别是谁？
3. 本案例涉及的电子商务经营者各自的权利、义务与责任分别是什么？

　　法律是调节人类社会行为的规范，其调整角度一般为主体与行为，电子商务领域的法律规范同样如此。因此，探讨电子商务主体法律制度，尤其是对电子商务经营者的界定具有重要意义，是电子商务具体法律行为如

---

① 自编案例。

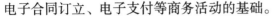

电子合同订立、电子支付等商务活动的基础。

　　电子商务法律制度主要是关于电子商务经营者及其行为的法律制度。本章通过与传统商务经营者进行比较，了解什么是电子商务经营者，并从不同角度分析电子商务经营者的特征。电子商务经营者的法律实务包括国内电子商务经营者市场准入制度的现状、网站设立的法律制度、电子商务平台经营者的市场准入与退出、电子商务平台内经营者开设网店的市场准入与退出。

第一节　电子商务经营者的概念和特征

　　电子商务经营者是电子商务法律关系参加者，即在电子商务法律关系中享有权利、承担义务之个人或组织。

　　电子商务是借助计算机技术、网络技术等信息技术实施的商务活动。因此，完整的电子商务活动不仅涉及电子商务企业与终端购买者之间的交易行为，还包括网络交易服务提供者所提供的联网、电子支付、物流配送、电子签名认证等相关服务。我们将参与电子商务交易和为电子商务交易提供服务的主体统称为电子商务参与主体，其主要可以分为两个方面：一是网上交易的交易方，包括提供商品或者服务的卖方和购买商品或者服务的买方；二是网上交易服务的提供者，包括为交易提供平台服务的提供者和提供电子支付、认证签名、物流配送等服务的网上交易辅助服务提供者。作为电子商务参与主体，只有了解甚至掌握涉及自身从事电子商务有关的法律法规，才能在电子商务活动中及时防范法律风险，实现商业利益的合法化与最大化。如设立自己网站的电子商务企业以及提供交易服务的第三方电子商务平台，参与电子商务的前提是要联网并注册网站，熟悉网站设立流程和网站运营监管有关的法律法规，从而有效防范因为网站运营不合法规导致的各种法律风险。作为提供商品和服务的电子商务经营者，首先会遇到一个市场准入的问题，需要明确电子商务经营者的特征以及所涉及的相关法律法规，这是了解或掌握整个电子商务法的前提。

一、电子商务经营者的概念

作为买卖双方参与的电子商务活动，其法律规定也必然涉及所有参与方，即电子商务参与主体。2007 年 3 月，我国商务部颁布了《关于网上交易的指导意见（暂行）》（商务部公告 2007 年第 19 号），其中对网上交易及其参与方的界定如下：网上交易是买卖双方利用互联网进行的商品或服务交易。常见的网上交易主要有企业间交易、企业和消费者间交易、个人间交易、企业和政府间交易等。网上交易参与方包括网上交易的交易方和网上交易服务提供者。

电子商务经营者常被用来指代互联网上交易双方中的卖方，对于第三方交易平台的角色没有明确的界定。随着电子商务的快速发展，电子商务经营者的概念逐渐变得清晰，2019 年 1 月 1 日正式实施的电子商务法明确将电子商务经营者分为两类，分别是电子商务经营者和电子商务平台经营者。

电子商务经营者，是指通过互联网等信息网络从事销售商品或者提供服务的经营活动的自然人、法人和非法人组织，包括电子商务平台经营者、平台内经营者以及通过自建网站、其他网络服务销售商品或者提供服务的电子商务经营者。

电子商务平台经营者，是指在电子商务中为交易双方或者多方提供网络经营场所、交易撮合、信息发布等服务，供交易双方或者多方独立开展交易活动的法人或者非法人组织。

【案例 2 -2】用户与平台，谁之错?[①]

某网络培训机构为吸引用户，推出了名为"公考指南"的系列讲座并进行销售。讲座视频发布后用户反映良好。不久，该网络培训机构的工作人员在某视频网站上发现一个名叫"风云"的用户发布的视频，内容与该培训机构推出的"公考指南"的系列讲座几乎雷同。经过查证，名叫"风云"的用户为"张三"。因此，该培训机构向法院起诉该网站和"张三"。认为未经许可，擅自使用培训机构所享有著作权的作

---

① 节选自吉林法院网，http://jlfy. e - court. gov. cn/article/detail/2020/06/id/5323717. shtml.

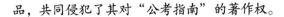

品，共同侵犯了其对"公考指南"的著作权。

思考：

1. 这是用户的错，平台也有责任吗？

二、电子商务经营者的特征

作为电子商务参与主体，电子商务经营者需要熟悉涉及自身从事电子商务的有关法律法规，才能在电子商务活动中及时防范法律风险，实现商业利益的合法化；更需要了解自身的特点，明确与传统商务经营者的异同，才能在竞争中赢得市场和消费者，实现商业利益的最大化。

（一）电子商务经营者与传统商务经营者的共性

电子商务经营者与传统商务经营者都追求盈利，其商务行为均有营利性，都要遵守法律规范。电子商务是以"电子"为手段，以"营利"为目的的商务活动。由于大部分甚至整个交易过程都可以通过网络完成，具有了"虚拟"的特点，但电子商务活动最终要落实到法律行为上。电子商务活动的效力体现，必须设定各方当事人之间的权利义务关系，电子网络只是电子商务经营者实现盈利的手段。与传统商务的市场一样，电子商务市场也是真实的市场主体，所以电子商务经营者一样是商务主体。

（二）电子商务经营者与传统商务经营者的差异

1. 经营者的主体属性不确定

互联网具有跨越国界的开放性，因此以互联网为经营基础的电子商务主体，其所在地、经营信息等不易确定。主体本身的不确定性容易导致用户对电子商务交易的风险存在顾虑。从电子商务法律角度看，每一次电子商务交易都应是具体而确定的，因此要求主体属性也应具体而确定。这两者之间存在的矛盾，需要通过主体认定来解决，以此确定经营者主体，最后确定电子商务活动中的法律关系。

2. 经营者的虚拟性

因为电了商务是通过网络来实现的，因此人们经常将电子商务市场称

31

为"虚拟市场",将电子商务经营者称为"虚拟经营者"。在网络环境下，有些企业或个体经营者以网站、网店的形式出现在用户面前，通过计算机软、硬件开发网络平台，形成电子营业场所；还有的企业会通过页面形式设立在线商店，进行网上交易。因为网络交易的经营者具有虚拟性的特点，一切特征和交易行为都是以电子化的方式显现，其商务主体是否真实存在、是否为信息所指的真正主体，都难以凭直观判断出来。

3. 经营者数量和种类较多

电子商务突破了传统的经营时间限制，变成 24 小时全天候经营；突破了传统的物理界限，市场容量、交易商品快速增加，且规模扩张的边际成本趋于零。减少中间商和交易环节之后，相比于传统商务有两个主体即可进行，参与互联网市场竞争的电子商务主体更多，商务要素的自由流动、信息透明、更充分的市场竞争，都使得市场中资源的作用得到充分发挥。大部分电子商务活动需要两个以上的经营者参与才能完成，除直接参与交易的经营者外，还需要间接参与的经营者，如第三方交易平台、第三方支付等经营者的参与。同时，电子商务涉及的商务主体和商务活动越复杂，在发生纠纷时对责任的认定越困难。

4. 经营者的跨地域性

电子商务的跨国界与跨地域性必然导致参与电子商务活动中的商务经营者也表现出跨地域性的特点，其经营场所可能涉及电子商务的住所地、第三方交易平台所在地等多个地点，经营场所并非只有一处。而跨地域的特点对电子合同的订立、效力、履行及违约责任追究都造成了重要影响，导致网络环境下商务活动管辖权的确定难度增加，还可能导致不同区域或国家之间法律管辖权与适用上的冲突，无论是对于经营者还是消费者，都造成了风险和成本的增加。

5. 经营者进入市场的难度较低

电子商务经营者进入市场的难度要低于传统商务经营者，如传统个体经营者需要按《个体工商户条例》的要求，提交登记申请书、身份证明和经营场所证明，向经营场所所在地登记机关申请注册登记为个体工商户之后方能进行经营活动。而许多个体电子商务经营者并不需要办理相关工商税务登记，仅通过网站实名认证即可进行网络交易。准入门槛的降低，使电子商务经营者的经营成本大幅度降低，提高了传统经营者的竞争难度。

【案例2-3】某电商平台"欺诈门"事件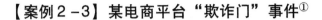①

2011年，某电商平台陷入了"中国供应商"客户涉嫌欺诈事件，之后导致该公司CEO及COO引咎辞职。这类欺诈事例在2009年时就有曝光，但当时影响不大。

欺诈事例比较典型的过程是：当客户A急需一批产品时，他可能会在该电商平台寻找供应商B公司，当客户A和B公司负责人取得联系后，B公司要求客户A提交1万元"押金"到自己公司或者个人账户上，而当这笔押金支付之后，客户A就发现再也联系不上这家公司了。在这一案例中，B公司就是涉嫌欺诈的"中国供应商"。

"我实在不明白，如果是骗人的公司，为什么还会大量出现在网站上呢？"互联网上这样的抱怨和投诉屡见不鲜。在该电商平台上，确实有一些保障措施来保护客户A的利益。但是问题在于，当客户A被试图欺诈的B公司骗取钱款后，该电商对诸多的"B公司"到底采取怎样的态度？这就是该电商平台的问题了。

思考：

1. "中国供应商"欺诈事件说明国内电子商务主体的准入制度存在哪些问题？
2. 电子商务市场经营者准入制度与传统的准入制度有什么不同？

【案例2-4】某影视软件公司越界侵权②

2016年，上海A公司和天津B公司发生一起纠纷。原告为B公司，被告为A公司。B公司享有影视作品《某武生》的信息网络传播权，A公司为"××影视"视频聚合软件的开发者。因"××影视"

---

① 节选自媒体资源网，http://www.allchina.cn/news/xinwenAD_post_28930.html。
② 节选自爱企查，https://aiqicha.baidu.com/wenshu?wenshuId=cf88f222c0d182a05a7eab1f253a41db198770b3。

未经 B 公司授权提供了作品《某武生》的在线播放服务，B 公司向天津市滨海新区人民法院起诉，请求判令：

（1）A 公司立即停止通过"××影视"苹果手机客户端提供影视作品《某武生》的在线播放服务。

（2）A 公司赔偿 B 公司经济损失及合理费用 4 万元。

（3）A 公司承担诉讼费用。

思考：

1. A 公司作为平台客户端的开发者，是否应承担信息网络传播责任？

第二节　电子商务经营者的种类

电子商务经营者的定义包含两个要件：交易营利性和交易的持续性。偶尔从事交易活动的主体即使以营利为目的，如出售自用闲置物品，通常不会被当作经营者。依据不同的分类标准，可将电子商务经营者划分为不同类型。通过不同的划分，可以从不同的角度全面认识与理解在实践中复杂的电子商务经营者种类及其法律属性。

一、自然人、法人与非法人组织

电子商务经营者是从事经营活动的市场主体，依其法律属性之不同可分为自然人、法人与非法人组织。

（一）自然人

自然人是指通过电子化方式参与电子商务交易的具备民事主体资格的人，相关的传统法律仍然适用于这些自然人。由于网络的普及和技术原因，网络用户的低龄化现象比较突出，对于参与电子商务交易的自然人是否具备相应的行为能力，目前依然存在不少取证和审核的难点。这些自然人参与电子商务交易的民事行为的效力难以确定，并不利于电子商务的整体发展，需要从法律、行业规范、企业自律等各方面一起着手才能取得好的效果。电子商务法中对自然人是否认定为电子商务经营者作了相关说明，特殊情况如销售自产农副产品或家庭手工业产品、偶尔从事交易活动、年交易额累计不超过 10 万元的，一般不认为是电子商务经营者。要注意的是，同一经营者在同一平台或者不同平台开设多家网店的，各网店交易额需合并计算。

（二）法人

法人是具有民事权利能力和民事行为能力，依法独立享有民事权利和承担民事义务的组织。法人与自然人同样具有民事权利能力，成为享有权利、负担义务的民事主体。法人与自然人的不同之处在于法人是无生命的社会组织体，法人的实质是一定社会组织在法律上的人格化。因此，电子商务的法人经营者应是具有国家规定的独立财产，有健全的组织机构、组织章程和固定场所，通过互联网等信息网络从事商品销售或者提供服务的经营活动，能够独立承担民事责任、享有民事权利和承担民事义务的经济组织。

（三）非法人组织

非法人组织是不具有法人资格，但是能够依法以自己的名义从事民事活动的组织。非法人组织包括个人独资企业、合伙企业、不具有法人资格的专业服务机构等。类似于法人，从事电子商务活动的非法人组织应当依照法律的规定进行登记，只有依法成立，才具有民事权利能力和民事行为能力。非法人组织作为参与电子商务法律关系的重要主体，在电子商务活动中也是通过网络的形式与在线自然人及其他经营者之间发生联系。由于非法人组织没有独立的财产或经费，因而它不具有独立承担民事责任的能力。当其因为进行电子商务交易而负债时，如其自身所拥有的财产或经费能够清偿债务，则由其自身偿付；如其自身所拥有的财产或经费不足以偿付债务时，则由其出资人或设立人对其所欠债务承担连带清偿责任予以清偿。

二、直接主体与间接主体

根据其是否直接参与电子商务交易，电子商务主体可分为直接主体与间接主体。

（一）直接主体

直接主体——直接进行电子商务交易的当事人，此类主体一般可由传统法律调整，但无法解决经营性网站等电子商务交易主体的真实性问题。因此规范电子商务网站建设，确保电子商务交易主体的真实存在是电子商务法规的首要任务，主要包括电子商务经营者的认定、登记与公示以及开展经营活动的条件、义务与责任等。

（二）间接主体

间接主体——不直接进行电子商务交易，但交易过程的完成依赖于其所提供的服务，通常包括网络服务提供商、电子认证服务商、在线金融服务商。

1. 网络服务提供商

包括网络内容服务提供商与网络中介服务提供商。

网络内容服务提供商，是向社会公众或特定用户提供信息内容服务的网络服务公司。网站经营者如果直接发布信息，则在信息传播过程中充当发布者角色。多数网络公司既提供中介服务，也提供内容服务。

网络中介服务提供商，是网络提供信息传输中介服务的主体，是可以将网络用户连接至互联网的联机系统的提供者，其通过租用的公用线路或自己铺设的专用线路为其用户提供接入服务；也可以为用户提供实时信息交流或搜索引擎的使用，如电子公告板系统经营者、邮件新闻组及聊天室经营者。

2. 电子认证服务商

由于电子商务是在开放的网络环境进行贸易，交易双方互不见面，身份的确认就成了一个必须解决的问题。为增进交易双方的信任，由交易各方均信任的第三方来证明签名人的身份及信用状况，其可以通过签发数字证书来提供身份认证的服务。《中华人民共和国电子签名法》赋予电子签

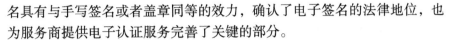

名具有与手写签名或者盖章同等的效力，确认了电子签名的法律地位，也为服务商提供电子认证服务完善了关键的部分。

3. 在线金融服务商

完整的电子商务活动离不开网上金融机构的服务，互联网与金融的融合发展不仅为传统金融服务带来了全新的互联网思维方式，也激发了金融服务互联网化的市场发展潜力和服务创新的活力。代表未来金融业发展方向的网上银行创造出的电子货币也改变了传统的货币流通形式，成为资金流转的主要渠道。而第三方支付平台既可以帮助电子商务经营者规避无法收到客户货款的风险，又能够为用户提供多样化的支付工具，特别是为无法与银行网关建立接口的中小企业提供了便捷的支付方式。

三、电子商务平台经营者、平台内经营者及其他电子商务经营者

（一）电子商务平台经营者

网上交易平台由互联网、计算机、相关硬件和软件等组成，而电子商务平台经营者是通过交易平台，在电子商务中为交易双方或者多方提供网络经营场所、交易撮合、信息发布等服务，供交易双方或者多方独立开展交易活动的法人或者非法人组织。在网络商品交易中，电子商务平台经营者扮演着介绍人、促成者和组织者的角色。这一角色决定了平台经营者既不是买方的卖方，也不是卖方的买方，而是交易的居间人。它是按照法律的规定和买卖双方委托业务具体要求进行业务活动的。

《中华人民共和国电子商务法》第二十七条第一款规定："电子商务平台经营者应当要求申请进入平台销售商品或者提供服务的经营者提交其身份、地址、联系方式、行政许可等真实信息，进行核验、登记，建立登记档案，并定期核验更新。"这就要求平台经营者应当认真负责地执行买卖双方委托的任务，并积极协助双方当事人成交。

（二）平台内经营者

平台内经营者，是指通过电子商务平台销售商品或者提供服务的电子商务经营者。根据《中华人民共和国电子商务法》第二十八条规定，电子商务平台经营者应当按照规定向市场监督管理部门报送平台内经营者的身

份信息，提示未办理市场主体登记的经营者依法办理登记，并配合市场监督管理部门，针对电子商务的特点，为应当办理市场主体登记的经营者办理登记提供便利。

平台内经营者往往以在平台上开网店的形式提供产品或服务，很多网店为个人销售自产农副产品、家庭手工业产品，或者个人利用自己的技能从事依法无须取得许可的便民劳务活动和零星小额交易活动，这些经营者是不需要办理市场主体登记的。需要注意的是，这些不需要办理市场主体登记的电子商务经营者在首次纳税义务发生后，应当依照税收征收管理法律、行政法规的规定申请办理税务登记，并如实申报纳税。

（三）其他电子商务经营者

这是指通过自建网站等方式销售商品或者提供服务的电子商务经营者。具备技术条件和实力的企业能建立自己的网站，进行企业形象和产品宣传并实现在线销售。传统企业往往需要设立众多的经销商和代理商来开展产品销售。而互联网为传统企业销售产品提供直接面向用户的渠道，即建立自己的网站，运用电子商务应用系统，直接销售其产品。

由公司、个人建立，通过开设的商品专卖店或特色商店，可以直接销售有形商品的在线交易网站，为其他电子商务经营者现有营销渠道的一种补充。这样的网站通常规模较小、产品类别较少且能提供专业化服务。也有经销商、零售商或专营店自己开办网站销售其代理的商品。

【案例2-5】平台经营者的义务[①]

被告公司是某网络购物平台的经营者，吴某是其会员，享有"免费退货"等权利。吴某在被告网站购买商品后，对"拆分订单配送和由买方支付快递费"不满，拒收货品，并申请办理退货退款手续。其大量购买、拒收、退货的行为，导致被告根据《服务条款》有关条款向吴某退回了会员服务费，冻结了其账户。吴某起诉，主张被告平台存在消费欺诈、虚假宣传的行为，且无正当理由限制其使用账户，侵

---

① 节选自杭州互联网法院，https://baijiahao.baidu.com/s? id = 1708492495955982658&wfr = spider&for = pc。

犯了其合法权益，应承担相应的违约责任。

杭州互联网法院判决：驳回原告吴某的全部诉讼请求。

思考：

1. 平台经营者在电子商务经营活动中的角色和权利是什么？

【案例2-6】平台内经营者的特殊性[①]

原告、被告均为某电子商务平台经营者，主要经营雅思考试在线培训课程。被告以原告店铺销售的阅读题集 *Bovids* 与被告主编题集中的考题一致为由，向平台投诉原告商品为假冒或盗版商品，并出具本人鉴定意见。后平台判定原告的案涉产品"售假违规"，并进行处罚。被告收到原告律师函后拒不撤回投诉，原告以被告实施案涉投诉行为侵权为由，向法院提起诉讼。

广州互联网法院判决：案涉投诉行为成立对原告的财产权侵权，被告赔偿原告经济损失及合理费用。

思考：

1. 网络店铺作为网络空间的经营活动载体，是否具有财产属性？

第三节　电子商务经营者的市场准入和退出

市场准入制度是指在经营者进入市场、展开经营活动之前，对其是否具有从事特定经营活动的法律资格进行审查。其目的是维护市场交易秩

---

① 天眼查，https://www.tianyancha.com/court/3271170075/6c9b6c98543d7e649de9fe 2c02d45426。

序，经营者进入市场所需要取得的各种资质、资格、证照，都属于市场准入。对电子商务经营者来说，该制度是构成其商务资格取得、存续、丧失等行为的法律基础，主要内容包括电子商务经营者的市场主体登记，涉及食品、药品、出版发行等国家进行特别规制的经营内容时，需要对经营者进行特殊的准入审查从而取得行政许可。因此，电子商务经营者从事电子商务活动，首先要弄清楚电子商务领域的市场准入制度都有什么规定。

一、国内电子商务经营者市场准入制度现状

从我国的立法情况来看，电子商务方面的立法工作从 2005 年仅有一部《中华人民共和国电子签名法》，到 2019 年的《中华人民共和国电子商务法》出台，不断完善的法律法规促进了电子商务的健康成长。随着电子商务的快速发展，各类经营者纷纷加入电子商务市场的竞争中，而传统商务法规的适用范围也在向电子商务市场延伸，如《中华人民共和国广告法》《中华人民共和国消费者权益保护法》《中华人民共和国公司法》《中华人民共和国合同法》等。

从法理上看，电子商务本质上仍然是商务活动，所以电子商务市场准入与退出仍应适用一般商务经营主体的准入和退出制度。因为电子商务经营者具有虚拟性、身份不确定性、跨地域性和数量种类繁多等特点，准入和退出制度所涉及的对象也相当复杂——既包括通过电子商务形式直接提供各种商品和服务的商务主体，也包括提供虚拟集中交易场所的平台提供者，还包括提供物流、支付等相关服务的服务提供者；既包括公司，也包括合伙、个体工商户、自然人等主体；既包括内资企业，也包括外商投资企业；既包括境内主体，也包括境外主体。目前，有关这方面的制度设计尚不完备，也存在较大的难度。

（一）电子商务企业创建的基本制度

电子商务企业市场准入的首要条件是企业的设立，每个国家都明确了不同企业的设立条件。我国目前有《中华人民共和国公司法》《中华人民共和国合伙企业法》《中华人民共和国个人独资企业法》等法律对企业设立有相应的规定。国内的电子商务企业在创建时，需要对照其组织形式，按相应的设立条件进行登记申请。

如第二节所说，电子商务经营者主要分三种形式：电子商务平台经营者、平台内经营者及其他电子商务经营者。如果是独立设置电子商务网站，可按经营性网站的要求进行登记。而通过电子商务平台进行电子商务活动，就需要经营者和交易平台网站签订设立合同，主要涉及合作目的、网店设立的条件、网站服务的内容、营销及其合作、网站收益及其支付方式、合作双方的义务及其他事项等条款。

由于国家大力推进电子商务市场发展，一些地方政府也陆续出台了具有地方特色的、促进电子商务企业发展的规章制度，如深圳市政府为降低电子商务准入门槛，培育新兴电子商务经营者，于 2020 年 9 月 27 日正式印发《深圳市关于推动电子商务加快发展的若干措施》。该措施主要从四个方面推动了本地电子商务的发展：一是对本地法人电子商务平台、引进大型电子商务平台的资助条件、资助标准和评审方式。二是针对"大力推进电子商务应用"，提出对电子商务产业集聚园区、国家级数字商务企业、网络零售额达标企业、消费扶贫、电子商务直播基地、深圳商城的资助条件、资助标准和评审方式。三是针对"强化跨境电子商务发展优势"，提出对跨境电子商务通关监管场所、跨境电子商务专业服务的资助条件、资助标准和评审方式。四是针对"完善电子商务支撑服务体系"及"加大政府扶持服务力度"，提出对有影响力的电子商务峰会、论坛及电子商务节庆等活动的资助条件、资助标准和评审方式。

（二）电子商务经营者市场准入制度

我国一直以来都采用强制登记作为企业设立的基本原则，除相关规定可免于登记之外，所有从事商务经营活动的企业组织和个人均需办理登记，否则属于无照违法经营。因此，经营者进入电子商务市场也同样需要进行登记注册，由于电子商务经营者的经营范围与管理模式有其特殊性，对其市场准入进行专门规范就很有必要。该市场准入制度所涉及的法律法规主要包括以下三个方面。

（1）电子商务经营者市场准入法规。《中华人民共和国电子商务法》第十条规定："电子商务经营者应当依法办理市场主体登记。但是，个人销售自产农副产品、家庭手工业产品，个人利用自己的技能从事依法无须取得许可的便民劳务活动和零星小额交易活动，以及依照法律、行政法规不需要进行登记的除外。"电子商务特殊经营者市场准入则主要采取许可制和备案制,《中华人民共和国电子商务法》第十二条对许可制进行了说明:"电子商务经营者从事经营活动,依法需要取得相关行政许可的,应当依法取得行政许可。"而备案制则要求公民、法人和其他组织,报送其从事电子商务特定活动的有关材料以便日后备查和进行监督。

(2)电子商务经营者市场准入的部门规章。如国家工商行政管理总局2014年3月颁布《网络交易管理办法》,明确规定了电子商务企业通过网络从事商品交易及有关服务行为的,须在工商登记机关办理营业登记,并在其网站主页面的醒目位置公开营业执照所载的信息或其营业执照的电子链接标识。

(3)电子商务经营者市场准入的地方规范。此类地方规范往往在一些电子商务发展较快的城市首先出台,如北京市在2021年出台的《北京市平台经济领域反垄断合规指引》。该指引主要涉及五个方面的规定:垄断协议、滥用市场支配地位行为、经营者集中、行政性限制竞争行为和公平竞争审查。这些由不同地区制定的、针对自身电子商务发展特征的规范,逐步建立了具有地方特色的电子商务经营者市场准入登记制度。

以上这些法规明确了电子商务企业的设立条件、登记程序等要求,确立了电子商务企业的登记注册制度。

二、我国电子商务经营者市场准入制度存在的问题

(一)立法研究较浅且分散

当前,我国的电子商务仍处于高速发展的机遇期,因其运作空间具有虚拟性、市场范围受地域限制较少、进入市场的门槛较低等特点,电子商务市场的准入和退出规则应符合电子商务的发展规律和特点,避免对电子商务创新造成阻碍。尤其是涉及跨境电子商务、生鲜电子商务、互联网金融、移动电子商务等新兴业态,在这样的新型电子商务市场中,相关的市场准入与退出机制的设立研究还相对较浅。

虽然现在有了《中华人民共和国电子商务法》这部法规,但是对总法的细化和解释上仍有较多方面须依赖各地方、部门的具体规定来实施落地。无论是《中华人民共和国公司登记管理条例》还是《个人独资企业登记管理办法》等,与国内电子商务企业在市场经济发展中的地位还不相称,不能满足其快速发展的需要。各地方政府为了促进电子商务的发展,

也颁布了许多相关的地方性法律、行政法规、部门规章。但由于各地的出发点不同，相关规定也出现了一些差异。这也导致了立法层级分散、监管手段落后、缺乏统一管理等诸多不足，且不利于电子商务市场的健康快速发展。

（二）审批程序繁杂低效

电子商务活动具有成本低、效率高的特征，电子商务经营者的存续也具有变化剧烈的特征，可能一种新的模式会促使电子商务经营者大量出现，而某些条件的变化又使得很多经营者瞬间解散。这些特征对电子商务主体的设立条件和制度安排提出了便利化和高效率的要求。但是，我国长期以来一直坚持"严把市场准入关"的理念。强调各级工商行政管理机关严格规范企业设立登记审批程序，加强审查力度，防止不合格企业进入市场。我国长期对外商投资企业采取分类立法的思路，容易导致各类电子商务经营者在登记时效率低下。企业登记前置审批程序复杂、管理部门多头，又导致实践操作中各类企业登记审查程序极为烦琐。如果某些行政部门过度控制或不同行政部门之间相互推诿，使电子商务市场准入法律制度流于形式，则很难适应电子商务对企业设立的特殊要求。

（三）监管手段较落后

与传统的商务交易相比，电子商务具有的主体隐蔽性、信息不对称性、交易双方主体和过程的跨地域、跨时空等特点，使电子商务活动的风险大大提高，容易滋生盗窃、诈骗、侵犯知识产权等违法行为。电子商务经营者的主体身份数字化、虚拟性、多样性等特征使普通消费者甚至工商行政管理部门都很难确定网上交易主体的真实身份、住址、管辖地，更难以明确其所适用的法律法规，特别是对于自然人和涉及部分外资投资的电子商务企业，注册登记的监管难度更大。而我国现行监管体系难以适应电子商务市场的发展需要。地方管理机关不仅要关注电子商务企业通过互联网在本地从事的经营活动，其监管的交易对象也开始从传统合同延伸到电子合同，这些都增加了地方行政监管的难度。

例如，在互联网环境中，覆盖面广、信息量大的网络广告以一种新的形式被应用于推广宣传之中，然而大量网络广告存在虚假信息、不正当竞争、强迫阅读等问题。同时，互联网广告受益方可以租用其他网站或通过电子邮件等方法发布违规广告。目前，网络广告监管主要由市场监督管理部门负责，但由于网络广告的地域管辖难以确认，互联网信息量庞大且复杂，凭借关键字搜索等传统监管方式难免出现实操上的具体问题。如当前政策规定广告中不得出现诸如"第一"等词语，而1号店由于企业名称的特殊原因，需要人工审核，但人工判断非常缓慢，且各地各部门的人员素质参差不齐，部分人员还不具备审核的能力，导致审核效率极低。除此之外，网络广告的取证问题也给传统的监管方式带来挑战。一方面，网络信息可以修改和删除；另一方面，部分通过音频和视频发布的网络广告很难成为固定证据。这些问题需要监管部门从符合电子商务发展的角度出发，从前置的管理角度来看，应严格约束企业，变被动审查为主动预防，避免交易过程中出现大量问题。

【案例2-7】电子商务经营者的属地特殊性[①]

北京C系统集成有限公司（以下简称"C公司"）因与廊坊市D开关设备有限公司（以下简称"D公司"）侵害外观设计专利权纠纷，向北京知识产权法院起诉，称C公司发现D公司未经其许可，生产、许诺销售、销售侵害C公司外观设计专利权的产品（以下简称"被控侵权产品"），并通过某电商平台E公司进行网络销售和许诺销售被控侵权产品。故C公司起诉至法院，要求判令D公司停止被诉侵权行为、E公司立即删除所有被控侵权产品信息，并要求二被起诉人共同赔偿起诉人经济损失四万元及合理开支一万二千八百七十元。

一审法院经审查认为本案不属于一审法院管辖，因为本案中，被起诉人D公司的住所地为河北省廊坊市，E公司的住所地为浙江省杭州市，均非一审法院即北京知识产权法院的管辖范围。最终裁定不予受理。一审裁定做出后，C公司不服提起上诉，北京市高级人民法院做出维持一审法院的裁定结果。

---

① 节选自爱企查，https：// aiqicha. baidu. com/wenshu? wenshuId = 73d864eb0df4090223f5a302de624b9c8c9a84fd。

思考：

1. 相比传统经营者，电子商务经营者的特殊性给司法实践带来了哪些影响？

三、电子商务经营者的准入登记管理

电子商务以互联网为媒介实现在线交易，目前电子商务的在线交易模式基本分为两种：一是在网上开设独立的网站或网店，直接与买方进行交易；二是交易双方通过第三方电子商务交易平台实现交易。后者涉及第三方电子商务交易平台的管理问题，因此，电子商务经营者主体登记管理应包括商品、服务的提供者与促成在线交易的服务提供者。

（一）网上商店的登记管理

通过独立的电子商务平台进行的电子商务交易按交易对象可分为两类：一类是面向最终消费者的网上商店，即注册固定网址，开设网上店铺，向消费者提供实物或服务，这种交易通常表现为 B2C 模式；另一类则是面向企业用户的网上商务，通过网络向交易对象提供实物或服务，通常表现为 B2B 模式。如苏宁易购、叮咚买菜等都是典型的 B2C 网上商店；而欧冶云商、慧聪集团等则是 B2B 网上商务的代表。

如果网络交易经营者申请登记为个体工商户的，允许其将网络经营场所作为经营场所进行登记。对于在两个以上网络交易平台从事经营活动的，需要将其从事经营活动的所有网络经营场所向登记机关进行登记。允许将经常居住地登记为住所，个人住所所在地的县、自治县、不设区的市、市辖区市场监督管理部门为其登记机关。

不论是网上商店还是网上商务，其成立及运营都须遵守以下七个条件：①除有另行规定之外，所有电子商务经营者必须经工商部门与税务机关登记注册。②经营者须通过合法途径取得独立的固定网址，网站须按 IP 地址备案要求以电子形式报备 IP 地址信息。③具有订单履约的综合支持能力，应为交易双方提供订单保管、查询、跟踪及运输与寄递服务的方法，且在网站上具体说明使用服务的方法、时间、收费标准及有关注意事项。④提供登录注册、结算、在线支付、身份认证等保障交易顺利进行的功能服务。⑤公开法人及网址备案有效信息，在其网站主页面或者从事经营活动的网页醒目位置公开营业执照登载的信息或其营业执照的电子链接标识。在网站首页下方刊登 IP 地址的备案信息。⑥准确发布商品和服务的信息，保证提供的商品和服务的质量。⑦保存交易信息记录以备纠纷查询，除法律、法规另有规定之外，非经交易相对方允许，不得向任何第三方披露、转让、使用或出售交易当事人名单、交易记录等涉及用户隐私或商业秘密的数据。

（二）通过第三方平台实施在线交易的登记管理

通过第三方电子商务平台实现的在线交易涉及两个经营者，一个是网络平台经营者，主要为网络交易的达成提供相应的辅助服务，如商品管理、信息检索等。作为第三方的网络平台经营者只对交易进行管理和监督，并不参与交易本身。另一个是向买方提供商品或服务的经营者，是网络交易的直接责任方，并为其提供的产品或服务的质量负责。一般也将这两者称为平台经营者和站内经营者。站内经营者包括网上商城和网上交易市场平台下的企业和自然人经营者。平台经营者和站内经营者的市场准入条件是不同的。

平台经营者可以是从事电子商务第三方交易平台运营并为买卖双方提供交易服务的公民、法人或非法人组织。第三方交易平台是平台经营者为开展网上交易提供的计算机信息系统，其市场准入条件应当包括：①有与从事的业务和规模相适应的硬件设施；②有保障交易正常运营的计算机信息系统和安全环境；③有与交易平台经营规模相适应的管理人员，技术人员和客户服务人员；④符合《中华人民共和国电子商务法》《互联网信息服务管理办法》等法律、法规规定的其他条件。

第三方交易平台登记注册的主要义务包括：①平台经营者应办理工商登记，并公示相关信息。应当在其网站主页或从事经营活动的网页醒目位置公开营业执照、组织机构代码、联系信息如经营地址、邮政编码、电话号码、电子信箱等，法律、法规规定其他应披露的信息。②保障交易平台的软硬件设施正常运行。交易额 1 亿元人民币及以上的第三方电子商务交易平台应设置异地灾难备份系统，建立灾难恢复体系和应急预案。③保障数据的存储与查询。第三方电子商务交易平台应当妥善保存网上交易各方的注册信息及交易信息，保存期限不得少于两年。④制定实施有关平台交易的制度，包括但不限于用户注册、平台交易规则、信息披露与审核、商业秘密与隐私权保护、消费者权益保护、广告发布审核、交易安全保障与数据备份、争议解决机制等制度规则。⑤第三方交易平台经营者应当定期对实名注册用户的注册信息进行验证，并对未经身份验证的用户予以注明。对于标的金额高于 5 万元人民币的，应提示双方使用电子签名。⑥修改规则提前公示义务。指平台经营者如修改用户协议和交易规则，应至少提前 30 日予以公示。

通过第三方平台的在线交易中，平台经营者承担了大部分的承诺保障、审核监管及制度建设任务，如在线支付服务是由平台经营者与支付服务提供商接洽确立。如果平台经营者利用自身平台向消费者提供商品或服务，应严格遵循业务隔离原则，将平台经营业务与提供商品、服务业务严格区分开，不能利用自身优势实施不正当竞争。同时，平台经营者要对站内经营者提供商品和服务的行为进行监管，如发生交易错误、货物退换、消费者投诉时需要协助权益被侵害方解决相关纠纷。因此，平台经营者需要建立信息留存与保密、交易规则、保证金制度等，全面、真实、准确、及时地披露商品或者服务信息，保障消费者或相关权益人的知情权和选择权。

站内经营者的准入条件主要包括：①站内经营者是法人或其他组织的，须向平台经营者提交营业执照或其他获准经营的证明文件、经营地址及联系方式等必要信息。若是自然人，还须提供身份证明文件，由平台经营者对这些证件予以审核验证。②站内经营者应提供准确的商品或服务信息，合法经营，不销售不符合国家标准的产品或有毒有害产品。③按照相关法律、法规，经营场所（或住所）是经营主体办理工商登记的要件之一，须在申请办照时提交经营场所证明。经营场所（或住所）亦为网店经营者办理工商登记的要件之一。④站内经营者可细分为专业与业余两类，依网店资金流量大小、交易发生频率、商品种类等相关信息可作出判断，且这些信息均可从第三方交易平台服务商及网店页面获取。专业性销售网店因具有正常进货流程，经营行为长期、反复、持续，具备登记注册条件，需要而依《网络交易监督管理办法》进行登记注册。业余性销售网店可不列为办照对象，《中华人民共和国电子商务法》第十条明确规定：个人销售自产农副产品、家庭手工业产品，个人利用自己的技能从事依法无须取得许可的便民劳务活动和零星小额交易活动，不需要进行登记。

【案例2-8】站内经营者的资质审查①

2019年11月25日，重庆市大足区市场监管局对某外卖平台app进行日常检查发现存在未办理《食品经营许可证》的入驻商家。

经查，2019年10月以来，共有11户商家入驻该外卖平台，而当事人作为该外卖平台大足区代理商，并未审查入驻商家许可证，便审批上线并允许其开展经营活动，当事人未履行网络食品交易第三方平台提供者应当履行的审查义务，其行为违反了《中华人民共和国食品安全法》第六十二条第一款的规定。

2020年8月，大足区市场监管局依据《中华人民共和国食品安全法》第一百三十一条第一款的规定，作出没收违法所得7436元，罚款55000元的行政处罚。

思考：

1. 这个案例中哪些经营者没有市场准入资质？案例中存在哪些违法行为？

(三) 开设网店的自然人进行工商登记注册

因为网络的虚拟性和便捷性，通过网络从事商品交易及服务行为的自然人在办理工商登记注册时，与传统市场主体有所不同，详见以下四点：①通过网络从事商品交易及相关服务活动，其经营范围可拓展到市场中的任一地点。因此，通过网络从事商品交易及有关服务行为的自然人具备登记注册条件的，工商机关对其地域管辖，一般按申请人的常住地址进行划分。②电子商务作为一种经营方式，并不能表明交易活动的具体内涵，必须有明确的交易载体，即商品或服务。因此，需要根据企业所经营的具体项目分别核定。其中，涉及法律、行政法规的，在登记注册前应经有关部

---

① 阳光重庆，https://www.ygcq.com.cn/content/hot/content_ 57973. shtml。

门审批的，应先取得相关前置许可批准文件，未取得相关批准文件的，无法登记注册。③申请人提交申请材料、缴纳费用均可通过网络平台实现数字化提交。申请人的姓名和身份证件号码、有效联系方式和常住地址、经营范围、平台的网页地址等为必要登记事项，登记内容应适当简化。④申请人应保证其提供的相关证明文件是真实有效的，在确认之后即可获得为其核发的营业执照与数字证书。

自然人创建网店并进行工商登记注册时，应注意不能将网站或网页作为网店的经营主体进行登记，通过网络提供商品交易及相关服务的自然人，或者拥有独立的网站，或者通过他人网站来设置主页面并在交易平台上建立网上零售商店。因为网站或网络本身不具有主体性质，所以需要进行工商登记的是通过网络开展经营活动的电子商务经营者。另外，已完成工商登记注册的实体店，通过网络从事经营活动，无须进行变更登记或重新登记。

四、电子商务经营者的市场退出

电子商务市场退出制度是电子商务市场经营者依据法定程序和法定条件，丧失主体资格和经营资格，进而退出市场的制度，包括各种退出条件、程序、过程和方式。根据我国相关法律，市场主体退出方式有两种：主动退出和被动退出。主动退出是电子商务经营者因歇业等原因主动结束电子商务经营活动，被动退出是电子商务经营者因不具备电子商务市场准入的条件或者其经营活动存在严重违法行为等情况，被强制要求退出电子商务市场。

（一）电子商务平台经营者的退出

不同于传统商业机构，电子商务平台经营者的影响涉及的人数和社会面要大得多。当第三方交易平台经营者自愿退出时，也应当履行公告通知义务，给平台内经营者合理的清偿时间，并对平台内经营者之间以及平台内经营者与消费者之间的纠纷予以处理，从而将损失减少到最低。因此，电子商务交易平台服务的终止也必须有较高的要求，以免引起社会的动荡。《中华人民共和国电子商务法》第十六条规定："电子商务经营者自行终止从事电子商务的，应当提前三十日在首页显著位置持续公示有关信息。"平台经营者擅自关闭平台服务，造成用户权益受到侵害的，应当承担相应的民事赔偿责任。

（二）电子商务平台内经营者的退出

考虑到平台内经营者的经营规模往往比较小、清算成本较高的情况，一般仅要求了结债权债务即可依法退出电子商务市场。鉴于自然人经营者在电子商务主体中数量庞大，电子商务平台在退出程序上要进行一定程度的精简，在需要退出时，可以提高平台的业务效率，也为平台内经营者节省了时间和精力。在终止经营时，平台内经营者有提前通知的义务，应在停止经营前三个月告知平台经营者，并配合平台经营者处理好涉及消费者或第三方的事务。

【案例2-9】"贝贝养车"的退出[①]

2018年，微信公众号"贝贝养车"因充值不到账、退款无人理，成为众多消费者投诉的生活服务类O2O平台。消费者反映"贝贝养车"提供加油优惠、违章查缴、周边信息、汽车保养及汽车用品选购等方面的优惠折扣以及便利服务，能够以较优惠的价格购买加油充值卡，充值金额以返还形式到账。但从2018年1月起，电子商务消费纠纷调解平台陆续收到不少消费者反映该平台充值的油卡不到账，联系客服无人，几乎处于维权无门的状态，疑似该平台已经"卷款跑路"，且在该微信公众平台下单的用户单笔金额基本为千元以上，涉及资金较大。

根据"贝贝养车"2018年3月10日发布的公告显示，因其平台运营资金问题，平台已经解散，并逐步推进用户剩余充值金额的清退工作。

思考：

1. 电子商务经营者应如何退出电子商务市场？

---

① 网经社，http://www.100ec.cn/detail-6437239.html

第三章

电子商务经营者的义务

【案例3-1】朋友圈里销售自制药品案①

2019年1月2日，浙江省义乌市检察院依法对一起行政公益诉讼案启动程序。

之前，义乌市检察院接到有人利用微信朋友圈、微信群等网络平台违法销售药品的线索。该院民事行政检察部检察官根据线索迅速展开了调查，发现被调查对象正是利用网络服务销售商品，属于电子商务法界定的电子商务经营者。根据调查得知，该经营者利用微信违法销售自制药品，其声称该药品采用中草药秘方，主治银屑病、神经性皮炎、牛皮癣等十余种疑难杂症，三天见效，八天痊愈，无效退款。药品销售信息通过微信朋友圈广告、加入微信群介绍等方式传播，药品得以高价销售。

电子商务法规定，电子商务经营者销售的商品或者提供的服务应当符合保障人身、财产安全的要求和环境保护要求，不得销售或者提供法律、行政法规禁止交易的商品或者服务。根据国家法律、法规规定：无药品生产许可证的，不得生产药品；无药品经营许可证的，不得经营药品。

该检察院认为，作为电子商务经营者，在未经许可的情况下自制药品、通过网络违法发布药品信息以及销售药品，当事人利用网络的便捷、快速、覆盖面广等特性实施违法行为，触犯了电子商务法等法律、法规，已直接威胁到社会公众的身心健康，侵害了社会公共利益。

1月2日，该院将上述行为立案为侵害药品安全的行政公益诉讼案件，并向相关行政主管部门发送检察建议，督促对违法行为进行查处。行政主管部门一旦鉴定为假药、劣药的，检察机关还将对当事人追究刑事责任。

法谚有云："无义务，无责任。"电子商务经营者的法律义务直接决定

---

① 范跃红、陆筱靓，http://newspaper.jcrb.com/2019/20190104/20190104_002/20190104_002_2.htm。

着其法律责任的范围。为了更好地保证电子商务活动的顺利开展，电子商务经营者就应当按照法律规定及时履行相应义务，这样才可以有效地避免被追究法律责任。

电子商务经营者的法律义务主要规定在《中华人民共和国电子商务法》第二章中，总计有 38 个法律条款对电子商务经营者的法律义务进行了规定。除了第二章的规定，第一章总则部分第五条对电子商务主体的义务进行了原则性的界定。

根据《中华人民共和国电子商务法》的规定，电子商务主体的义务分为电子商务经营者的一般义务和电子商务平台经营者的义务两大类。电子商务经营者的一般义务可分为：知识产权保护义务、网络安全与个人信息保护义务、消费者权利保护义务、依法纳税义务和环境保护义务。电子商务平台经营者的义务可分为：消费者权益保护义务、知识产权保护义务、保障网络安全义务、对平台内经营者的信息管理义务、确保商品与服务信息及交易信息完整保密可用的义务、制定并公示平台服务协议与交易规则的义务、自营业务的标记义务、建立健全信用评价机制的义务、竞价排名的标识义务和合规经营及不得从事类交易场所业务的义务等。

第一节　电子商务经营者的一般义务

从前文的学习中我们知道，电子商务经营者包括电子商务平台经营者、平台内经营者以及其他电子商务经营者。电子商务经营者的一般义务就是针对上述所有的电子商务主体而言的，换言之，电子商务经营者的一般义务是所有类型电子商务经营者都必须遵守的。这与后文所讲的"电子商务平台经营者的义务"要区分开，电子商务平台经营者的义务针对的只是电子商务平台这一主体。

从前文对电子商务主体义务的列举中我们看到，电子商务经营者的一般义务和电子商务平台的义务在知识产权保护、环境保护义务、消费者权益保护义务等方面存在重合。但是，在知识产权保护、消费者权益保护等方面，电子商务平台承担着比一般电子商务主体更为严格的责任，具体的内容将在之后进行介绍。

一、市场主体登记义务

《中华人民共和国电子商务法》第十条规定："电子商务经营者应当依法办理市场主体登记。但是，个人销售自产农副产品、家庭手工业产品，个人利用自己的技能从事依法无须取得许可的便民劳务活动和零星小额交易活动，以及依照法律、行政法规不需要进行登记的除外。"

在理解该条时我们要注意以下五个问题。

第一，电子商务登记主体的活动应当同时具有经营性和非小额性。从事电子商务活动的主体是否需要进行市场主体登记，主要看其是否具有经营性行为。如个人从事零星小额交易活动的，因为经营者的交易频次低、金额小，相关电子商务平台已依法对其身份予以核验，这些偶发、非持续性网上小额商品销售或提供服务的主体，强制要求其进行市场主体登记并无必要。如无相关规定，则无须进行市场主体登记。如个人销售自产农副产品、家庭手工业品、便民劳务活动的，这些电子商务活动可能具有持续经营的特点，但是，这些活动的交易数额是比较小且数量较少，一般也不要求其进行市场主体登记。

对便民活动的判断可根据 2021 年 3 月 15 日国家市场监督管理总局公布的《网络交易监督管理办法》第八条第二款的规定："个人通过网络从事保洁、洗涤、缝纫、理发、搬家、配制钥匙、管道疏通、家电家具修理修配等依法无须取得许可的便民劳务活动，依照《中华人民共和国电子商务法》第十条的规定不需要进行登记。"

对于零星小额的判断标准，我们可以结合国家税务总局《企业所得税税前扣除凭证管理办法》第九条第二款的规定："小额零星经营业务的判断标准是个人从事应税项目经营业务的销售额不超过增值税相关政策规定的起征点。"以及《网络交易监督管理办法》第八条第三款的规定："个人从事网络交易活动，年交易额累计不超过 10 万元的，依照《中华人民共和国电子商务法》第十条的规定不需要进行登记。同一经营者在同一平台或者不同平台开设多家网店的，各网店交易额合并计算。个人从事的零星小额交易须依法取得行政许可的，应当依法办理市场主体登记。"

不登记主体的公开义务可参照《网络交易监督管理办法》第十二条第三款的规定："依照《中华人民共和国电子商务法》第十条规定不需要进行登记的经营者应当根据自身实际经营活动类型，如实公示以下自我声明以及实际经营地址、联系方式等信息，或者该信息的链接标识：（一）'个人销售自产农副产品，依法不需要办理市场主体登记'；（二）'个人销售家庭手工业产品，依法不需要办理市场主体登记'；（三）'个人利用自己的技能从事依法无须取得许可的便民劳务活动，依法不需要办理市场主体登记'；（四）'个人从事零星小额交易活动，依法不需要办理市场主体登记'。网络交易经营者公示的信息发生变更的，应当在十个工作日内完成更新公示。"

第二，电子商务登记机关是个人住所所在地的县、自治县、不设区的市、市辖区市场监督管理部门。这里要将登记和电子商务平台内的注册与实名认证加以区分。电子商务平台内的注册与实名认证是为了其自身经营的目的，为了加强对电子商务平台内经营者的管理而开展的。而市场主体登记，其登记机构是国家行政机关，其目的在于电子商务活动监管和税收管理。根据《市场监管总局关于做好电子商务经营者登记工作的意见》国市监注〔2018〕236号（简称《电子商务登记意见》）的规定，经常居住地登记为住所。

第三，个体工商户可对网络经营场所进行登记。根据《电子商务登记意见》，电子商务经营者申请登记为个体工商户的，其网络经营场所可以作为经营场所进行登记。对于在一个以上电子商务平台从事经营活动的经营者，需要将其从事经营活动的多个网络经营场所向登记机关进行登记。需要注意的是，以网络经营场所作为经营场所登记的个体工商户，仅可通过互联网开展经营活动，不得擅自改变其住宅房屋用途用于从事线下生产经营活动并应作出相关承诺。登记机关要在其营业执照"经营范围"后标注"仅限于通过互联网从事经营活动"。

第四，特殊行业的电子商务经营者应当获得行政许可。特殊行业主要包括食品、药品、医疗器械和出版发行等行业。因这些行业对消费者人身或财产有着特殊的影响，所以这些行业的电子商务从业者必须取得相应许可证后才能进行电子商务活动。一般情形下，电子商务经营者通过互联网从事销售商品或提供服务的经营活动，在行政许可具体事项上实行线上线下一致的原则，也就是说某种类型的商品或服务经营活动，只要法律、法规规定需要取得行政许可的，无论是以线下方式经营还是以线上方式经营，都应当取得许可，如食品经营等。反之，线下经营不需要许可的，线上经营原则上也不需要取得行政许可，在需要取得许可的事项中，经营者在线下经营中已经取得行政许可又开展线上经营活动的，一般情况下只要依法公示其许可证即可，不必再次申请取得线上经营许可。但是，作为例外情况，在某些领域线下经营已经取得行政许可的，若从事线上经营活动或者专门从事线上经营活动，还应取得线上经营许可，如从事互联网医疗服务、网络出版服务及网络预约出租车服务等。

第五，依法公示营业执照和行政许可信息。电子商务经营者按照法律要求进行市场主体登记后，还应当在其首页显著位置持续公示营业执照信息、与其经营业务有关的行政许可信息。如果登记信息发生变更的，电子商务经营者还应当及时更新公示信息。与此同时，电子商务经营者自行终止从事电子商务活动的，应当提前 30 日在首页显著位置持续公示有关信息。

电子商务经营者亮照经营，相对人可通过查询对方主动提供的营业执照信息，了解潜在交易对象基本情况，发生纠纷时可方便迅速地确定相对人。这是保障消费者知情权的体现。

【案例 3-2】 黄某侵犯他人商标专用权及未经设立登记从事经营活动案①

2022 年 11 月 29 日，莆田市市场监管局执法人员根据公安部门移交的线索，依法对当事人黄某经营场所进行检查，在现场发现并查扣假冒"乔丹图形"商标运动鞋 415 双，当事人无法提供上述运动鞋的进货凭证、授权文件等相关手续，也无法提供该店的营业执照。经查，当事人未经市场监管部门核准登记，从荔城区陌生人手里购进明知是商标侵权的标有"乔丹图形"商标鞋 442 双用于销售，已售出 27 双，违法经营额共计 35360 元。

黄某销售侵犯他人注册商标专用权商品的行为，违反了《商标

---

① 莆田市市场监督管理局，http：// scjgj. putian. gov. cn/xxgk/xzqlyx/cfjdgs/202303/t20230314_1805944. htm。

法》第五十七条第（三）项的规定，属于商标侵权行为。黄某未经市场监管部门核准登记，擅自从事鞋类销售经营的行为违反了《市场主体登记管理条例》第三条第一款。2023年3月8日，莆田市市场监管局依据《市场主体登记管理条例》第四十三条和《商标法》第六十条第二款的规定，责令当事人立即改正违法行为，没收查扣的假冒"乔丹图形"商标运动鞋415双，罚款13.84万元。

思考：

1. 作为市场主体，黄某在销售商品前应当履行什么义务？请说明理由。

【案例3-3】湖州个体网上经营者未公示证照信息案①

2019年1月2日，浙江省湖州市南浔区市场监管局执法人员发现卢某在其微信朋友圈内从事饼干、蛋糕等糕点食品销售，但未公示其营业执照、食品经营许可证等信息。由此，执法人员立即前往当事人所描述的某地址进行现场检查。经查，当事人在上述地址开设了一家从事糕点类食品制售的店铺，并且能提供合法有效的个体工商户营业执照以及食品经营许可证。自2018年7月起，当事人为了提高知名度，方便开拓市场，吸引消费者，通过微信朋友圈的方式发布了数十条关于店内所制售的饼干、蛋糕、饮料等食品信息，但未在其销售食品的微信朋友圈内公示营业执照、食品经营许可证信息。

鉴于上述行为涉嫌违反《中华人民共和国电子商务法》第十五条第一款的相关规定，该局当即依法予以立案查处，责令当事人改正上述违法行为，并对其处以罚款2000元人民币。当事人在案发后积极配合调查，已及时在微信朋友圈的显著位置公示了营业执照和食品经营许可证信息。

---

① 国家市场监督管理总局，https：// www. samr. gov. cn/wljys/wlscjg/201902/t20190218 _ 290069. html。

思考:

1. 结合所学知识及案例,谈谈电子商务经营者应如何规范自己的经营活动。

【案例3-4】 淮北平台未采取必要措施公示证照信息案[①]

2019年1月2日,安徽省淮北市市场监管部门执法人员在进行网络定向监测时发现,在某团购平台上,大量淮北市本地餐饮商户没有公示营业执照信息、餐饮许可信息。经调查,该平台已将餐饮商户的营业执照录入端口分发给了平台内经营者,要求经营者自行录入和维护营业执照等信息。截至案发,该平台内大量淮北本地经营者并没有按照法律规定及时录入和维护上述信息,在此情形下该平台并未采取必要措施。

根据《中华人民共和国电子商务法》规定,电子商务经营者应当在经营主页面显著位置公示营业执照等信息,电子商务平台应当对未公示行为采取必要措施。某团购平台淮北代理公司行为违反了《中华人民共和国电子商务法》的规定,构成了没有采取必要措施确保平台内的商户公示主体资质信息行为。对此,市场监管部门依法对当事人进行了处罚。

思考:

1. 结合所学知识及案例,谈谈电子商务平台经营者应如何规范平台内经营者的行为,保障消费者的知情权。

[①] 国家市场监督管理总局,https: // www. samr. gov. cn/wljys/wlscjg/201902/t20190222_291095. html.

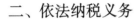

二、依法纳税义务

根据《中华人民共和国电子商务法》第十一条规定："电子商务经营者应当依法履行纳税义务，并依法享受税收优惠。依照前条规定不需要办理市场主体登记的电子商务经营者在首次纳税义务发生后，应当依照税收征收管理法律、行政法规的规定申请办理税务登记，并如实申报纳税。"

税收是调节收入分配、促进社会公平的重要手段。税收取之于民，用之于民。我们所享受的公共基础设施、民生福利改善等都是大量的税收资金投入的结果。而偷逃税会直接减少国家财政收入，减少国家在公共事业上的投资来源，最终会"偷走"我们本应该享受到的社会公共服务。

为此，依法纳税是每一位市场主体的法定义务。即便是依法无须办理市场主体登记的电子商务经营者，仍然需要履行税务登记和纳税申报的义务。如果违反法律的规定，其将承担不利的法律后果。

【案例3-5】某网络主播偷税漏税案①

2021年12月20日，浙江省杭州市税务局稽查局查明，网络主播黄某在2019年至2020年期间，通过隐匿其从直播平台取得的佣金收入虚假申报偷逃税款；通过设立上海某贺企业管理咨询中心、上海某苏企业管理咨询合伙企业等多家个人独资企业、合伙企业虚构业务，将其个人从事直播带货取得的佣金、坑位费等劳务报酬所得转换为企业经营所得进行虚假申报偷逃税款；从事其他生产经营活动取得收入，未依法申报纳税。通过隐匿个人收入、虚构业务转换收入性质虚假申报等方式偷逃税款6.43亿元，其他少缴税款0.6亿元，依法对黄某作出税务行政处理处罚决定，追缴税款、加收滞纳金并处罚款共计13.41亿元。

知识链接：

(1)《中华人民共和国税收征收管理法》第六十三条第一款规

---

① 浙江税务局，http://zhejiang.chinatax.gov.cn/art/2021/12/20/art_13226_529541.html。

定："……对纳税人偷税的，由税务机关追缴其不缴或者少缴的税款、滞纳金，并处不缴或者少缴的税款百分之五十以上五倍以下的罚款。"

黄某对其隐匿个人收入偷税行为进行自查并到税务机关提交补税申请，能够配合调查主动补缴税款 5 亿元，占查实偷逃税款的 78%，并主动报告税务机关尚未掌握的涉税违法行为，具有主动减轻违法行为危害后果等情节。浙江省杭州市税务局依据《中华人民共和国行政处罚法》第三十二条规定，按照《浙江省税务行政处罚裁量基准》，给予从轻处罚，对黄某隐匿收入偷税但主动补缴和报告的少缴税款处 0.6 倍罚款。

根据《中华人民共和国税收征收管理法》规定，按照《浙江省税务行政处罚裁量基准》，黄某隐匿收入偷税且未主动补缴部分，性质恶劣，严重危害国家税收安全，扰乱税收征管秩序，对其予以从重处罚，处 4 倍罚款；黄某虚构业务转换收入性质虚假申报偷税部分，较隐匿收入不申报行为，违法情节和危害程度相对较轻，处 1 倍罚款。

（2）根据《中华人民共和国刑法》第二百零一条规定，纳税人有逃避缴纳税款行为的，经税务机关依法下达追缴通知后，补缴应纳税款，缴纳滞纳金，已受到行政处罚的，不予追究刑事责任；但是，五年内因逃避缴纳税款受过刑事处罚或者被税务机关给予二次以上行政处罚的除外。

本案中，黄某首次被税务机关按偷税予以行政处罚且此前未因逃避缴纳税款受过刑事处罚，若其能在规定期限内缴清税款、滞纳金和罚款，则依法不予追究刑事责任；若其在规定期限内未缴清税款、滞纳金和罚款，税务机关将依法移送公安机关处理。

思考：

1. 法律是如何界定偷税罪的？
2. 偷逃税款会给电子商务经营者带来哪些影响？

三、消费者权益保护义务

（一）保护消费者人身、财产安全

根据《中华人民共和国电子商务法》第五条规定，电子商务经营者从事经营活动时应履行消费者权益保护义务。该法第十三条要求："电子商务经营者销售商品或者提供服务应当符合保障人身、财产安全的要求，不得销售或提供法律、行政法规禁止交易的商品或服务。"该法第三十八条规定："电子商务平台经营者知道或者应当知道平台内经营者销售的商品或提供的服务不符合保障人身、财产安全的要求，或有其他侵害消费者合法权益行为，未采取必要措施的，依法与该平台内经营者承担连带责任。对关系消费者生命健康的商品或服务，电子商务平台经营者对平台内经营者的资质资格未尽审核义务，或对消费者未尽到安全保障义务，造成消费者损害的，依法承担相应的责任。"

（二）保护消费者个人信息权

个人信息是指能单独或与其他信息结合识别特定自然人的信息。为此，个人信息承载着公民的个人隐私。随着网络技术的发展，个人信息的获取利用已经成为新商业模式与部分研究中不可或缺的部分，且在大数据时代下，由无数脱敏信息组成的大数据具有巨大的商业价值与社会价值。

正是因为个人信息的重要性，《中华人民共和国电子商务法》第五条要求电子商务经营者从事经营活动时应履行个人信息保护方面的义务。电子商务经营者收集使用其用户个人信息时，应遵守法律、行政法规有关个人信息保护的规定。电子商务经营者应当明示用户信息查询、更正、删除以及用户注销的方式、程序，不得对用户信息查询、更正、删除以及用户注销设置不合理条件。电子商务经营者收到用户信息查询或者更正、删除的申请的，应当在核实身份后及时提供查询或者更正、删除用户信息。用户注销的，电子商务经营者应当立即删除该用户的信息；依照法律、行政法规的规定或者双方约定保存的，依照其规定。

【案例3-6】张某的个人信息权益及名誉权案①

2020年6月开始，张某发现通过电子商务平台下单购买商品时，不少商家拒绝向其发货。经查，张某发现其姓名、联系方式、收货地址、电子商务平台注册账号等个人信息经部分加星（"＊"）处理后，被公布在"反恶"公司运营的"反恶"网站上，并被打上"打假师、欺诈师、恶人、恶意欺诈"等标签。该网站系为电子商务商家提供曝光职业打假人的平台，商家在该网站注册账号并支付会员费后可以看到其他商家分享的买家信息。

张某认为，"反恶"公司作为网站运营者公布其个人信息，对其冠以上述称号，侵害了张某的个人信息权益及名誉权，故将"反恶"公司诉至法院，要求删除侵权信息、赔礼道歉、赔偿精神损失，并披露发布其个人信息及侵害其名誉权的网络用户姓名、联系方式、网络地址等信息。

广州互联网法院判决如下：

（1）"反恶"公司于判决发生法律效力之日起三日内删除"反恶"网站所有涉及张某的个人信息。

（2）"反恶"公司于判决发生法律效力之日起十日内在"反恶"网站首页连续三十日置顶发布道歉声明。

（3）驳回张某的其他诉讼请求。

上述判决已发生法律效力。

裁判理由：

（1）"反恶"公司所发布的案涉信息属于个人信息。

根据《中华人民共和国民法典》第一千零三十四条的规定，个人信息是以电子或者其他方式记录的能够单独或者与其他信息结合识别特定自然人的各种信息，包括自然人的姓名、出生日期、身份证件号码、生物识别信息、住址、电话号码、电子邮箱、健康信息、行踪信息等。

---

① 广州互联网法院，https：// gzinternetcourt. gov. cn/#/articleDetail？ id = uzpj9c02270cgh7ge l2ce9j3yl12rdei&titleType = typicalCase&type = TypicalCase&apiType = convincing。

本案中，虽然"反恶"公司所发布的姓名、平台账号、电话号码、地址等信息均进行了加星（"＊"）处理，未直接明确地指向张某，但根据张某提交的公证书显示，在"反恶"网站以张某和张某的手机号为关键词搜索后，结果显示的收件人姓名、平台账号、手机号码、收件地址、曝光记录与张某的个人信息、淘宝账号、京东账号、手机号码、收货地址吻合。故，法院认定"反恶"公司公布的案涉信息可识别为张某的个人信息。

（2）"反恶"公司发布案涉信息的行为构成对张某个人信息权益及名誉权的侵害。

①"反恶"公司发布案涉信息的行为构成对张某个人信息权益的侵害。根据《中华人民共和国民法典》第一千零三十四条、第一千零三十五条的规定，自然人的个人信息受法律保护，处理个人信息，除法律、行政法规另有规定外，应当征得被处理信息的主体的明确同意。具体到本案，"反恶"公司收集注册用户提供的张某个人信息，对案涉信息进行审核、加星（"＊"）处理，在满足一定条件后，对案涉信息进行发布。案涉信息包括张某的姓名、联系方式、平台账号、收货地址，上述信息是张某为购买商品授权平台商家在履行信息网络买卖合同范围内使用的个人信息，"反恶"公司未经张某同意，非法获取并发布上述信息，构成对张某个人信息权益的侵害。

②"反恶"公司发布案涉信息的行为构成对张某名誉权的侵害。本案中，"反恶"公司直接或间接地将张某的个人信息与具有侮辱等性质的负面评价词汇结合。一方面，案涉网站以"恶人"称呼职业打假人，网站首页使用"搜恶人""曝光恶人"等侮辱性词汇；另一方面，"反恶"公司自述，注册用户在发布"恶人"信息时可以选择给"恶人"打上不同标签，包括预设标签和自定义标签，如"恶意敲诈""骗运费险""威胁好评返现""恶意退货""恶意差评"等。"反恶"公司故意使用上述具有侮辱等性质的负面评价词汇描述张某，客观上降低了张某的社会评价。根据《中华人民共和国民法典》第一千零二十四条"民事主体享有名誉权。任何组织或者个人不得以侮辱、诽谤等方式侵害他人的名誉权"的规定，"反恶"公司的上述行为构成对张某名誉权的侵害。

③根据《中华人民共和国民法典》第九百九十五条的规定，人

格权益受到侵害的，权利人有权要求侵权人赔礼道歉。张某要求"反恶"公司赔礼道歉于法有据，法院予以支持。鉴于案涉侵权行为发生在"反恶"网站，"反恶"公司应在该网站首页连续30日置顶发布道歉声明，就非法处理张某个人信息和侵害张某名誉权的行为道歉。根据《中华人民共和国民法典》第一千零三十七条的规定，自然人发现信息处理者违反法律、行政法规的规定或者双方的约定处理其个人信息的，有权请求信息处理者及时删除。张某诉请"反恶"公司停止侵权，删除"反恶"网站上所有涉及张某的个人信息于法有据。因张某未提供证据证明其存在严重精神损害，故法院对赔偿精神损失的诉请不予支持。

④关于张某诉请"反恶"公司披露发布其个人信息及侵犯其名誉权的网络用户的姓名、联系方式、网络地址，因该诉请不具有强制执行性，且"反恶"公司已经法院判决承担侵权责任，故法院不予支持。

该案例表面上看解决的是"反恶"网站侵犯张某个人信息问题。但是，反恶网站所需的信息却是来自实际将货物卖给张某的电子商务经营者。所以，该案例背后体现出来的是部分电子商务经营者存在泄露消费者个人信息的不法行为。但是从该案的结果来看，张某却无权请求"反恶"网站披露相关的电子商务经营者。

思考：

1. "反恶"网站的法律性质是什么？其使用个人信息的行为是否符合法律的规定？

（三）保护消费者知情权

根据《中华人民共和国消费者权益保护法》第八条的规定，消费者有知悉所购买使用的商品或者接受的服务的真实情况的权利。电子商务领域消费者还应有权知悉交易规则、电子合同、电子支付、在线交付是否适用7日无理由退货规定等信息。具体而言，需要经营者履行商品或服务信息披露义务。

电子商务属典型非面对面交易，交易双方信息严重失衡，消费者一般只能通过经营者一方面在网络上披露的商品或服务信息单向获取相关信息，从而作出判断与选择，电子商务交易中经营者正确全面披露商品或服务信息，是保证消费者知情权、选择权和电子商务交易秩序的重要基础。《中华人民共和国电子商务法》第十七条要求电子商务经营者应当全面、真实、准确、及时地披露商品或者服务信息，保障消费者的知情权和选择权。电子商务经营者不得以虚构交易、编造用户评价等方式进行虚假或者引人误解的商业宣传，欺骗、误导消费者。《中华人民共和国消费者权益保护法》第二十条第一款就此问题作出了一般性规定："经营者向消费者提供有关商品或者服务的质量、性能、用途、有效期限等信息，应当真实、全面，不得作虚假或者引人误解的宣传。经营者对消费者就其提供的商品或者服务的质量和使用方法等问题提出的询问，应当作出真实、明确的答复。经营者提供商品或者服务应当明码标价。"该法第二十八条系依经营者通过信息网络销售商品或提供服务的特点，为保障消费者知情权而新增的专门性具体规定，如下所示。

（1）电子商务经营者应全面、真实、准确、及时地披露商品或服务相关信息。①全面：一是保证消费者在选购商品或者接受服务时作出正确判断所需知悉的所有信息。包括商品基本技术、数据成分、性能、功效特点、不适用人群、有害成分或服务范围限定事项、除外事项等信息。二是保证消费者正确使用商品或接受服务时所应知悉的所有信息，包括商品使用方法注意事项及接受服务注意事项等信息。三是与交易有关的其他信息如支付方式、交付方式、售后服务，是否适用 7 日无理由退货规定等信息。②真实：一是所披露信息不得有歪曲事实虚假或引人误解的内容；二是所披露信息与客观事实相符，能反映商品或服务的客观实际情况。③准确：一是表达范围要确切，既不能超出商品或服务的客观范围亦不能缩小，更不能夸大其词或虚构性能、功效、效果等；二是表达语言要确切，要使用普通消费者能正确理解的语言，不可用模糊性或易生误解歧义的语言。④及时：电子商务经营者在展示推介商品或服务时，应同时依法披露商品或服务的各种信息，若相关商品或服务信息发生变化，应立即无迟延地补充或更改相关信息。

【案例3-7】刘某与某信息公司、某通信公司服务合同纠纷案①

——未如实告知服务内容导致消费者产生重大误解可致合同被撤销

基本案情

某信息公司通过电话邀请刘某参加关于3G网址的营销活动，刘某在营销活动上听到专家介绍3G网址极具投资前景，有高额回报，便与信息公司、通信公司在活动地点签订了《中国3G网址服务合同》。刘某交纳96000元服务费用后才发现，所谓的3G网址是指某通信公司在其营运的网址"http://www.3G×××.com"上为刘某注册了一个名为"小家电"的网页，而不是一个独立的网址，因此起诉请求撤销《中国3G网址服务合同》，某信息公司、某通信公司退还刘某支付的服务费96000元。

裁判结果

法院经审理认为，刘某作为非3G行业的专业人士，其签订合同是基于信息公司宣传"3G网址"具有唯一性、稀缺性和增值性，但两公司所提供的服务实际上只能在特定网站输入关键字才能搜索到，显然并不具有以上特性，两公司利用"3G网址"称谓使刘某误以为自己购买的是具有唯一性的网址，刘某的签约行为属于重大误解，依法可请求撤销合同。两公司作为专业性强的网络服务提供者，未对服务内容进行充分说明，应当承担不利后果。据此判决撤销《中国3G网址服务合同》；某信息公司向刘某返还服务费96000元，某通信公司对此承担连带清偿责任。

法官点评

诚实信用是经营行为的第一要义和根本准则，作为具有较强技术性的网络服务的提供者，应当如实全面向消费者说明其服务的性质和内容，而不是通过虚假宣传诱使消费者作出与真实意愿不符的消费行为，否则，消费者可以重大误解等法定情形为由请求撤销合同。

---

① 广州审判网，https://www.gzcourt.gov.cn/ck487/ck335/ck490/2014/04/7502875314593529.html。

思考：

1. 电子商务经营者违反"保护消费者知情权"这一法律义务，将面临怎样的法律后果？

（2）电子商务经营者不得进行虚假或引人误解的商业宣传。虚构交易即刷销量，是电子商务活动参与方本无真实交易之目的，经事前串通订立了双方无须真正履行的电子商务合同，以此达到增加销量、提高可信度、提升排名的目的。编造用户评价，即没有交易事实或违背事实，而作出用户评价。包括故意虚构事实、歪曲事实等作出的好评或负面评价等不真实评价。电子商务活动中销售假、以次充好的经营者，常通过虚构交易来刷销量，及编造用户评价来刷好评等方式宣传推广。电子商务法明确禁止"虚构交易、编造用户评价"类欺诈、误导消费者的行为，并对禁止行为作开放性规定，只要属虚假或引人误解的商业宣传，均加以禁止。

【案例3-8】徐汇区市场监管局查处上海某新媒体科技有限公司组织"刷单炒信"案[①]

徐汇区市场监管局接举报称上海某新媒体科技有限公司涉嫌为其客户在网络平台的店铺撰写虚假评论、组织虚假交易。调查发现，当事人为提升客户在平台商铺星级评分，通过组织虚假团购交易、组织撰写虚假用户评价等方式为其三家客户在其网络平台上开设的商铺进行虚假宣传，共计虚假团购45次，撰写虚假用户评价共计54条（12条为虚假团购交易后的评价）。

当事人的上述行为违反了《中华人民共和国电子商务法》第十七条、《中华人民共和国反不正当竞争法》第八条第二款和《上海市反不正当竞争条例》第三十条的规定。根据《中华人民共和国电子商务法》第八十五条、《中华人民共和国反不正当竞争法》第二十条和

---

① 上海市市场监督管理总局，http：// scjgj. sh. gov. cn/1073/20220315/2c9bf2f67f86737b017f8 b98ce4b487c. html。

《上海市反不正当竞争条例》第三十条的规定，徐汇区市场监管局依法对该公司处以罚款45万元。同时，徐汇区市场监管局依法对三家客户企业涉嫌虚假宣传的行为进行立案调查，并分别处以40万元、30万元、30万元的罚款。

思考：

1. "刷单炒信"行为会对电子商务活动带来哪些不利影响？

（四）保护消费者选择权

随着大数据技术的发展，电子商务经营者可以基于自己过往收集的数据对每个用户进行画像，根据消费者的兴趣爱好、消费习惯、消费能力对其进行相关的信息推送。在一些情况下，这种做法对消费者并不一定存在不利因素，因为商家推送的信息与消费者具有更高的相关性，可以节约消费者的信息搜集成本。但在更多的情况下，由于平台上商品和服务的信息量巨大，再加上为平台经营者提供了竞价排名服务，这种精准的信息可能会在事实上限制消费者的知情权与选择权。[①] 为此，《中华人民共和国电子商务法》第十八条规定："电子商务经营者根据消费者的兴趣爱好、消费习惯等特征向其提供商品或者服务的搜索结果的，应当同时向该消费者提供不针对其个人特征的选项，尊重和平等保护消费者合法权益。电子商务经营者向消费者发送广告的，应当遵守《中华人民共和国广告法》的有关规定。"

《中华人民共和国广告法》第四十三条规定："任何单位或者个人未经当事人同意或者请求，不得向其住宅、交通工具等发送广告，也不得以电子信息方式向其发送广告。以电子信息方式发送广告的，应当明示发送者的真实身份和联系方式，并向接收者提供拒绝继续接收的方式。"第四十四条规定："利用互联网发布、发送广告，不得影响用户正常使用网络。在互联网页面以弹出等形式发布的广告，应当显著标明关闭标志，确保一

---

① 参见《中华人民共和国电子商务法》起草组编著《〈中华人民共和国电子商务法〉条文释义》法律出版社 2018 年版，第 72 页。

键关闭。"

电子商务活动中消费者自主选择权至少包括：有权自主选择交易的电子商务平台、有权自主选择交易的平台内容、有权对商品和服务进行比较鉴别和挑选、有权自主选择商品品种或服务方式、有权自主决定是否购买商品或接受服务、有权拒绝被搭售的商品或服务、有权拒绝技术手段或其他方式的干扰或限制。

《中华人民共和国电子商务法》除第十八条要求电子商务经营者不得通过定向搜索等侵害消费者选择权外，第十九条要求电子商务经营者搭售商品或服务时，应以显著方式提醒消费者，注意不得将搭售商品或服务作为默认同意的选项。电子商务领域将相关商品或服务置于同一页面销售是一种常见商业模式，当消费者购买某种商品或服务时，电子商务经营者以隐蔽方式将其他商品或服务作为默认同意的选项提供给消费者，则构成搭售行为，侵犯消费者的知情权与选择权，应予制止。

（五）对消费者的给付义务

电子商务经营者与消费者存在通过信息网络销售商品或提供劳务的合同关系。电子商务经营者依法负有向消费者交付商品或服务的主给付义务（主给付义务是指合同关系中所固有、必备的、自始确定的，并能够决定合同类型的基本义务，如买卖合同中卖方交付标的物、买方支付价款的义务），出具购货凭证或服务单据的从给付义务（从给付义务是指，不具有独立的意义，仅具有补助主给付义务的功能。其存在的目的，不在于决定合同的类型，而在于确保债权人的利益能够获得最大满足的义务）。

《中华人民共和国电子商务法》第二十条要求电子商务经营者应当按照承诺或者与消费者约定的方式、时限向消费者交付商品或者服务，并承担商品运输中的风险和责任；但是，消费者另行选择快递物流服务提供者的除外。该条款规定了电子商务经营者履行电子商务合同交付义务与商品运输中风险及责任承担问题。

在电子商务交易环境中，经营者与消费者的交易行为以虚拟化的方式发生，消费者难以在交易完成之际及时取得交易凭证，故有必要对电子商务交易中经营者出具消费凭证的义务作出针对性规定。《中华人民共和国电子商务法》第十四条规定："电子商务经营者销售商品或提供服务应当依法出具纸质或者电子发票等购货凭证或服务单据。电子发票与纸质发票具有同等法律效力。"

（六）依约合理收取押金并及时退还的义务

随着共享经济的快速发展，共享单车、共享汽车等以收取押金为提供服务前置条件的新业态层出不穷，在为人们工作生活提供便捷的同时，押金难以顺利退还等损害消费者合法权益事件屡屡出现。为此，交通运输部等10部门出台《关于鼓励和规范互联网租赁自行车发展的指导意见》（2017年）（交运发〔2017〕109号），针对押金问题进行专门规定，加强了对消费者押金资金安全的监管，但该意见仅为指导性文件，无法律强制力，不能成为相关部门作出行政处罚的依据。因此，《中华人民共和国电子商务法》第二十一条规定："电子商务经营者应当按照约定向消费者收取押金的，应当明示押金退还的方式、程序，不得对押金退还设置不合理条件。消费者申请退还押金，符合押金退还条件的，电子商务经营者应当及时退还。"本条款是关于电子商务经营者向消费者收取及退还押金的规定。

四、知识产权保护义务

知识产权保护义务要求电子商务经营者在提供商品或服务的过程中，不要出现知识产权侵权的问题。知识产权主要涉及著作权、专利权和商标权。

第一，电子商务法规定的知产保护义务一定是围绕着商品或服务的知识产权保护而展开的，如果离开商品或服务谈知识产权保护，那就只是一般意义上的知识产权问题，在适用法律上则不需适用电子商务法，而直接适用相关的知识产权法律规定。

第二，根据《中华人民共和国电子商务法》第二条第二款的规定，金融类产品和服务，利用信息网络提供新闻信息、音视频节目、出版以及文化产品等内容方面的服务，不适用本法。

从该条款中我们需要明确：①利用网络提供新闻信息、音视频节目、出版以及文化产品等内容方面的服务，如起点文学网、酷狗音乐、人民日报网等提供知识"内容"的服务商，他们的知识产权争议不适用电子商务法。换句话说，这些"内容"提供者，他们的"内容"是不是原创的、是不是抄袭的，这个不适用电子商务法，直接适用《中华人民共和国著作权法》的规定。②《中华人民共和国电子商务法》虽然不管"内容"，但是却管内容的载体。如电子商务经营者如果贩卖盗版书、盗版录音录像制品，该电子商务经营者则违反了《中华人民共和国电子商务法》第五条对保护知识产权的规定。

第三，一般的电子商务经营者违反知识产权义务主要体现在销售侵犯著作权、专利权或商标权的商品。对此，电子商务法没有对违反该义务的行为给出具体的规定。因此，一般电子商务经营者的知识产权保护义务还要结合《中华人民共和国著作权法》《中华人民共和国专利法》《中华人民共和国商标法》等法律中的规定来加以明确。

【案例3-9】《太极熊猫》与《花千骨》手机游戏"抄袭"案①

《太极熊猫》是苏州A公司独立研发的一款手机游戏，该游戏于2014年9月上市，并且获得了非常良好的市场反应。2015年6月，A公司发现B公司推出的手机游戏《花千骨》存在大量与《太极熊猫》相似的元素，经比对，《花千骨》全面抄袭和使用了《太极熊猫》中的游戏界面以及装潢设计和其他游戏元素，并且包括《太极熊猫》游戏中的核心元素——游戏规则。A公司遂向苏州市中级人民法院提起诉讼。

法院经审查认为，A公司在本案中指控B公司、C公司的不正当竞争行为为：《花千骨》手机游戏全面抄袭和使用了A公司《太极熊猫》手机游戏的游戏界面、游戏规则以及装潢设计和其他游戏元素，并通过苹果应用商店、安卓应用商店等网络软件应用商店提供用户下载，B公司、C公司系该《花千骨》手机游戏的著作权人和研发人。故本案中的被诉侵权行为属于通过信息网络实施的侵权行为。

思考：

1. 该案例中的B公司、C公司知识产权侵权行为是否违反了电子商务

---

① 《2019年江苏法院知识产权司法保护十大典型案例》，见江苏法院网，http://www.jsfy.gov.cn/article/91656.html。

法中的保护知识产权的义务？

计算机信息技术与网络技术的发展极大扩展了传统知识产权法领域。数字化产品、计算机软件和数据库均是作品的新形式，丰富了著作权的权属范畴。在作品数字化的过程中，电子商务经营者在扩展作品传播形式时，应注意保护原作者著作权。在网络环境下，一方面，传统商标权和商号权仍可在网站上使用，表现为通过网站对有关产品或服务的广告宣传许诺销售，甚至网络销售；另一方面，网络带来了新型商业标识，如域名通用网址及网络搜索关键词。《中华人民共和国电子商务法》第五条要求电子商务经营者从事经营活动应履行知识产权保护方面的义务，第四十一至四十三条专门对电子商务平台经营者在知识产权方面的义务与责任作了规定。第四十一条强调平台经营者建立知识产权保护规则，与知识产权权利人加强合作的法定义务。第四十二条规定，知识产权权利人认为其知识产权受侵害时，可对平台经营者提出要求其采取行动的一系列保护措施，如删除、屏蔽、断开链接、终止交易和服务等。并进一步规定了平台经营者接到通知后，应及时采取必要措施，以及向平台内经营者的转通知义务。特别是规定了未及时采取必要措施的，对损害扩大部分与平台内经营者承担连带责任；因通知错误造成平台内经营者损失的，依法承担民事责任；恶意发出错误通知，造成平台内经营者损失的，加倍承担赔偿责任。此规定对平台经营者实际是一种加重责任，反映了电子商务法对知识产权保护的高度重视。第四十三条规定，涉嫌侵犯知识产权的平台内经营者接到转送通知后，可向电子商务平台经营者提交不存在侵权行为的声明。电子商务平台经营者接到声明后，应当将该声明转送发出通知的知识产权权利人，并告知其可向有关主管部门投诉或向人民法院起诉。

五、网络安全保护义务

安全原则是商事活动基本原则，在电子商务领域特别表现在网络安全保护方面。一方面，网络是电子商务活动的场所和媒介，网络安全直接关系交易安全，没有安全的网络环境，消费者和经营者都将失去对电子商务的信心与信赖，电子商务将难以长久发展；另一方面，网络安全具有突破地域性的特点，使其直接影响国家网络安全主权及社会信息安全。因此，《中华人民共和国电子商务法》第五条要求电子商务经营者从事经营活动应履行网络安全保护方面的义务。该法第三十条规定，平台经营者应采取技术措施和其他必要措施，保证其网络安全、稳定运行，防范网络犯罪违法活动，有效应对网络安全事件，保障电子商务交易安全。平台经营者还应制定网络安全事件应急预案，发生网络安全事件时，应立即启动应急预案，采取相应补救措施，并向有关主管部门报告。《中华人民共和国网络安全法》第二十二条规定，网络产品服务应符合相关国家标准的强制性要求，网络产品服务的提供者不得设置恶意程序，如发现其网络产品服务存在安全缺陷、漏洞等风险时，应立即采取补救措施，按规定及时告知用户，并向有关主管部门报告。网络产品服务的提供者应为其产品提供持续的安全维护服务，在规定或当事人约定期限内不得终止提供安全维护服务。

六、履行市场监管方面的义务

（一）依法履行市场准入义务

1. 依法办理市场主体登记的义务

《中华人民共和国电子商务法》第十条规定："电子商务经营者应当依法办理市场主体登记。但是，个人销售自产农副产品、家庭手工业产品，个人利用自己的技能从事依法无须取得许可的便民劳务活动和零星小额交易活动，以及依照、法律行政法规不需要进行登记的除外。"

2. 依法获取许可经营的义务

《中华人民共和国电子商务法》第十二条规定："电子商务经营者从事经营活动，依法需要取得相关行政许可的，应依法取得行政许可。"

（二）向有关部门提供电子商务数据信息的义务

电子商务数据信息是指基于电子商务活动产生的交易数据和个人信息，包括经营者身份信息、经营者资质信息、商品或服务信息、交易记录、消费者个人信息、物流信息、侵权记录信息等。

我们已进入大数据时代，数据所带来的营收红利在电子商务中不可忽视。但是，随之而来的是数据泄露而引发的纠纷。为此，数据保护、数据监管等成为维护消费者信息安全的重要手段。

由于电子商务活动通过在线交易的方式完成，监管部门可要求电子商务经营者提供跟监管相关的电子商务数据信息以满足其监管需要。为了避免监管部门在调取数据时，电子商务经营者以涉及自身商业秘密或个人隐私为由拒绝提供，《中华人民共和国电子商务法》第二十五条规定："有关主管部门依照法律、行政法规的规定要求电子商务经营者提供有关电子商务数据信息的，电子商务经营者应当提供。有关主管部门应当采取必要措施保护电子商务经营者提供的数据信息的安全，并对其中的个人信息、隐私和商业秘密严格保密，不得泄露、出售或者非法向他人提供。"

（三）公平竞争义务

公平竞争是市场经济的基本要求。电子商务领域不正当竞争较为突出，商业混淆、网络攻击等新型不公平竞争行为层出不穷。电子商务经营者应遵守法律规定及商业道德，公平参与市场竞争，《中华人民共和国反不正当竞争法》在2017年修订时增加了网络经营不正当竞争专款第十二条。《中华人民共和国电子商务法》第五条要求电子商务经营者从事经营活动应遵循公平原则；第二十二条针对电子商务领域反垄断，就电子商务经营者不得滥用市场支配地位问题予以专门规定，即电子商务经营者因其技术优势、用户数量、对相关行业的控制能力及其他经营者对该电子商务经营者在交易上的依赖程度等因素而具有市场支配地位的，不得滥用市场支配、排除或限制竞争。

【案例3-10】王某诉江某、第三人某电商A公司不正当竞争纠纷案①

王某在某电商平台开设了网店"雷恩体育solestage"。该店铺主要进行运动服饰、运动鞋类等运动产品的销售。商标"安德玛"系安德阿镁有限公司持有，已在我国国家工商行政管理总局商标局注册。

---

① 浙江省知识产权保护中心，https：//zjippc.publicdi.com/general/cms/news/info/infodetails/INFO53cc0e41-d7b8-460b-b08e-df1b837ba272.html? cid = wq_ anli。

2016 年 12 月 31 日，江某假冒"安德阿镆有限公司"的名义在阿里巴巴知识产权保护平台以王某经营的"雷恩体育 solestage"销售的涉案商品经其购买鉴定为假货且侵犯"安德玛"商标权为由，向 A 公司进行投诉（投诉单号：4003731）。江某投诉所依据的商标权为第 8205764 号 UNDER ARMOUR 商标（下称"涉案商标"），且向 A 公司提交了涉案商标的商标注册证书。随后，A 公司根据江某的投诉，于 2017 年 1 月 13 日删除了涉案商品的商品链接（http：// item. taobao. com/item. htm？ id＝524652004259.）。后江某因涉嫌销售假冒"安德玛"注册商标服饰被四川省德阳市公安局立案侦查。经侦查发现，江某使用的与"安德玛"有关的印章系其通过 A 公司网站找他人私刻用于投诉卖家，这一事实已在德阳市旌阳区人民法院作出的（2018）川 0603 刑初 125 号刑事判决书予以了认定。

　　杭州互联网法院（杭州铁路运输法院）经审理认为，根据优势证据规则和高度盖然性，江某为被控投诉的主体；江某的恶意投诉行为违反了诚实信用原则和公认的商业道德，该行为损害了同行业竞争者王某的合法利益，破坏了正常的竞争秩序，具有明显的不正当性，已构成不正当竞争。根据本案查明的事实，并综合考虑以下因素酌情确定赔偿数额：

　　（1）UNDER ARMOUR 商标的注册人是安德阿莫尔有限公司 Under Armour，INC，注册有效期限自公元 2012 年 4 月 14 日至 2022 年 4 月 23 日止，后变更登记为安德阿镆有限公司 Under Armour，INC。

　　（2）鉴于其侵权行为的形态、时间、范围、经营规模以及主观过错程度，参考销量及售价，且王某在本案中主张某电商平台 B 公司的知识保护平台于 2017 年 3 月 14 日根据反申诉认为王某申诉不成立，从而判定王某经营的 A 公司店铺售假，对店铺进行降权处分后，王某经营的雷恩体育 Solestage 公司销售额从 2017 年 3 月的 8434433.99 元直接下降至 2017 年 4 月的 4820346.72 元，投诉后销售额下降累计 3000000 元，江某的恶意投诉行为与涉案 A 公司店铺销售下降有直接因果关系。

　　（3）王某在庭审中自述服装行业利润率约为 47%，江某在庭审中自述服装行业利润率约为 30%。

　　（4）王某虽未提交其支出合理费用的证据，但其在本案委托律师

75

参加诉讼，确已支出必要的维权费用。

综上，本院酌情认定其赔偿王某经济损失2100000元（包括为制止侵权所支出的合理费用）。宣判后，江某未上诉。

思考：

1. 恶意投诉会对市场造成哪些不利影响?

七、依法从事跨境电商的义务

跨境电商是指分属不同国家的交易主体进行的或交易标的跨越国境的电商活动。国内跨境电商发展迅速，根据2022年10月28日在第十三届全国人民代表大会常务委员会第三十七次会议上审议的《国务院关于数字经济发展情况的报告》，2021年我国跨境电商进出口规模近2万亿元。为促进跨境电子商务发展和实现跨境电商贸易便利化，更好地适应跨境电子商务经营者小微企业众多、交易额分散、普遍使用平台服务等特点，《中华人民共和国电子商务法》第七十一条、第七十二条就跨境电子商务所面临的管理制度问题进行了改革与调整，简化了进出口流程，提升了监管效能。针对跨境电子商务，我国海关税收、进出境检验、支付结算等管理制度，与进出口监管有关的法律制度和相关国家政策为跨境电子商务的发展构筑了制度保障。因此，《中华人民共和国电子商务法》第二十六条要求，电子商务经营者从事跨境电子商务，应当遵守进出口监督管理的法律、行政法规和国家有关规定。该条款为参引性条款，并未对跨境电子商务予以特别法律规定，旨在强调电子商务经营者从事跨境电子商务并不因其电子商务属性而具有法律特殊性。基于线上线下平等对待原则，跨境电子商务经营者必须遵守进出口监管规定。

八、环境保护义务

线下经营者从事商事活动时，应遵守环境保护法等法律法规，线上经营者亦应如此。同时，相较于传统线下交易模式，电子商务在包装、仓储、物流等方面更容易出现过度包装等浪费资源、污染环境的问题。《中华人民共和国电子商务法》第五条，作为一般原则，要求电子商务经营者从事经营管理活动应履行环境保护的义务。该法第十三条进一步规定电子商务经营者销售商品或提供服务应符合环境保护要求，不得销售或提供法律行政法规禁止交易的商品或服务。为指导经营快递业务的企业做好绿色包装工作，实现包装材料的减量化和再利用，国家邮政局制定了《快递业绿色包装指南（试行）》（国邮发〔2018〕121号），市场监管总局等八部门联合发布了《关于加强快递绿色包装标准化工作的指导意见》（国市监标技〔2020〕126号）。

第二节　电子商务平台经营者的义务

近年来，随着网络的普及，我们的吃穿住行都可以通过网络实现。因此，为我们提供不同需求的电子商务平台不断涌现。如购物平台淘宝、京东等；餐饮服务平台美团、饿了么；交通出行平台滴滴出行；旅游服务平台携程、去哪儿；跨境电子商务平台网易考拉；以及兼具内容提供和电子商务交易的平台抖音、快手等。这些平台的出现，正重塑着中国民众日常购物和生活消费的习惯，并深刻影响着当下的商业生态。电子商务平台为一般的电子商务经营者提供了交易场所，作为交易规则的制定主体和资源的拥有者，如何规范其经营行为、避免市场垄断、保障其他经营者的合法利益，对于监管部门而言责任重大。为此，以明确的法制让监管行为有法可依成为规范电子商务活动的重要保障。《中华人民共和国电子商务法》从核验登记平台内经营者信息，到网络安全保障，从对平台内经营者进行信用评价，到自营业务标识、竞价排名的标识，最后到知识产权保护等，对电子商务平台经营者的义务作出了详细的规定。

一、对电子商务平台内经营者信息的管理义务

电子商务平台内的经营者来自全国各地，主体数量极为庞大，这为监管部门的监管活动带来了挑战。赋予电子商务平台一定的管理职责，不仅能缓解监管部门的监管压力，提高监管效率，还能迅速终止相关主体的违法行为，有效维护电子商务各方主体的合法权益。

《中华人民共和国电子商务法》第二十七条至二十九条规定了电子商务平台对平台内经营者的信息管理义务。第二十七条规定了电子商务平台经营者对平台内经营者的身份、地址、联系方式、行政许可等真实信息，进行核验、登记、建档更新的义务。第二十八条则规定了平台经营者向市场监管部门、税务部门报送平台内经营者的身份信息和纳税信息的义务。第二十九条规定了平台经营者可以对平台内经营者的相关违禁行为采取必要处置措施，并向有关主管部门报告。

二、保障网络安全的义务

从《中华人民共和国电子商务法》第二条规定中我们得知，电子商务是以基于互联网等信息网络为媒介的交易行为。在实践中，物理设备故障、非法访问网络、攻击远程代码执行等网络安全问题，会造成电子商务活动参与主体人身和财产损失，甚至会直接威胁到国家安全。所以，对于电子商务的网络安全问题，除依靠政府部门对违法犯罪行为进行打击以外，还依赖于电子商务平台经营者自身采取合理措施，降低网络安全风险。

《中华人民共和国电子商务法》以《中华人民共和国网络安全法》为基本依据，在第三十条第一款概括性规定平台经营者应承担的基本的总体网络安全义务，即平台经营者应采取技术措施和其他必要措施，保证其网络安全稳定运行，防范网络犯罪活动，有效应对网络安全事件，保障电子商务交易安全。第三十条第二款从防范控制风险层面要求电子商务平台经营者应制定网络安全事件应急预案，一旦发生网络安全事件，应立即启动应急预案，采取相应补救措施，并向有关主管部门报告，以最大限度地减少或降低损失，维护网络安全。平台经营者保障电子商务交易安全需紧紧

围绕电子商务在互联网等信息网络上应用时产生的各种安全问题，采取各种安全技术措施，如加密技术、认证技术和电子商务安全协议等。

三、电子商务数据留存义务

电子商务交易中，买卖双方以电子商务平台为媒介进行磋商、邀约承诺交付商品、支付价款、提供售后等一系列活动，这个过程通常不会产生和留存纸质的记录或凭证，只会在电子商务经营者的网络平台中留存全过程的电子数据，电子商务交易平台中存储着大量的商品和服务信息、交易信息，这些数据和信息对于提供售后服务、解决交易中的纠纷、维护消费者合法权益，都有着重要意义。

《中华人民共和国电子商务法》第三十一条规定："电子商务平台经营者应当记录、保存平台上发布的商品和服务信息、交易信息，并确保信息的完整性、保密性、可用性。商品和服务信息、交易信息保存时间自交易完成之日起不少于三年；法律、行政法规另有规定的，依照其规定。"

这里需要明确以下三点。

首先，留存的信息既包括平台内相关商品、服务的具体信息，也包括在平台内买卖双方的交易信息。商品或服务的具体信息是指对商品或服务的材质、细节、具体范围等进行详细说明的文字、图片或视频等资料。交易信息则是买卖双方在电子商务平台为完成交易而实施的所有互动过程。

其次，留存信息的时间最低要求是三年。这里的三年期限与《中华人民共和国民法典》的诉讼时效规定有紧密的关系。《中华人民共和国民法典》第一百八十八条规定："向人民法院请求保护民事权利的诉讼时效期间为三年。法律另有规定的，依照其规定。诉讼时效期间，自权利人知道或者应当知道权利受到损害以及义务人之日起计算。"

最后，留存信息要保证完整性、保密性和可用性。信息的完整性均要求是对整个交易过程的记录，通过该记录能够再现电子商务交易的完整过程。当在形式上缺少部分数据信息时，应该能从其他信息那里得到符合逻辑的解释，从而保证该信息的完整性。保密性是指电子商务平台经营者不得泄露流程的信息，确保该信息存储安全。可用性是指流程的数据信息能够被用来维护消费者权益和满足主管机关的需要。保持数据的完整性，叮以提升数据信息的可信度。在电子商务交易过程当中完整可用的信息，能够为解决纠纷、实现监管职能、追究违法犯罪活动提供依据。

四、制定并公示平台服务协议与交易规则的义务

服务协议是平台经营者与平台内经营者之间就技术服务、广告技术服务、广告发布服务、支付服务等为内容的服务合同。交易规则，主要是电子商务平台就平台内经营者与交易相对人之间如何开展交易活动的规则，涉及合同订立、合同主要权利义务分配、个人信息保护、纠纷解决等问题。这两种文件在实践中，既是平台经营者实现其平台经营活动和对平台内经营者进行管理的主要依据，也是平台内经营者与交易相对人之间电子商务交易活动得以展开的最主要的法律及合同层面依据。因此，《中华人民共和国电子商务法》通过第三十二条到第三十六条规定了平台经营者制定并公示平台服务协议与交易规则的义务。

（一）平台经营者制定服务协议与交易规则的义务

平台经营者所提供的服务协议与交易规则对全体平台内经营者都具有约束力。因此，相应的服务协议与交易规则的制定，理应引入民主决议机制，以保证相关规则体系的公平与合理。《中华人民共和国电子商务法》第三十二条规定："电子商务平台经营者应当遵循公开、公平、公正的原则，制定平台服务协议和交易规则，明确进入和退出平台、商品和服务质量保障、消费者权益保护、个人信息保护等方面的权利和义务。"电子商务平台经营者与平台内经营者签订服务协议时，必须公开其协议条件，并且公平对待所有的平台内经营者，在无正当理由时不应采取差别或歧视待遇。本条款所言服务协议的公开更多是指作为电子商务平台经营者与平台内经营者商业基础内容的协议。如当事人因实际需要对该基础协议进行了补充与细化，此部分内容可以不公开。电子商务平台不能滥用交易优势地位欺压平台内中小电子商务经营者，应该秉持公平与公正原则来确定给予平台内经营者的权利和义务，特别是对电子商务经营者进入及退出平台的条件更应一视同仁。为提高交易效率、规范参与交易的各方主体的权利、义务与责任，电子商务平台经营者往往通过明确的交易规则来实现其管理目标。随着电子商务平台经营者制定的交易规则所覆盖的范围不断扩大，交易规则日益成为一个丰富的法外网规体系。《中华人民共和国电子商务

法》第三十二条规定的交易规则主要涉及电子商务平台内经营者保障商品与服务质量、消费者权益保护、个人信息保护等问题，但实践中往往还涉及合同成立时间、退换货纠纷解决机制等问题。这些规则合在一起形成了一个严密的交易规则体系。

（二）平台经营者对服务协议与交易规则的公示义务

《中华人民共和国电子商务法》第三十三条规定："电子商务平台经营者应当在其首页显著位置持续公示平台服务协议和交易规则信息或者上述信息的链接标识，并保证经营者和消费者能够便利、完整地阅览和下载。"本条款是对电子商务平台就服务协议和交易规则进行公开和公示的要求，主要是为了约束和规范电子商务平台经营者的单方面决定权，进而保障相对人知情权。只有电子商务平台服务协议和交易规则需以合理方式予以公示，才能确保相关条款能被相对人知悉，才能将条款中的约束性内容适用于相关主体。这一方面保障了消费者和中小经营者的知情权，另一方面与格式条款控制制度相衔接。若格式条款提供者未以显著方式对格式条款相关内容提请相对人注意，或相对人无法便捷了解格式条款相关内容，则相关内容视为未订入合同之中，也不具有约束力。实践中平台经营者在用户通过注册成为平台用户时，往往就已对相关交易规则的内容进行提示，并要求相对人对其表示同意，才能完成注册程序。但由于交易规则内容非常复杂，实际上相对人并不会认真去浏览。因这一事实的存在，就需要平台针对交易规则和服务协议的核心关键内容，如合同何时成立并具有约束力、对出现纠纷时选择相应管辖法院的问题进行特别提醒和通知。这种提醒与通知可采取特别勾选同意或弹窗方式，进一步向用户披露服务协议与交易规则的关键性内容。只有符合这些条件，才可认为是完成了公示义务，才可成为确定交易双方权利义务和法律责任的有效依据。

（三）平台经营者修改服务协议与交易规则所附义务

实践中，电子商务平台为提高服务效率、改善服务质量、保障自身利益往往会利用自身优势地位单方面修改服务协议与交易规则。因电子商务平台内经营者及消费者处于相对弱势地位，往往无力改变该单方修改行为，所以法律有必要对电子商务平台经营者予以一定程度的限制。《中华人民共和国电子商务法》第三十四条规定："电子商务平台经营者修改平台服务协议和交易规则，应当在其首页显著位置公开征求意见，采取合理措施确保有关各方能够及时充分表达意见。修改内容应当至少在实施前七日予以公示。平台内经营者不接受修改内容，要求退出平台的，电子商务平台经营者不得阻止，并按照修改前的服务协议和交易规则承担相关责任。"

电子商务平台经营者修改平台服务协议和交易规则，需采取的合理措施，包括向用户发送调查问卷和征求意见函、在合适位置说明修改内容及意图、可能产生的影响、修改法律的依据等，从而使相对人阅读修改说明后有针对性的发表意见。电子商务平台经营者还应建立意见收集与反馈机制，公开收到的各种意见，说明采纳及不予采纳意见的主要理由。修改内容若确定予以实施，应至少提前七日公示。

电子商务平台经营者不能利用其强势地位随意修改平台服务协议与交易规则，须尊重事前订立并为当事人所接受的协议与规则。电子商务平台经营者若单方修改服务协议与交易规则，而平台内经营者不同意修改的，平台内经营者可申请退出。此时，电子商务平台经营者是否应当对平台内经营者承担损害赔偿责任，应依修改前的协议或规则来确定。因此，电子商务经营者如打算加入某电子商务平台，应该看清楚该电子商务平台规则中是否有针对上述问题的损害赔偿担责条款。

（四）不得进行不合理限制、附加不合理条件、收取不合理费用的义务

《中华人民共和国电子商务法》第三十五条规定："电子商务平台经营者不得利用服务协议、交易规则以及技术等手段，对平台内经营者在平台内的交易、交易价格以及与其他经营者的交易等进行不合理限制或者附加不合理条件，或者向平台内经营者收取不合理费用。"

竞争机制是市场经济配置资源的基础手段，电子商务市场竞争较传统市场更为激烈。电子商务平台经营者利用规模经济形成聚合效应，平台内经营者需借助特定电子商务平台推广、宣传以销售商品，往往对电子商务平台高度依赖，难以转向其他电子商务平台经营。因此，电子商务平台凭借优势地位很可能对平台内经营者施加不合理限制，妨碍相关市场竞争，从而扰乱市场竞争秩序。

【案例3-11】反垄断：电商"二选一"被罚 182.28 亿元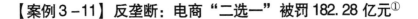①

2015 年"双 11"前夕，A 电商向国家市场监管总局举报 B 电商扰乱电商市场秩序，称 B 电商要求平台上商家在"双 11"期间不能同时参加 A 电商的促销活动，"二选一"之争就此开启。2015 年 9 月国家工商行政管理总局遂发布《网络商品和服务集中促销活动管理暂行规定》（国家工商行政管理总局令第 77 号）。其中，第十一条规定，网络集中促销组织者不得违反《中华人民共和国反垄断法》《中华人民共和国反不正当竞争法》等法律、法规、规章的规定，限制、排斥平台内的网络集中促销经营者参加其他第三方交易平台组织的促销活动。2020 年 12 月，市场监管总局依据《中华人民共和国反垄断法》对 B 电商在中国境内网络零售平台服务市场滥用市场支配地位的行为立案调查。2021 年 4 月 10 日，市场监管总局对 B 电商实施"二选一"垄断行为作出行政处罚，并处以其 2019 年中国境内销售额 4557.12 亿元 4% 的罚款，共计约 182.28 亿元。2021 年，中国电商业迎来了首个告别"二选一"的"双 11"。

（五）对违法违规行为处置信息公示的义务

电子商务平台经营者在实际运营中往往承担一定管理职能，如对平台内经营者实施关闭店铺公示、警告和查封账户等。这些事项的发生往往意味着平台内经营者的经营行为违法或违反商业道德。这些信息不仅关涉电子商务平台经营者与被处罚的电子商务平台内经营者，还涉及其他经营者与消费者的知情权，如以后进行电子商务交易是否需要回避相关经营者。因此，《中华人民共和国电子商务法》第三十六条规定："电子商务平台经营者依据平台服务协议和交易规则对平台内经营者违反法律、法规的行为实施警示、暂停或者终止服务等措施的，应当及时公示。"因电子商务平台经营者具有绝对地优势地位，电子商务平台内经营者难以针对电子商

---

① 《"二选一"取消的首个双 11，平台由明争改为暗战》，https://www.jiemian.com/article/6797069.html。

务平台经营者作出的不当行为进行申诉。为了更好地维护无过错的电子商务平台内经营者的合法权益，应建立相应申诉机制，电子商务平台内经营者面对平台经营者所实施的相应措施，应有相应救济渠道。若电子商务平台内经营者认为平台作出的相应措施存在问题，还可向法院起诉来保障自身权益。

【案例 3 - 12】 蔡振文诉淘宝案①

基本案情

2014 年 12 月 7 日，原告蔡振文在淘宝公司网上使用"小猪 2833_77"涉案账户购买被告北斗智驾公司（淘宝名称为"车之宝车品店"）的"百适通汽车冷却系统清洁剂"2 瓶，总价款 136 元，卖家实际发货 3 瓶（卖家称当时在搞促销活动，买 2 送 1）。蔡振文另购买退货运费保险，支付保险金 0.7 元，约定卖家包邮送货。货到后，同月 16 日原告以商品质量问题为由要求退货退款，卖家同意退货并提供退货地址后，原告将 2 瓶货物邮寄给卖家，但卖家以尚欠 1 瓶产品为由拒绝退款。之后，原告申请淘宝公司客服介入处理，淘宝公司介入后支持原告，作出退款处理；后卖家向淘宝公司举报原告，淘宝公司对原告账户采取了限制使用等临时性管控措施。

原告蔡振文对淘宝公司采取的上述临时性管控措施不服，以浙江北斗智驾物联科技有限公司、浙江淘宝网络有限公司为共同被告，向广东省佛山市南海区人民法院提起诉讼。原告在一审中提出如下诉讼请求：

一是判决淘宝公司赔偿原告 1 万元，支付以该款为本金从起诉日至判决确定给付债务的最后履行日止按同期人民银行贷款利率计算的逾期付款利息。

二是被告淘宝公司解除原告淘宝账户"小猪 2833_77"登录、购物、支付的限制，恢复账户正常。

三是诉讼费由被告承担。

针对原告的第一个诉讼请求，淘宝公司答辩称其仅提供网络交易

---

① 刘凯湘、刘晨：《互联网第三方平台服务协议效力的判断原则及其意义——评蔡振文诉淘宝案》，载《中国应用法学》2017 年第 3 期，第 143 - 152 页。

平台服务，原告与被告北斗智驾公司之间存在买卖合同关系，但是淘宝公司并非买卖合同关系的相对人，原告无权依据买卖合同关系要求淘宝公司承担赔偿责任；且淘宝公司在对双方提供的材料进行审核后作出了卖家退款的处理，已经履行了法定义务，并且双方的买卖合同关系因为退货退款行为已经终结，原告所要求的赔偿无事实与法律依据。

针对原告的第二个诉讼请求，淘宝公司提出此案属于网络服务协议纠纷，并且根据其与原告签订的《淘宝服务协议》中所约定的协议管辖，本案应由浙江省杭州市余杭区人民法院管辖；对原告采取临时性管控措施是基于原告涉嫌多项违反淘宝服务协议规定的行为作出的，其行为违反了《不当注册规则及实施细则生效通知》的规定，并举证证明原告在使用"小猪2833_77"的账号时，存在诸多不当注册的行为，淘宝公司限制原告使用淘宝账号的行为符合淘宝公司与原告之间签订的服务协议，以及淘宝公司已经公示的、对用户有约束力的相关规定，合法有理。故请求法院驳回原告对淘宝公司的所有诉讼请求。

一审判决

一审法院佛山市南海区人民法院经审理认为：原告同被告北斗智驾公司之间已经发生了退货退款行为，买卖合同已经解除，双方的权利义务终止，而原告现请求被告淘宝公司承担赔偿责任并解除对其淘宝账户的临时性管控措施属于其与淘宝公司在履行网络服务合同过程中发生的纠纷，因而将原"买卖合同关系纠纷"的案由改为"网络服务合同纠纷"。

一审法院认为，案件的争议焦点为淘宝公司对蔡振文的淘宝账户作出限制使用的临时性管控措施是否符合合同的约定以及是否具有充分、合理的依据。一审法院认定原告对《淘宝服务协议》及相关规则是知情的、接受的，《淘宝服务协议》及其项下的规则不违反国家法律法规的强制性规定，合法有效，对双方均具有法律约束力。一审法院认可淘宝公司有权对原告的行为是否违规作出认定。此外，一审法院认定原告确实发生过数次投诉及不同理由的退货行为，但是，法院认为不能使用淘宝会给原告（用户）的生活带来很大的不便，因而淘宝公司虽然是私营企业而非公共服务企业，但其仍然需要在判断原告

（用户）是否违规等方面持"加倍的谨慎和容忍态度"，在原告的"瑕疵行为"未达到严重违规以致损害淘宝平台正常运营秩序的程度时，淘宝应该给予其非限制使用账户的惩罚措施，因而，一审法院认为淘宝公司再限制原告使用账户无理无据。

2016年2月4日，一审法院依照《中华人民共和国合同法》第一百零七条，《中华人民共和国民事诉讼法》第六十四条、第一百四十四条之规定，判决：

（1）淘宝公司应于判决发生法律效力后十日内解除对蔡振文在淘宝网上注册的账户"小猪2833_77"的临时管控措施，恢复蔡振文对该账户的正常使用。

（2）驳回蔡振文的其他诉讼请求。

二审判决

一审判决后，淘宝公司向佛山市中级人民法院提起上诉，二审法院对原审查明的事实予以确认，另就双方的争议焦点即"是否应该支持蔡振文提出的要求淘宝公司解除对其淘宝账户'小猪2833_77'登录、购物、支付的限制措施，恢复账户正常的诉讼请求"作出了具体分析。首先，二审法院认为淘宝公司能否对淘宝平台账户实施限制使用或其他临时性管控措施，应以服务协议约定作为判定依据，其认为双方于服务协议项下有关实体权利义务内容的约定不违反法律、行政法规的强制性规定，合法有效，规则的合理与否不属于法院的审查范畴；其次，二审法院认为，淘宝平台虽然拥有庞大的用户群体，但仍属提供一般服务性质的企业，不属于公共服务企业或准公共服务企业，因而不可据此要求淘宝公司在平台规则设立、执行等方面与公共服务企业具有同等或类似的高度注意义务；最后，二审法院认定，蔡振文在使用淘宝账户过程中的各种行为表现在一定程度上已经超出了基本诚信所能允许的范围。

2016年9月20日，二审法院依照《中华人民共和国民事诉讼法》第一百七十条第一款第（二）项、第一百七十五条之规定，判决：

（1）撤销广东省佛山市南海区人民法院（2015）佛南法狮民二初字第567号民事判决。

（2）驳回一审原告蔡振文的全部诉讼请求。

思考：

1. 应如何评判作为第三方平台，淘宝公司制定的《淘宝服务协议》的格式条款效力？

2. 应当如何把握司法实务中对第三方平台拟定格式条款效力的具体判断标准与规则？

3. 应该在多大程度上赋予互联网第三方平台制定规则的自由？

五、自营业务的标记义务

电子商务平台如亚马逊、当当、京东等，一方面作为电子商务经营者向外销售货物或提供服务，另一方面又向其他电子商务经营者开放平台为他们提供"经营场所"。由此，在同一个平台内既有平台自身的自营业务，又有其他经营者的经营业务。为了更好保护消费者的知情权，《中华人民共和国电子商务法》要求平台经营者应当标明自营与非自营业务，该法第三十七条规定："电子商务平台经营者在其平台上开展自营业务的，应当以显著方式区分标记自营业务和平台内经营者开展的业务，不得误导消费者。"电子商务平台经营者应当建立健全信用评价制度，公示信用评价规则，为消费者提供对平台内销售的商品或者提供的服务进行评价的途径。电子商务平台经营者在其平台上开展自营业务的经营业务和平台内经营者开展的业务，不得误导消费者；对其标记为自营的业务，依法承担商品销售者或服务提供者的民事责任。

六、消费者权益保护义务及相关责任

《中华人民共和国电子商务法》第三十八条是关于电子商务平台经营者对平台内经营者侵害消费者合法权益行为采取必要措施的义务、对关系消费者生命健康的商品或服务的平台内经营者资质资格审核义务和消费者安全保障义务的规定。

（一）未采取必要措施的连带责任

《中华人民共和国电子商务法》第三十八条第一款规定："电子商务平台经营者知道或者应当知道平台内经营者销售的商品或者提供的服务不符合保障人身、财产安全的要求，或者有其他侵害消费者合法权益行为，未采取必要措施的，依法与该平台内经营者承担连带责任。"

在理解该条款时要注意以下三点。

1. 平台内经营者侵害了消费者合法权益

该侵害行为包括未及时披露商品或服务信息、对商品或服务信息作虚假宣传、销售的商品或提供的服务可能危及人体健康和人身财产安全。

2. 平台经营者知道或应当知道该违法行为

平台经营者仅在其知道或应当知道平台内经营者实施侵害消费者权益行为，而未采取必要措施时，对消费者承担过错责任，依法承担连带责任。平台经营者"知道或应当知道"的判断标准，可参考最高人民法院《关于审理利用信息网络侵害人身权益民事纠纷案件适用法律若干问题的规定》（法释〔2020〕）第六条就认定网络服务提供者是否"知道或者应当知道"，应当综合考虑下列七个因素。

第一，网络服务提供者是否以人工或者自动方式对侵权网络信息以推荐、排名、选择、编辑、整理、修改等方式作出处理。

第二，网络服务提供者应当具备的管理信息的能力，以及所提供服务的性质、方式及其引发侵权的可能性大小。

第三，该网络信息侵害人身权益的类型及明显程度。

第四，该网络信息的社会影响程度或者一定时间内的浏览量。

第五，网络服务提供者采取预防侵权措施的技术可能性及其是否采取了相应的合理措施。

第六，网络服务提供者是否针对同一网络用户的重复侵权行为或者同一侵权信息采取了相应的合理措施。

第七，与本案相关的其他因素。

3. 平台经营者未采取必要措施

《中华人民共和国电子商务法》第二十九条规定："平台经营者发现平台内商品或服务信息存在违反本法第十二条、第十三条规定情形的（即未取得行政许可而开展非法经营，或销售商品、提供服务，不符合保障人身、财产安全的要求和环境保护要求，或销售提供法律、行政法规禁止交易的商品或服务的），应依法采取必要处置措施，并向有关主管部门报告。"该法第三十六条仅规定了警示暂停或终止服务等措施，但未明确界定在什么情况下采取何种措施。就"必要措施"而言，因平台内经营者违法行为不同，需采取措施亦可能不同。若平台经营者未依法及时依平台规则、服务协议要求采取措施，基本可以认定为未采取必要措施；已采取上述措施后，若能证明其明显不足以保护消费者合法权益，平台经营者存在明显过错，亦可认定为未采取必要措施。

（二）未尽资质资格审核或安保义务的相应责任

《中华人民共和国电子商务法》第三十八条第二款规定："对关系消费者生命健康的商品或者服务，电子商务平台经营者对平台内经营者的资质资格未尽到审核义务，或者对消费者未尽到安全保障义务，造成消费者损害的，依法承担相应的责任。"

根据该条款的规定，电子商务平台未尽到资质审核义务（《中华人民共和国电子商务法》第二十七条）或者安全保障义务（《中华人民共和国电子商务法》第十八条），并导致商品或服务损害了消费者生命健康这一结果出现时，才应当承担相应的法律责任。但是，电子商务平台应当承担什么样的责任，是"连带责任"还是"补充责任"，法律没有作出具体的规定，这就需要在司法实践中根据案件的不同性质、依不同情形具体认定。

七、建立健全信用评价机制的义务

《中华人民共和国电子商务法》第三十九条规定："电子商务平台经营者应当建立健全信用评价制度，公示信用评价规则，为消费者提供对平台内销售的商品或者提供的服务进行评价的途径。"电子商务平台经营者不得删除消费者对其平台内销售的商品或者提供的服务的评价，这明确了平台经营者作为建立健全信用评价机制义务的主体，负有建立健全信用评价制度、公示信用评价规则、为消费者提供评价途径及不得删除消费者评价的义务。

八、竞价排名的标识义务

电商领域常见的搜索引擎结果排名方式分为自然排名与竞价排名。自然排名系依搜索引擎服务商所设运算法则自行演算而成。竞价排名是指搜索引擎商根据用户付费的高低这一标准，决定客户对同一关键词在其搜索网站上的排名。两者最大区别在于是否对搜索结果排名进行人工干预。自然排名是非营利模式，使用搜索服务的客户和被收录的网站无须缴纳任何费用；竞价排名方式经人工干预，侧重宣传付费客户。竞价排名是电子商务平台经营者干预搜索的结果，是其获取利润的重要甚至核心来源，该排名不仅会对消费者的消费决策产生重要影响，还会对平台内经营者的利益产生影响，因为平台内经营者间竞争关键在于获取流量与关注度，排名越高无疑会获得更高的关注度和更多的流量。在《中华人民共和国电子商务法》出台前，只有《互联网广告管理暂行办法》《互联网信息搜索服务管理规定》对竞价排名作出了相应规定。《中华人民共和国电子商务法》第四十条规定，电子商务平台经营者应当以商品或者服务的价格、销售、信用等多种方式，向消费者显示商品或者服务的搜索结果；竞价排名的商品或者服务应当显著标明"广告"字样。可见，该法明确要求平台经营者应显著标明竞价排名商品或服务为"广告"，从立法层面将竞价排名定性为"广告"。

【案例 3-13】 魏则西案[①]

2014 年 4 月，魏则西被确诊为腹壁滑膜肉瘤三期。这是一种发病率不高、但生存率极低的恶性肿瘤。为了治病，一家人跑了全国各地20 多家医院，魏则西先后做了 3 次手术、4 次化疗、25 次放疗。在这过程中，魏海全和亲戚通过百度找到了一种名为 DK-CIK 的生物免疫疗法。2014 年 9 月至 2015 年 7 月，魏则西在武警北京市总队第二医

---

① 《魏则西：搜索引擎作恶的牺牲者》，https://www.jiemian.com/article/717220.html。国家网信办联合调查组公布进驻百度调查结果，http://www.cac.gov.cn/2016-05/09/c_1118833529.htm。

院共接受了 4 次这一号称源自美国斯坦福大学的全球先进的疗法。而在最初治疗的一年多里，为避免魏则西心情受影响，家人只告诉他得的是一种介于良性与恶性之间的交界性肿瘤。前后 4 次治疗总计花费 20 多万元后，当年 8 月底，魏则西通过在美国留学的朋友得知，武警北京市总队第二医院所谓的名为 DK-CIK 的技术"在国外临床阶段就被淘汰了，现在美国根本就没有医院用"。

2015 年 8 月左右，魏则西开始在网上找寻国内外适用的疗法及临床试验。当时还在攻读医学博士的徐锋，先后帮魏则西联系了国内 3 家医院的靶向药临床试验，但因其正在使用的靶向药有效，不建议更换等原因，不符合入组条件。徐锋如今在中山大学肿瘤防治中心骨与软组织科担任住院医师。他向《中国新闻周刊》解释道，国内对骨与软组织肉瘤治疗有经验的医生和医院并不多，而这类肉瘤的首诊和首次手术非常关键。如果在魏则西患病之初，就给他推荐这一领域的权威医院和医生，他的生命长度或将得到一定程度的延续。对魏则西来说，最佳选择是在手术、放化疗之后，即用靶向药，生物免疫治疗只是在上述一切办法失效后，"没有办法的办法"。但搜索引擎和将科室承包给莆田系的武警北京市总队第二医院，却将魏则西引入了歧途。

思考：

1. 请根据魏则西案件谈谈竞价排名对电子商务交易市场的影响。

九、知识产权保护义务

《中华人民共和国电子商务法》第四十一条至四十五条针对电子商务领域知识产权问题的特殊性，较系统地规定了平台经营者及相关主体的电子商务领域知识产权保护义务。

（一）建立知识产权保护规则的义务

《中华人民共和国电子商务法》第四十一条规定："平台经营者应当建立知识产权保护规则，与知识产权权利人加强合作，依法保护知识产权。"

电子商务平台的知识产权保护规则必须符合相关知识产权法律、行政法规的规定，不得降低法定的知识产权保护水平或者为知识产权保护设置不合理的条件或者障碍。规则内容并非简单重复有关法律规定或者要求，而是将法律规范应用于平台环境，并使之具体化、细致化。

知识产权保护规则应当包含平台内经营者知识产权保护义务、知识产权人发出通知的内容与程序、平台经营者实施措施的内容与程序、平台内经营者提交声明的内容与程序、各方法律责任与相关争议解决机制等内容，并在平台上公示。平台经营者还应当建立有关的自动信息系统，接收、转递、处理来自知识产权人的通知与平台内经营者的声明。有关自动信息系统的使用步骤、注意事项、下载方法等，也应当在规则中明示。平台经营者还可以在知识产权保护规则中规定，如知识产权人的恶意通知损害平台内经营者的合法权益、扰乱正常经营活动的，应当承担加倍赔偿责任。

电子商务平台经营者应当依法给予平台内外的知识产权人同等的待遇，不应歧视平台外的知识产权人或者为其权利保护设置障碍，对侵害知识产权的行为均应及时采取措施，不得偏私。电子商务平台经营者不仅应与知识产权人加强合作，还应与平台内经营者、消费者等其他利益相关方合作，还要与相关执法机构加强合作，积极配合有关的执法活动。

（二）及时采取必要措施的义务

依《中华人民共和国电子商务法》第四十二条规定："知识产权权利人认为其知识产权受到侵害的，有权通知平台经营者采取删除、屏蔽、断开链接、终止交易和服务等必要措施。通知应当包括构成侵权的初步证据。电子商务平台经营者接到通知后，应当及时采取必要措施，并将该通知转送平台内经营者；未及时采取必要措施的，对损害的扩大部分与平台内经营者承担连带责任。因通知错误造成平台内经营者损失的，依法承担民事责任。恶意发出错误通知，造成平台内经营者损失的，加倍承担赔偿责任。"加重责任的规定是为了防止知识产权人滥用权利或者扰乱市场竞争秩序，强化知识产权人发出通知的责任感，有利于减少恶意通知、不实通知。

（三）中立通知的义务

依《中华人民共和国电子商务法》第四十三条规定："平台内经营者接到转送的通知后，可以向平台经营者提交不存在侵权行为的声明。声明应当包括不存在侵权行为的初步证据。电子商务平台经营者接到声明后，应当将该声明转送发出通知的知识产权权利人，并告知其可向有关主管部门投诉或向人民法院起诉。电子商务平台经营者在转送声明到达知识产权权利人后十五日内，未收到权利人已投诉或起诉通知的，应及时终止采取的措施。"

该条款的目的是平衡知识产权人与平台内经营者双方的合法权益。一方面，强化了电子商务平台知识产权治理措施的效力；另一方面，督促知识产权人及时寻求法律救济，将有关纠纷从电子商务平台转移到正式的途径加以解决。

电子商务平台经营者既不对知识产权通知进行实质审查，也不对平台内经营者的否认侵权声明进行实质审查，所采取的知识产权保护措施也具有临时性与自治性。在被通知的平台内经营者提出异议与抗辩时，知识产权人应当及时寻求正式的法律救济，向主管部门投诉或者向法院起诉，并有十五日缓冲期。如果知识产权人为了延续删除、屏蔽、断开链接、终止交易和服务等措施恶意提起投诉或者起诉，故意损害平台内经营者合法的竞争利益的，应当为此承担不正当竞争的法律责任。

电子商务平台经营者虽然可以依据《中华人民共和国电子商务法》第六十三条的规定建立在线争议解决机制，用于解决知识产权人与平台内经营者之间的知识产权争议，但是不得因此规避或者歪曲其依法承担的知识产权治理措施义务。

（四）及时公示的义务

依《中华人民共和国电子商务法》第四十四条规定："电子商务平台经营者应当及时公示收到的本法第四十二条、第四十三条规定的通知、声明及处理结果。"

该条款的目的是保证平台治理的公开透明，接受有关各方的监督。如果涉及个人信息、秘密信息等内容，平台公示时可以适当方式加以保护，如公示节略信息或者统计性信息等。[①]

[①] 薛虹，《〈中华人民共和国电子商务法〉系列解读四——电子商务平台知识产权保护制度解读》，http://www.motcom.gov.cn/article/zt_dzswf/ImportNews/201901/20190102830814.shtml。

（五）对平台内经营者知识产权侵权行为采取必要措施的义务

《中华人民共和国电子商务法》第四十五条规定："电子商务平台经营者知道或应当知道平台内经营者侵犯知识产权的，应当采取删除、屏蔽、断开链接、终止交易和服务等必要措施；未采取必要措施的，与侵权人承担连带责任。"

理解该条款时要注意三种情况：第一种是平台经营者有意为之、明知故犯，即电子商务平台经营者确切地"知道"平台内经营者有知识产权侵权行为，但不采取必要措施予以制止；第二种是电子商务平台内经营者侵权行为明显而电子商务平台经营者应当注意到，即平台经营者"应当知道"平台内经营者的侵权行为，却视而不见、听之任之，不采取必要措施予以制止，例如平台内经营者销售盗版商品或者假冒商标商品；第三种情形是电子商务平台内经营者的侵权行为不容易发现（例如销售未经版权人许可擅自改编的有关作品）、不够明显，电子商务平台经营者仅有一般过失。在前两种情况中，电子商务平台经营者承担知识产权侵权过错责任，责任方式为连带责任，而在第三种情况中的电子商务平台经营者仅承担一般的侵权责任，不应与侵权人承担连带责任。但是，针对第三种情况，电子商务平台经营者如果收到知识产权权利人的通知，则"知道"了平台内经营者的侵权行为，仍不采取必要措施的，根据第四十二条第二款的规定，应对知识产权损害的扩大部分与侵权人承担连带责任。

【案例3-14】威海 A 生活家电有限公司诉永康市 B 工贸有限公司、浙江 C 网络有限公司侵害发明专利权纠纷案①

基本案情：原告威海 A 生活家电有限公司（以下简称"A 公司"）诉称：永康市 B 工贸有限公司（以下简称"B 公司"）未经其许可，在 C 网络有限公司的商城等网络平台上宣传并销售侵害其 ZL200980000002.8 号专利权的产品，构成专利侵权；浙江 C 网络有

---

① 最高人民法院，《指导案例 83 号》，https://www.court.gov.cn/shenpan – xiangqing – 37662.html.

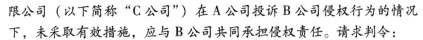

限公司（以下简称"C公司"）在 A 公司投诉 B 公司侵权行为的情况下，未采取有效措施，应与 B 公司共同承担侵权责任。请求判令：

(1) B 公司立即停止销售被诉侵权产品。

(2) B 公司立即销毁库存的被诉侵权产品。

(3) C 公司撤销 B 公司在 C 公司平台上所有的侵权产品链接。

(4) B 公司、C 公司连带赔偿 A 公司 50 万元。

(5) 本案诉讼费用由 B 公司、C 公司承担。

思考：

1. 如 B 公司销售的被诉侵权产品落入 A 公司涉案专利权利要求书记载的保护范围，构成专利侵权，B 公司和 C 公司分别违反了什么法律义务？应当如何承担责任？

十、合规经营及不得从事类交易场所业务的义务

《中华人民共和国电子商务法》第四十六条规定："除本法第九条第二款规定的服务外，电子商务平台经营者可以按照平台服务协议和交易规则，为经营者之间的电子商务提供仓储、物流、支付结算、交收等服务。电子商务平台经营者为经营者之间的电子商务提供服务，应遵守法律、行政法规和国家有关规定，不得采取集中竞价、做市商等集中交易方式进行交易，不得进行标准化合约交易。"

（一）合规经营相关服务业务的义务

依《中华人民共和国电子商务法》第九条的规定，电子商务平台经营者所提供服务核心在于"交易撮合"。该法第四十六条在此基础上，进一步列举了电子商务平台经营者还可提供仓储、物流、支付结算、交收等相关服务业务，这些服务可加强电子商务服务能力，提高平台经营者整体竞争力，与平台经营者本职业务关系密切，有利于电子商务健康发展。依商业自由原则，平台经营者所从事的相关业务服务业务不应限于上述几种，仍可依法从事其他业务，但均需合规经营各类相关业务，即需遵守相关法律、法规和基本商业习惯及道德，不得经营法律、法规禁止业务，不得从

事与该法第九条第二款所规定的基本服务相冲突的业务，不得有损消费者合法利益、违反法律法规及商业道德。

（二）不得从事类交易场所业务的义务

平台经营者应遵守法律、行政法规和国家有关规定，不得采用集中竞价、做市商等集中交易方式交易，不得进行标准化合约交易。"交易场所"是为所有市场参与者提供平等透明交易机会、进行有序交易的平台，具有较强的社会性和公开性，需依法规范管理，确保安全运行。一些交易场所未经批准，违法开展证券期货交易；或管理不规范，存在严重投机与价格操纵行为；个别交易场所股东直接参与买卖，甚至发生管理人员侵吞客户资金、经营者卷款逃跑等现象。这些问题若发展蔓延，极易引发系统性、区域性金融风险，甚至影响社会稳定。《中华人民共和国电子商务法》第四十六条所称"集中交易"含集合竞价、连续竞价、电子撮合、匿名交易、做市商等交易方式。"集合竞价"是证券交易所撮合证券交易时所用的交易方式，交易系统同时接收所有买方与卖方的申报价格与单数，最终由多个参与者提出的买卖价格共同决定一个单一价格进行买卖，为集合竞价与连续竞价。"做市商"是由具备一定实力与信誉的特定法人作为特许交易商，不断以较低价格买入一定的有价证券或商品，再以较高价格卖出，在买卖价差之中获取利润的一种交易方式，以特定法人自身资金实力为持续性买卖提供保障，并通过这种不断买卖方式来维持市场流动性。"标准化合约交易"是指使用统一制定的合约开展交易，合约会将标的资产的交易价格、交易时间、资产特征、交易方式等交易内容，进行事先标准化的规定，如期货交易中的标准化合约，一般由期货交易所统一制定。上述交易方式涉及国家宏观经济调控，关系国家经济尤其金融经济秩序的稳定，每一种交易方式均有特定法规规制，其交易主体亦有特定资格限制。当下，国内电子商务领域众多平台资金实力雄厚，社会影响广泛，若任其从事上述交易，将完全突破现有金融秩序，给国家经济造成隐患。因此，《中华人民共和国电子商务法》第四十六条规定，不允许平台经营者任意使用上述方式进行交易。

第四章

电子商务合同的订立与履行

【案例4-1】桦甸市胜利街A种子商店、王某买卖合同纠纷案①

2020年1月20日，王某向A商店赊购种子，欠A商店种子款1800元。当日王某向A商店出具1800元欠据一份，欠据中载明"还款日期2020年7月1日，过期未还者，每月按1.5%计息"，双方口头约定种子款于2020年12月份给付。2021年11月30日，王某给付种子款1350元，尚欠种子款450元。A商店诉至法院，诉请：

（1）要求被告王某立即给付种子款本金450元。

（2）要求被告王某给付欠款利息，利息按本金1800元、月利率1.5%计算，从2020年7月1日起至2021年11月30日止。

（3）案件受理费被告王某承担。

吉林省桦甸市人民法院经审理认为：A商店提供的欠据能够证明其与王某存在买卖合同关系及所欠种子款数额，王某未按约定给付种子款，其行为已构成违约，A商店要求王某给付种子款的主张应予支持；对于A商店的利息主张，A商店在诉状中自认双方口头约定付款时间为2020年12月份，故种子款利息应自2021年1月1日开始计算，A商店主张自2020年7月1日计算利息本院不予支持。最终判决王某于本判决生效之日给付桦甸市胜利街A种子商店种子款450元；王某于本判决生效之日给付桦甸市胜利街A种子商店种子款利息，按本金1800元、月利率1.5%计算，自2021年1月1日至2021年11月30日止。

典型意义：合同的意义是在合同当事人信任或不信任的状态下，通过签订合同的方式给合同当事人以法律依靠，对合同当事人产生法律约束力。在合同履行期间，有据可循，使合同当事人能够规范地履行合作义务，从而使合作的结果完美化、合法化。

---

① 中国裁判文书网（2022）吉0282民初173号民事判决书。

思考：

1. 合同是什么？
2. 为什么要订立合同？

第一节　合同的一般原理

一、合同溯源

（一）中国古代合同

在我国，最早的时候，合同被称作"书契"。《周易·系辞》记述："上古结绳而治，后世圣人易之以书契。""书"是文字，"契"是将文字刻在木板上。这种木板一分为二，称为左契和右契，以此作为凭证。"书契"就是契约。周代的合同还有多种称谓："质剂"，长尺寸的质剂称"质"，买卖牛马时所用，短尺寸的质剂称"剂"，买卖兵器以及珍异之物时所用；"傅别"，"傅"指用文字来形成约束力，"别"是分为两半，每人各持一半；"分支"，将书契分为二支；"判"就是将分为两半的书契合二为一，只有这样才能够看清楚契约的本来面目，现代汉语中的判案、审判、判断、批判等都是由此而来。

在我国除"合同"之外，还有"契约"一词。"契"是很早就出现了的词，后来才将"契约"合用。"契"既指一种协议过程，又指一种协议的结果。《说文解字》的解释是："契，大约也。"这里的"大约"，是指邦国之间的一种盟约、要约。为了保证这种盟约有效，还要辅之以"书契"。"书契，符书也"，是指用来证明出卖、租赁、借贷、抵押等关系的文书，以及法律条文、案卷、总账、具结等。可见，在中国古代，契约作为一种盟约和约定的媒介或形式已经出现。现存我国最早的契约实物，是新疆叶鲁番出土的西晋泰始九年（公元273年）一份写在木简上的文书

《翟姜女买棺约》，全文为："泰始九年二月九日，大女翟姜女从男子栾奴买棺一口，贾（价）练（白绢）廿四。练即毕，棺即过。若有人名棺者，约当召栾奴共了。旁人马男，共知本约。"这份买棺约有时间、当事人双方姓名、交易物的名称、数量、价格、事后纠纷（如有人称棺材是不属于卖主的）的处理办法以及此买卖的旁证人，是一份格式完备的买卖契约。同时这份木简的正面上端写有"同"字的右半边。可以推想，这份契约应该还有相同内容的另外一简，上有"同"字的左半边。买卖双方各持一简，合起来则为一个完整的"同"字，这就是"合同"的来由。因此，"契约"又可称为"合同"。

（二）西方合同理论

大约在 12 世纪西欧出现了罗马法的复兴，这一过程一直延续到18—19 世纪。在此基础上，1804 年法国制定了资产阶级的第一部民法典，对调整商品关系的合同法律制度作了详细规定，标志着大陆法国家近代合同法的正式形成。1900 年德国制定了《德国民法典》，这部民法典在合同法律制度方面相对于《法国民法典》作了某些调整，成为大陆法国家近代合同法的另一个标志。

《法国民法典》和《德国民法典》主要从合同法的基本原则奠定了近代大陆法合同法的理论基础。

第一，合同自由原则。近代合同自由有三层含义：当事人地位平等；当事人意思自愿；当事人行为自由。《人权宣言》发布后，人人平等已成为资产阶级的宪法性原则，当事人地位平等也就不言自明。因而合同法上的合同自由主要是针对当事人意思自愿和行为自由。《法国民法典》第一千一百零一条规定："契约是一种合意，以此合意，一人或数人对于其他一人或数人承担给付、作为和不作为的债务。"《德国民法典》第一百五十四条规定："必须全部事项取得合意，契约方始成立，如果当事人双方对契约中所有各点意思未全部趋于一致，在产生疑问时，应认为契约未成立。"这些规定充分体现了当事人的意思自愿和行为自由，从而奠定了合同自由原则的基石。

第二，诚实信用原则。作为法律术语的诚信原则源于古罗马，近代民法中，诚信原则被保留下来。《法国民法典》第一千一百三十四条规定："依法成立的契约，在缔结契约的当事人间有相当于法律的效力"，"前项契约应以善意履行之"。《德国民法典》第一百五十七条规定："对合同的解释、应遵守诚实信用原则，并考虑交易上的习惯。"其他大陆法国家也有类似规定。

第三，公平原则。在社会生活中由于当事人在信息占有、资金等方面的不对等，讨价还价能力不同，如果机械地要求平等自愿，则交易难以完成或交易成本大增，因此在实际中对于平等自愿则并不是绝对要求，作为补充，还要强调合同公平。格式合同便是一个典型例证，对格式合同一般以公平原则进行严格审查与解释。

在民法及其学说史上，曾有合同和契约的区别。前者是指当事人的目的相同，意思表示的方向也一致的共同行为；后者系当事人双方的目的对立，意思表示的方向相反的民事法律行为。但我国现行法已不作这样的区分，而是把二者都称作合同。

我国的现代合同法律制度主要来源于西方大陆法系国家，与我国古代的"合同"所表达的概念已经相去甚远。

二、现行规定

《中华人民共和国民法典》将合同定义为民事主体之间设立、变更、终止民事法律关系的协议。

《中华人民共和国民法典》第三编第四百六十四条规定："合同是民事主体之间设立、变更、终止民事法律关系的协议。婚姻、收养、监护等有关身份关系的协议，适用有关该身份关系的法律规定；没有规定的，可以根据其性质参照适用本编规定。"第四百六十五条规定："依法成立的合同，受法律保护。依法成立的合同，仅对当事人具有法律约束力，但是法律另有规定的除外。"

从《中华人民共和国民法典》对合同的相关规定中可以看出，合同具有如下四种法律性质。

第一，合同是双方或多方的民事法律行为，其特征在于：①合同的成立必须有两个以上的民事主体；②各民事主体须相互作出意思表示；③各民事主体之间的意思表示达成一致。因此，合同是一种双方或多方的民事法律行为。

第二，合同是各民事主体在平等、自愿的基础上所达成的协议。合同是由两个或两个以上意思表示相一致而达成的协议，因此，合同只能是民事主体之间自愿协商的结果。这主要是因为，民事主体只有从自愿的角度出发，在充分表达各自的意思的基础上，通过平等协商，才能彼此接受对方的意思，从而实现意思表示一致，达成合意。这就决定了合同必须有两个前提条件：一是民事主体法律地位的平等。民事主体之间不平等，就不可能进行真正的协商。二是民事主体的意思自由。民事主体没有意思自由，就不能表达自己的真实意愿，没有真实的意思表示，民事主体之间就不能够达成一致。

第三，合同是以设立、变更和终止民事法律关系为目的的协议。合同以设立、变更、终止民事法律关系为目的，民事主体既可以订立合同设立民事法律关系，也可以订立合同变更或终止民事法律关系。由于合同是以设立、变更、终止民事法律关系为目的的，因此，不发生任何法律后果或在民事主体之间不能产生民事法律关系的协议，就不是民法上的合同。

第四，合同经依法成立，即具有法律约束力。民事主体之间达成的协议依法成立并生效，就对民事主体产生法律效力，相关民事主体就必须接受合同的约束，否则对方民事主体可依法追究其违反合同的民事责任。

三、合同的原则

《中华人民共和国民法典》专设一个章节对合同的规约进行了详述，因此《中华人民共和国民法典》所规定的基本原则，当然也是合同的基本原则。除《中华人民共和国民法典》所规定的平等原则、自愿原则、公平原则、诚实信用原则、公序良俗原则、绿色原则等外，在整个合同法领域还主要存在合同自由原则、合同正义原则及鼓励交易原则。

（1）合同自由原则。主要是指当事人就合同有关的事项在法律允许的范围内所享有的选择和决定的自由。一般来说，合同自由包括：①缔约自由，即当事人可以根据本人的需要和意愿而决定是否与他人缔结合同的自由，这是合同自由原则最基本的要求，也是享有其他方面决定自由的前提；②选择相对人的自由，即当事人有权决定选择与任何人缔结合同，任何人不负有必须与特定人缔结合同的义务；③决定合同内容的自由，即当事人就合同的具体内容，在不违反法律强制性规定的前提下有选择和决定的自由；④变更和解除合同的自由，即在合同成立后，履行完毕之前的任何时间内，当事人都可有权协商变更合同内容或解除合同，这一自由表明即使合同依法成立对当事人形成法律约束力后，当事人依然有权控制合同成立后的整个发展历程；⑤选择合同形式的自由，即当事人有决定所订立合同形式的自由。

（2）合同正义原则。是指对任何人都同等看待，双方的所得与所失应是对等的，而不考虑其身份和地位如何。通常所说的合同正义主要是指形式的或程序的，即建立在当事人自愿真实的意思表示之上的公正，一般不涉及内容客观上合理或正确性的要求，即不涉及实质上的公正；只有在当事人意思表示不自由、不真实时，才可依照客观的标准来判断合同公正与否，即追求实质的公正。

（3）鼓励交易原则。合同主要调整的是交易关系，规范交易过程并维护交易秩序是合同的一般规则，因此，鼓励交易自然成为合同的基本原则之一。鼓励交易，首先是应当鼓励合法、正当的交易；其次是鼓励自主自愿的交易，即当事人达成合意的交易；最后是鼓励能够实际履行的交易。对于已经不能实际履行的交易，而以鼓励交易的名义使其有效，绝不是鼓励交易原则的真义。

四、合同的分类

这里的分类是指在学理上基于一定的标准，将合同划分为不同的类型。通过将合同分类，便于人们认清各类合同的特征、成立要件及生效要件的不同要求，能够更好地指导合同当事人订立和履行合同。

（一）典型合同和非典型合同

以法律是否设有规范并赋予一个特定的名称为标准，可以将合同分为典型合同和非典型合同。典型合同，又称有名合同，是指法律设有规范，并赋予一定名称的合同。《中华人民共和国民法典》在其合同编第二分编专门列举了买卖合同，供用电、水、气、热力合同，赠与合同，借款合同，保证合同，租赁合同，融资租赁合同，保理合同，承揽合同，建设工程合同，运输合同，技术合同，保管合同，仓储合同，委托合同，物业服务合同，行纪合同，中介合同，合伙合同等典型合同。非典型合同，又称无名合同，是指法律尚无特别规定，亦未赋予一定名称的合同。订立合同奉行合同自由的原则，在不违反公序良俗以及强制性规范的前提下，允许当事人订立任何内容的合同。

（二）双务合同和单务合同

以给付义务是否由双方当事人互负为标准，可将合同分为双务合同和单务合同。双务合同，是双方当事人互负对待给付义务的合同，即一方当事人之所以负给付义务，在于取得对方当事人的对等给付，买卖合同、租赁合同等都属于双务合同。单务合同，是仅有一方当事人负给付义务的合同。赠与合同、借用合同等都属于单务合同。

（三）有偿合同和无偿合同

以当事人取得权益是否须付出相应代价为标准，可将合同分为有偿合同和无偿合同。有偿合同，是指当事人一方享有合同规定的权益，须向对方偿付相应代价的合同，买卖合同、租赁合同等都属于有偿合同。无偿合同，是指当事人一方享有合同规定的权益，无须向对方当事人偿付相应代价的合同，赠与合同、借用合同都属于无偿合同。

（四）诺成合同和实践合同

以合同的成立是否必须交付标的物或完成其他给付为标准，可将合同分为诺成合同和实践合同。诺成合同，是指当事人各方的意思表示一致即成立的合同，买卖合同等属于诺成合同。实践合同，又称要物合同，是指除双方当事人意思表示一致外，尚须交付标的物或完成其他给付才能成立的合同，借款合同、借用合同等都属于实践合同。

（五）要式合同和不要式合同

以合同的成立是否须采用法律或当事人要求的形式为标准，可将合同分为要式合同和不要式合同。要式合同，是指以法律或当事人要求必须具备一定形式的合同。反之，法律或当事人不要求必须具备一定形式的合同为不要式合同。

（六）主合同和从合同

以合同相互间的主从关系为标准，可将合同分为主合同和从合同。主合同，是指不以他种合同的存在为前提，不受其他合同制约而能独立存在的合同。从合同，是指必须以他种合同的存在为前提，自身不能独立存在的合同。从合同依赖于主合同的存在而存在，抵押合同、保证合同与被担保的合同之间的关系就是主从合同关系。其中，被担保的合同是主合同，抵押合同、保证合同是从合同。

（七）一时性合同和继续型合同

以时间因素在合同履行中所处的地位为标准，可将合同划分为一时性合同和继续型合同。一时性合同，是指一次给付便使合同内容实现的合同，此处的一次给付既指纯粹的一次履行完毕（如买卖手机合同中，出卖人交付手机），还包括分期给付（如分期付款买卖手机合同中，将价款分为若干部分，分月定期支付）。之所以将分期给付合同界定为一时性合同，是因为它是单一的合同，总给付自始确定，时间因素对给付的内容范围并无影响，分期给付的履行方式并未改变这一性质。继续型合同，是指合同内容非一次性给付即可完结，而需要继续实现的合同。继续型合同中，时间因素在合同履行上占据重要地位，总给付的内容取决于应为给付时间的长短。租赁合同、合伙合同、保管合同等都属于继续型合同。

（八）束己合同和涉他合同

以合同效力是否及于第三人为标准，可将合同划分为束己合同和涉他合同。束己合同，是指严格遵循合同的相对性原则，合同当事人为自己约定并承受权利义务，第三人不能向合同当事人主张权利和追究责任，合同当事人也不得向第三人主张合同权利和追究责任的合同。涉他合同，是指合同当事人在合同中为第三人设定了权利或义务的合同，它包括为第三人利益的合同和由第三人履行的合同。

（九）实定合同和射幸合同

以合同的效果在缔约时是否确定为标准，可将合同划分为实定合同和射幸合同。实定合同，是指合同的法律效果在缔约时已经确定的合同，绝大多数合同都是实定合同。射幸合同，是指合同的法律效果在缔约时不能确定的合同。保险合同、有奖销售等都属于射幸合同。

五、合同的内容

从合同关系的角度看，合同的内容是指合同权利和合同义务。

（一）合同权利

合同权利，包括合同债权以及形成权、抗辩权等权利。其中合同债权处于重要的地位。合同债权是指债权人根据法律或合同的规定向债务人请求给付并予以保有的权利。

第一，合同债权是请求权，但合同债权和请求权并非同一概念，因为合同债权除具有请求权外，尚有选择、处分、解除等权能。

第二，合同债权是给付受领权，即有效地受领债务人的给付，将该给付归属于债权人。

第三，合同债权是相对权，债权人仅得向债务人请求给付，无权向一般不特定的人请求给付。

第四，合同债权具有平等性。合同债权仅有相对性，没有排他性，因此，对于一客体可成立多个合同债权，并且无论发生先后，均以同等地位并存，但债权的平等性可通过法律规定的或认可的程序和途径加以改变。

第五，合同债权具有请求力、执行力、依法自力实现、处分权能和保持力。所谓请求力，包括债权人向法院诉请债务人履行债务，以及直接向债务人请求其履行的效力；执行力，是指债权人在依其给付之诉取得确定判决之后，得请求法院对债务人为强制执行的效力；依法自力实现，是指在债权受到侵害，情事急迫而又不能及时请求国家机关予以救济的情况下，债权人自行救助，拘束债务人，扣押其财产的效力；处分权能，是指抵销、免除、债权让与和设定债权质权等决定债权命运的效力；保持力，是指在债务人自动或受法律的强制而提出给付时，债权人得保有该给付的效力。

第六，合同债权效力的排除。具备上述效力的合同债权为完全债权，最有利于债权的实现。不过，在特殊情况下，合同债权会欠缺某项效力，例如债权因罹于诉讼时效而使其请求力减损。欠缺某项效力的债权叫作不完全债权，不完全债权不利于债权的实现，甚至会使债权人的目的落空。

（二）合同义务

合同义务包括给付义务和附随义务。给付义务又分为主给付义务和从给付义务。

主给付义务，是指合同关系所固有、必备，并用以决定合同类型的基本义务。如在借款合同中，出借人出借借款给借款人的义务，借款人按时返还借款的义务，都是主给付义务。

从给付义务，是不具有独立性，仅具有补助主给付义务功能的义务。其存在的目的不在于决定合同的类型，而在于确保债权人的利益能够获得最大的满足。

附随义务，其发生是以诚实信用原则为依据，并随着合同关系的发展而产生的。在现行法中，附随义务不仅基于诚实信用原则而发生，有的还是根据法律的直接规定而产生。

（三）法律规定

《中华人民共和国民法典》第四百七十条列举了合同内容的揭示性条款，具体来说包括以下七个方面。

1. 当事人的名称或姓名和住所

当事人是合同权利和合同义务的承受者，没有当事人，合同的权利义务就失去了存在的意义，给付和受领给付也无从谈起。因此，当事人这一条款是订立合同所必需的。在具体合同条款中应写清当事人的名称或姓名和住所，通过合同条款的形式将当事人的名称或姓名和住所加以固化。

2. 标的

标的是指合同中权利义务指向的对象。合同如果不规定标的，就会失去其目的，失去积极的意义。标的是一切合同的主要条款。标的条款必须清楚地写明标的的名称，以使标的特定化，从而能够界定权利义务的量。

3. 数量和质量

标的的数量和质量是确定合同标的的具体条件，是将标的区别于同类标的的具体特征。标的的数量要明确。首先应当选择双方共同接受的计量单位，其次要确认双方认可的计量方法，最后应当允许规定合理的偏差。同时，标的的质量要详细具体，如标的的质量要求、技术指标、型号、规格等要明。此外，如果标的的质量和数量能通过有关规则及方式推定出来，则合同就算欠缺这样的条款也不影响合同的成立。

4. 价款或酬金

取得标的物所应支付的代价是为价款，获得服务所应支付的代价是为酬金。价款或酬金通常是指标的本身的费用，但由于当今市场经济的发展，一些合同会不可避免的产生诸如运费、保险费、保管费、装卸费、报关费等一系列额外的费用，对此，都需要在价款条款中写明应由哪一方支付。

5. 履行的期限、地点和方式

履行的期限直接关乎合同的完成，涉及当事人的期限利益，同时也关系到履行期尚未届至的抗辩和履行期尚未届满的抗辩，是确定违约与否的因素之一。履行期限可以规定为即时履行，也可以规定为定时履行，还可以规定为在一定期限内履行，如果是分期履行，还应写明每期的准确时间。履行地点是确定验收地点的依据，是确定运输费由谁负担、风险由谁承受的依据，也是确定标的物所有权是否转移、何时转移的依据，还是确定诉讼管辖的依据之一，对于涉外合同，它还是确定法律适用的一项依据。履行方式，如是一次交付还是分期分批交付，是实物交付还是交付标的物的所有权凭证，是铁路运输还是空运、水运等，都关乎合同当事人的利益，合同中都应当写明。但对于大多数合同来说，它不是主要条款。同时，若履行期限、地点和方式能够通过有关规则及方式推定出来，则合同欠缺这样的条款也不影响合同的成立。

6. 违约责任

违约责任是促使当事人履行债务，使守约方免受或少受损失的法律措施，与当事人的利益关系重大，合同对此应当明确。例如，明确规定违约致损的计算方法、赔偿范围等，对于将来解决违约问题，具有十分重要的意义。同时，违约责任是法律责任，即使合同中没有规定违约责任条款，但只要未依法免除违约责任，违约方仍应负责。

7. 解决争议的方法

解决争议的方法包括解决争议运用什么程序、适用何种法律、选择哪家检验或鉴定机构的条款、涉外合同中的法律适用条款、协商解决争议的条款等，均属于解决争议的条款。

【案例4-2】 饶国礼诉某物资供应站等房屋租赁合同纠纷案①

基本案情

南昌市青山湖区晶品假日酒店（以下简称"晶品酒店"）组织形式为个人经营，经营者系饶国礼，经营范围及方式为宾馆服务。2011年7月27日，晶品酒店通过公开招标的方式中标获得租赁某物资供应站所有的位于南昌市青山南路1号办公大楼的权利，并向物资供应站出具承诺书，承诺中标以后将严格按照加固设计单位和江西省建设工程安全质量监督管理局等权威部门出具的加固改造方案，对青山南路1号办公大楼进行科学、安全的加固，并在取得具有法律效力的书面文件后，再使用该大楼。同年8月29日，晶品酒店与物资供应站签订租赁合同，约定：物资供应站将南昌市青山南路1号（包含房产证记载的南昌市东湖区青山南路1号和东湖区青山南路3号）办公楼4120平方米建筑出租给晶品酒店，用于经营商务宾馆，租赁期限为十五年，自2011年9月1日起至2026年8月31日止。除约定租金和其他费用标准、支付方式、违约赔偿责任外，还在第五条特别约定：

（1）租赁物经有关部门鉴定为危楼，需加固后方能使用。晶品酒店对租赁物的前述问题及瑕疵已充分了解。晶品酒店承诺对租赁物进行加固，确保租赁物达到商业房产使用标准，晶品酒店承担全部费用。

（2）加固工程方案的报批、建设、验收（验收部门为江西省建设工程安全质量监督管理局或同等资质的部门）均由晶品酒店负责，物资供应站根据需要提供协助。

（3）晶品酒店如未经加固合格即擅自使用租赁物，应承担全部责任。

合同签订后，物资供应站依照约定交付了租赁房屋。晶品酒店向物资供应站给付20万元履约保证金，1000万元投标保证金。中标后物资供应站退还了800万元投标保证金。

2011年10月26日，晶品酒店与上海永祥加固技术工程有限公司签订加固改造工程协议书，晶品酒店将租赁的房屋以包工包料一次包干（图纸内的全部土建部分）的方式发包给上海永祥加固技术工程有

---

① 案例出处：中国裁判文书网（2019）最高法民再97号民事判决书。

109

限公司加固、改造。改造范围为主要承重柱、墙、梁板结构加固新增墙体全部内粉刷，图纸内的全部内容，图纸、电梯、热泵。开工时间2011年10月26日，竣工时间2012年1月26日。2012年1月3日，在加固施工过程中，案涉建筑物大部分垮塌。

江西省建设业安全生产监督管理站于2007年6月18日出具《房屋安全鉴定意见》，鉴定结果和建议是：

（1）该大楼主要结构受力构件设计与施工均不能满足现行国家设计和施工规范的要求，其强度不能满足上部结构承载力的要求，存在较严重的结构隐患。

（2）该大楼未进行抗震设计，没有抗震构造措施，不符合《建筑抗震设计规范》（GB50011－2001）的要求。遇有地震或其他意外情况发生，将造成重大安全事故。

（3）根据《危险房屋鉴定标准》（GB50292－1999），该大楼按房屋危险性等级划分，属D级危房，应予以拆除。

（4）建议：①应立即对大楼进行减载，减少结构上的荷载。②对有问题的结构构件进行加固处理。③目前，应对大楼加强观察，并应采取措施，确保大楼安全过渡至拆除。如发现有异常现象，应立即撤出大楼内的全部人员，并向有关部门报告。④建议尽快拆除全部结构。

饶国礼向一审法院提出诉请：

（1）解除其与物资供应站于2011年8月29日签订的租赁合同。

（2）物资供应站返还其保证金220万元。

（3）物资供应站赔偿其各项经济损失共计281万元。

（4）本案诉讼费用由物资供应站承担。

物资供应站向一审法院提出反诉诉请：

（1）判令饶国礼承担侵权责任，赔偿其2463.5万元。

（2）判令饶国礼承担全部诉讼费用。

江西省南昌市中级人民法院作出一审判决：一、解除饶国礼经营的晶品酒店与物资供应站2011年8月29日签订的《租赁合同》；二、物资供应站应返还饶国礼投标保证金200万元；三、饶国礼赔偿物资供应站8043314.89元，抵扣判决第二项物资供应站返还饶国礼的200万保证金后，饶国礼还应于判决生效后十五日内给付物资供应站

6043314.89 元；四、驳回饶国礼其他诉讼请求；五、驳回物资供应站其他诉讼请求。

饶国礼不服提起上诉，江西省高级人民法院二审判决：一、维持江西省南昌市中级人民法院（2013）洪民一初字第 2 号民事判决第一项、第二项；二、撤销江西省南昌市中级人民法院（2013）洪民一初字第 2 号民事判决第三项、第四项、第五项；三、物资供应站返还饶国礼履约保证金 20 万元；四、饶国礼赔偿物资供应站经济损失 1824217.45 元；五、本判决第一项、第三项、第四项确定的金额相互抵扣后，物资供应站应返还饶国礼 375782.55 元，该款项限物资供应站于本判决生效后 10 日内支付；六、驳回饶国礼的其他诉讼请求；七、驳回物资供应站的其他反诉请求。

后饶国礼向最高人民法院申请再审。

再审中，饶国礼将其上述第一项诉讼请求变更为：确认案涉租赁合同无效。物资供应站亦将其诉讼请求变更为：饶国礼赔偿物资供应站损失 418.7 万元。

本案经最高人民法院再审判决结果为：确认饶国礼经营的晶品酒店与物资供应站签订的租赁合同无效；物资供应站自本判决发生法律效力之日起 10 日内向饶国礼返还保证金 220 万元；驳回饶国礼的其他诉讼请求；驳回物资供应站的诉讼请求。本案裁判要点为：违反行政规章一般不影响合同效力，但违反行政规章签订租赁合同，约定将经鉴定机构鉴定存在严重结构隐患，或将造成重大安全事故的应当尽快拆除的危房出租用于经营酒店，危及不特定公众人身及财产安全，属于损害社会公共利益、违背公序良俗的行为，应当依法认定租赁合同无效，按照合同双方的过错大小确定各自应当承担的法律责任。

本案中，晶品酒店与物资供应站签订的租赁合同，约定：物资供应站将南昌市青山南路 1 号（包含房产证记载的南昌市东湖区青山南路 1 号和东湖区青山南路 3 号）办公楼 4120 平方米建筑出租给晶品酒店，用于经营商务宾馆。租赁期限为 15 年，自 2011 年 9 月 1 日起至 2026 年 8 月 31 日止。除约定租金和其他费用标准、支付方式、违约赔偿责任外，还在第五条特别约定：租赁物经有关部门鉴定为危楼，需加固后方能使用。这些条款即是对合同双方当事人的名称或姓名和住所，标的，数量和质量，价款和报酬，履行的期限、地点和方式、违约责任等的明确约定。晶品酒店与物资供应站就这些事项达成一致，都表示与对方按照租赁合同所载明的内容订立合同，接受租赁合同的约束，建立租赁合同关系的目的。虽然该租赁合同最终由于损害社会公共利益、违背公序良俗而被最高人民法院确认无效，但对我们认识合同、了解合同的意义，都有着重要作用。

思考：

1. 合同在我们实际生活中有什么作用？
2. 合同的内容通常包括哪些条款？

第二节　电子商务合同的订立和成立

【案例4-3】东台天阳网络科技有限公司、河南影霜文化传媒有限公司网络购物合同纠纷案[①]

2020年12月25日，东台天阳网络科技有限公司（以下简称"东台天阳公司"）的法定代表人陈松明通过其微信，与河南影霜文化传媒有限公司（以下简称"河南影霜公司"）的工作人员联系就采购"魔兽世界游戏币"对接合作相关情况，并在其后的数月间在微信上就电子商务合同签订事宜进行磋商。

2021年3月16日，东台天阳公司（甲方）与河南影霜公司（乙方）签订电子商务合同1份，约定合同履行期限自2021年3月16日至2022年3月15日，合作内容：①乙方客服在QQ群名称"影霜网游金币供货"（群号码：424112788）中采购"魔兽世界游戏币"数量（单位：万游戏币）；②甲方客服按乙方客服采购订单完成交易并

_____

① 案例出处：中国裁判文书网（2021）苏0981民初5049号民事判决书。

在 QQ 群中告知乙方订单交易完成与单价（元/万游戏币）；③乙方客服在甲方客服 QQ 群中告知订单交易完成后 30 分钟内无异议则默认订单交易完成；④甲乙双方各派一名财务对接，对 QQ 群中交易完成的订单每两天结算一次，乙方不得拖欠款项，否则甲方有权解除本合同；⑤在本合同签订前乙方已经扣压甲方壹万元（10000 元）结算款作为押金，押金在取消合作后 30 日内乙方退还甲方。甲乙任何一方如提前终止合同，需提前一个月通知另一方；如一方擅自终止合同，另一方将保留对违约方追究责任的权力。合同经双方签字盖章生效后，双方均应全面履行合同约定的义务，任何一方不履行或者不全面履行本合同约定的义务的，违约方应当承担相应的违约责任并赔偿由此给守约方造成的直接损失人民币壹万元（10000 元），并承担间接损失包括但不限于守约方为实现权益而支付的律师费、公证费、保全费、鉴定费、诉讼费等。合同还约定了其他内容。

2021 年 5 月 24 日至 2021 年 5 月 26 日期间，河南影霜公司向东台天阳公司采购了服务器血色十字军（数量 33.3 万，单价 1.45 元）、服务器血色十字军（数量 33.3 万，单价 1.45 元）、服务器燃烧之刃（数量 95 万，单价 1.45 元）、服务器安苏（数量 33.3 万，单价 1.45 元）、服务器霜之哀伤（数量 33.3 万，单价 1.45 元）、服务器冰霜之刃（数量 31.3 万，单价 1.5 元），总计 406.84 元。

2021 年 6 月 20 日，东台天阳公司的法定代表人陈松明微信联系河南影霜公司的工作人员，称："根据合同约定，你们从 2021 年 5 月 24 日至 2021 年 5 月 26 日应给付的 406.84 元的货款至今未付，现提出与你方解除所订立的商务合同，你方应退还押金壹万元并承担相应的违约责任。"至本案诉讼前，河南影霜公司仍未支付 406.84 元的货款。

江苏省东台市人民法院认为，当事人应当按照约定全面履行自己的义务。东台天阳公司与河南影霜公司签订的电子商务合同系双方真实意思表示，不违反法律、行政法规的强制性规定，合法有效，双方均应按约履行。东台天阳公司已按约出售游戏币，河南影霜公司未按合同约定及时支付款项，构成违约，东台天阳公司解除合同的事由已经发生，有权按照合同约定解除合同，并要求河南影霜公司退还押金，支付拖欠的款项，承担违约金。东台天阳公司的诉讼请求，符合法律规定和合同约定。

最终，江苏省东台市人民法院判决：一、原告东台天阳网络科技有限公司与被告河南影霜文化传媒有限公司 2021 年 3 月 16 日签订的电子商务合同于 2021 年 6 月 20 日解除；二、被告河南影霜文化传媒有限公司于本判决生效之日起 10 日内返还原告东台天阳网络科技有限公司押金 10000 元；三、被告河南影霜文化传媒有限公司于本判决生效之日起 10 日内支付原告东台天阳网络科技有限公司货款 406.84 元；四、被告河南影霜文化传媒有限公司于本判决生效之日起 10 日内支付原告东台天阳网络科技有限公司违约金 10000 元。

小结

本案例的典型意义：电子商务合同虽有别于传统合同，但其订立的原理与传统合同是一致的。电子商务合同也属于合同，除要依照《中华人民共和国电子商务法》《中华人民共和国电子签名法》规定外，其订立也应当依据《中华人民共和国民法典》合同编有关合同的规定。

一、电子商务合同订立的相关规定

《中华人民共和国电子商务法》在第三章专门规定了电子商务合同的订立。该法第四十七条规定："电子商务当事人订立和履行合同，适用本章和《中华人民共和国民法总则》《中华人民共和国合同法》《中华人民共和国电子签名法》等法律的规定。"其中，由于我国民法典的施行，相应的《中华人民共和国民法总则》《中华人民共和国合同法》也随之废止，因此电子商务合同的订立现在应当适用《中华人民共和国电子商务法》《中华人民共和国民法典》《中华人民共和国电子签名法》等法律的规定。

《中华人民共和国电子商务法》虽然未定义电子商务合同，但依《中华人民共和国民法典》第四百六十九条"当事人订立合同，可以采用书面形式、口头形式或者其他形式；书面形式是合同书、信件、电报、电传、传真等可以有形地表现所载内容的形式；以电子数据交换、电子邮件等方式能够有形地表现所载内容，并可以随时调取查用的数据电文，视为书面形式"之规定，可以推出电子商务合同系指《中华人民共和国民法典》所规定的采用数据电文方式的书面合同，具体表现为利用互联网等信息网络生成、发送、接收或者储存的关于销售商品或者提供服务信息的合同。

二、传统合同订立过程

电子商务合同虽然有别于传统的合同，但其订立和成立仍要遵循传统合同订立和成立的要求。合同的订立，是合同当事人就合同事项进行接触、洽商，直至达成合意的动态过程；这一过程一般分为要约和承诺两个阶段。《中华人民共和国民法典》第四百七十一条规定："当事人订立合同，可以采取要约、承诺方式或者其他方式。"任何经合意而达成的合同必然要经过要约与承诺阶段，无要约与承诺则无合同，有合同则必有要约与承诺。因此，要约是合同订立的启动点，是当事人实质进行合同订立过程的开始。

（一）要约

根据《中华人民共和国民法典》第四百七十二条规定："要约是希望与他人订立合同的意思表示，该意思表示应当符合下列条件：①内容具体确定；②表明经受要约人承诺，要约人即受该意思表示约束。"具体来说，构成要约应当要符合以下条件。

（1）要约必须是特定人所为的意思表示。要约是要约人（发出要约之人）向受要约人所作出的含有合同条件的意思表示，旨在得到受要约人的承诺并成立合同。只有要约人是特定的人，受要约人才能对之承诺。所谓特定的人，是指为外界所客观确定的人，至于是自然人、法人或其他组织，是本人或是其代理人，可在所不问。

（2）要约应当以明示方式向相对人发出。要约是要约人向受要约人作出的订立合同的意思表示，应当采用明示的方式作出。要约的形式可以为书面形式、口头形式、电子信件方式，不存在默示方式的要约。要约应当向受要约人发出，受要约人一般为特定的人。但是，向不特定人作出又无碍要约所达目的的，受要约人也可以是不特定的人，比如自动售货机。

（3）要约的内容应当具体确定。要约的内容必须明确，而非含混不清，否则，受要约人便不能了解要约的真实含义。同时此处的确定，包括要约发出之时内容是明确的，以及要约发出之时某些内容尚不清晰，待未来某个时刻可以依据法律规定或当事人的意思表示而予以明确。要约的内容必须具体，是指要约的内容必须具备合同的条件，至少是主要条件，得因受要约人的承诺而使合同成立。

（4）要约必须具有缔结合同的目的。要约人发出要约的目的在于订立合同，这种目的一定要在要约中明确表达出来，才会使受要约人下决心与要约人签订合同。一方面，要约应当明确要约人与受要约人订立合同的明确意思；另一方面，要约应当有一经受要约人承诺即成立合同并受其拘束的表示。

此外，还应当注意要约与要约邀请的区别。《中华人民共和国民法典》第四百七十三条第一款规定："要约邀请是希望他人向自己发出要约的表示。拍卖公告、招标公告、招股说明书、债券募集办法、基金招募说明书、商业广告和宣传、寄送的价目表等为要约邀请。"要约邀请的目的不是订立合同，而是邀请相对人向其为要约的意思表示。要约与要约邀请区别主要在于：①从当事人的目的来看，一定要有缔结合同的目的，反之，则不是要约；②若法律有明确规定，依照法律规定；③法律无明文规定时，应当按照意思表示的内容是否明确、交易习惯、社会的一般观念等加以判断。

《中华人民共和国民法典》第一百三十七条对要约的生效时间作出了相关规定："以对话方式作出的意思表示，相对人知道其内容时生效。以非对话方式作出的意思表示，到达相对人时生效。以非对话方式作出的采用数据电文形式的意思表示，相对人指定特定系统接收数据电文的，该数据电文进入该特定系统时生效。未指定特定系统的，相对人知道或者应当知道该数据电文进入其系统时生效。当事人对采用数据电文形式的意思表示的生效时间另有约定的，按照其约定。"从中可以看出，要约生效的时间因作出要约的形式不同而有所不同。

《中华人民共和国民法典》还对要约的撤回、撤销以及失效都作出了详细的规定。第一百四十一条规定："行为人可以撤回意思表示。撤回意思表示的通知应当在意思表示到达相对人前或者与意思表示同时到达相对人。"第四百七十六条规定："要约可以撤销，但是有下列情形之一的除外：①要约人以确定承诺期限或者其他形式明示要约不可撤销；②受要约人有理由认为要约是不可撤销的，并已经为履行合同做了合理准备工作。"第四百七十七条规定："撤销要约的意思表示以对话方式作出的，该意思表示的内容应当在受要约人作出承诺之前为受要约人所知道；撤销要约的意思表示以非对话方式作出的，应当在受要约人作出承诺之前到达受要约人。"第四百七十八条规定："有下列情形之一的，要约失效：①要约被拒绝；②要约被依法撤销；③承诺期限届满，受要约人未作出承诺；④受要约人对要约的内容作出实质性变更。"

（二）承诺

承诺，是受要约人同意要约的意思表示。构成承诺，应当符合以下三个条件。

（1）承诺必须由受要约人作出。只有受要约人才有承诺的资格，因此，只有由受要约人作出的，才为有效的承诺。受要约人为特定人时，承诺由该特定人作出；受要约人为不特定人时，承诺由该不特定人中的任何人作出。受要约人以外的第三人即使知晓要约内容，并作出同意的意思表示，也不能构成承诺。

（2）承诺必须向要约人作出。受要约人作出承诺的目的在于同要约人订立合同，因此，承诺只有向要约人作出才有意义。

（3）承诺的内容应当与要约的内容相一致。承诺是受要约人愿意按照要约内容同要约人订立合同的意思表示，因此，想要取得成立合同的法律效果，承诺的内容就必须同要约的内容一致。如果受要约人在承诺中对要约的内容加以限制、扩张或变更，则不构成承诺，而应当构成新要约。

（4）承诺必须在要约确定的期限内作出。《中华人民共和国民法典》第四百八十一条规定："承诺应当在要约确定的期限内到达要约人。要约没有确定承诺期限的，承诺应当依照下列规定到达：①要约以对话方式作出的，应当即时作出承诺；②要约以非对话方式作出的，承诺应当在合理期限内到达。"第四百八十二条规定："要约以信件或者电报作出的，承诺期限自信件载明的日期或者电报交发之日开始计算。信件未载明日期的，自投寄该信件的邮戳日期开始计算。要约以电话、传真、电子邮件等快速通信方式作出的，承诺期限自要约到达受要约人时开始计算。"

《中华人民共和国民法典》第四百八十三条规定："承诺生效时合同成立，但是法律另有规定或者当事人另有约定的除外。"承诺生效即意味着合同的成立，因此，确定承诺生效的时间是十分重要的问题。《中华人民共和国民法典》第四百八十四条对承诺的生效时间作出了规定："以通知方式作出的承诺，生效的时间适用本法第一百三十七条的规定。承诺不需要通知的，根据交易习惯或者要约的要求作出承诺的行为时生效。"

三、电子商务合同订立原理

厘清电子商务合同订立的基本原理，才能够更好地把握电子商务合同的订立。

《中华人民共和国电子商务法》第四十八条规定："电子商务当事人使用自动信息系统订立或者履行合同的行为对使用该系统的当事人具有法律效力。"该条款提及了自动信息系统，同时明确了自动信息系统在电子商务合同的订立与履行中的效力。因此，对于电子商务合同，还需要搞清楚自动信息系统的含义。

薛虹教授在其《论电子商务合同自动信息系统的法律效力》一文中将自动信息系统定义为"按照事先设定的算法、程序指令、运行参数与条件，在无自然人确认或者干预的情况下，为交易双方订立或者履行合同进行信息互动的计算机系统"[①]。自动信息系统发送、接收信息与相对方互动，可以导致当事人之间合同关系的发生、变更与终止。她认为使用自动信息系统可以产生以下四个方面的法律效力：第一个方面，《中华人民共和国电子商务法》消除了法律障碍，承认自动信息系统自动性的法律效力。因此，通过自动信息系统发送或者接收数据电文与对方当事人进行信息交互，不得仅仅因其自动性（即无自然人确认或者干预系统发出与接收的每一信息），而否定订立或者履行合同的法律效力。第二个方面，自动信息系统未经人工直接干预而自动生成、发送、接收的数据电文，属于使用该系统的法律主体（包括自然人、法人或者其他组织）实施的行为，并由该法律主体承担相应的法律后果。第三个方面，自动信息系统的使用者不得以人工智能超出预期等理由，否定其行为的法律效力。第四个方面，在缔结或者履行电子商务合同过程中，如因自动信息系统所采用的软硬件存在问题、程序指令设计存在漏洞与缺陷或操作不当导致系统发生技术故障，未按照预先设定程序指令、参数与条件运行，控制与设置自动信息系统的一方当事人应承担相应的风险与不利后果。

---

① 薛虹：《论电子商务合同自动信息系统的法律效力》，《苏州大学学报》（哲学社会科学版）2019 年第 40 卷第 1 期，第 70－78、192 页。

《中华人民共和国电子商务法》第九条对电子商务合同中一方当事人主体即电子商务经营者作了定义："本法所称电子商务经营者，是指通过互联网等信息网络从事销售商品或者提供服务的经营活动的自然人、法人和非法人组织，包括电子商务平台经营者、平台内经营者以及通过自建网站、其他网络服务销售商品或者提供服务的电子商务经营者。"《中华人民共和国电子商务法》第四十九条规定："电子商务经营者发布的商品或者服务信息符合要约条件的，用户选择该商品或者服务并提交订单成功，合同成立。当事人另有约定的，从其约定。"该条文虽然并未明示在网上使用互动性的自动信息系统发布信息，但是使用了"订单"一词。如果当事人既可以浏览、访问经营者网上发布的信息，又可以选择有关的商品或者服务"并提交订单"，就说明该条所指的是经营者使用自动信息系统发布互动性的商品或服务信息的情形，并且充分考虑了自动信息系统互动性对合同成立的影响。因此，电子商务经营者发布的商品或者服务信息构不构成要约，还应当取决于个案的具体情况，需要根据上文所述的要约的构成要件（①要约必须是特定人所为的意思表示；②要约应当以明示方式向相对人发出；③要约的内容应当具体确定；④要约必须具有缔结合同的目的等）来加以判断电子商务经营者发布的商品或者服务信息是否符合要约抑或仅为要约邀请。

而从用户角度来看，只要不存在《中华人民共和国电子商务法》第四十九条规定的"当事人另有约定的"的情形，用户访问电子商务经营者使用自动信息系统发布的商品或者服务信息，并与之互动、提交订单，就有理由相信此种系统发布的信息是有约束力的要约，用户发出的订单就应视为承诺，从而促成电子商务合同的订立。

【案例4－4】张超、上海启铂电子商务有限公司买卖合同纠纷案①

基本案情

上海启铂电子商务有限公司（以下简称"启铂电子"）在天猫商城经营 GAP 礼品卡专卖店销售 GAP 礼品卡，2018 年 12 月 10 日，启

---

① 案例出处：中国裁判文书网（2019）津 01 民终 7320 号民事判决书。

铂电子在网店开展"GAP电子卡98折优惠"促销活动，销售电子卡面值分别为300元、500元、600元、700元、800元、1000元，其中，300元面值的礼品卡标注的售价为294元、500元面值的礼品卡标注的售价为490元、600元面值的礼品卡标注的售价为588元、700元面值的礼品卡标注的售价为686元、800元面值的礼品卡标注的售价为784元、1000元面值的礼品卡标注的售价为490元。当日10点48分，张超在启铂电子店铺购买10张1000元面值的礼品卡，合计支付4900元，款项由第三方实际控制，启铂电子尚未收到相关款项。张超提交订单后，启铂电子以系统设置错误为由未发货。同日，启铂电子在其网店首页贴出公告："尊敬的顾客：GAP品牌礼品卡专卖店于12月10日上午在天猫旗舰店开展'GAP电子卡98折优惠'的促销活动，其中一款面额为1000元的电子卡的折后售价应为980元，但活动期间由于设置不当，导致了支付价格异常，我们第一时间停止了该电子礼品卡的销售和使用。我们正在为所有购买的顾客办理退款，望大家理解和配合。给您带来的不便，我们深表歉意。同时，我们将向购买的顾客每人赠送一定价值的电子礼品卡，以表歉意。"其间，启铂电子为张超提出了两种解决方案，一种方案是退款并赔偿价值100元的礼品卡，一种是将消费者订购的面值为1000元的礼品卡换成500元的礼品卡并补偿价值100元的礼品卡。张超不同意启铂电子的上述解决方案，向法院提起诉讼。

张超向一审法院起诉请求：

（1）判令启铂电子对张超在其店铺购买的10张电子礼品卡进行发货，并且赔偿张超所支付金额的30%作为违约金（共计1470元）。

（2）判令启铂电子支付自2018年12月10日至2019年8月1日按照年利率4.9%计算的利息损失。

（3）判令启铂电子承担本案全部诉讼费用。

启铂电子向一审法院反诉请求：

（1）判令撤销张超与启铂电子之间的案涉网络购物合同。

（2）判令张超承担本案全部诉讼费用。

天津市红桥区人民法院作出一审判决："本诉被告上海启铂电子商务有限公司于本判决生效之日起十日内给付本诉原告张超100元；驳回本诉原告张超的其他诉讼请求；驳回反诉原告上海启铂电子商务

有限公司的全部诉讼请求。"

张超二审向天津市第一中级人民法院提出上诉请求:

(1)撤销一审判决,判令启铂电子对张超在其店铺购买的10张电子礼品卡进行发货,并且赔偿张超所支付的总金额的2018年12月10日至2019年10月9日的利息(按贷款利率4.9%)应赔偿金额为200.08元。

(2)判令启铂电子承担本案全部诉讼费用。

天津市第一中级人民法院审理认为,启铂电子通过网店销售案涉礼品购物卡,是希望与他人订立合同,属于要约。启铂电子发布涉案商品网购页面时,商品图片显示为"GAP电子卡98折优惠",出售有1000元、800元、700元、600元、500元、300元等不同面额的电子礼品卡,1000元面值外的礼品卡均按98折标价。根据商品图片显示及其他面值的电子礼品卡的价格设置,可以认定启铂电子对于面值1000元电子礼品卡售价的真实意思应是以98折优惠即980元的价格出售,490元的售价非其真实意思表示,属于价格标示错误。张超以490元的价格购买面值1000元电子礼品卡,并下单,张超所承诺的内容与启铂公司要约内容不一致,张超的承诺属于新要约。从事后双方协商内容看,启铂电子不接受张超的新要约。据此,张超与启铂电子之间的网络购销合同未成立。

本案中,虽然由于启铂电子的疏忽,误将面值1000元电子礼品卡售价设置为490元,但根据启铂电子发布涉案商品网购页面时,商品图片显示为"GAP电子卡98折优惠",以及其出售的面额为1000元、800元、700元、600元、500元、300元等的电子礼品卡的售价可以明显地看出,启铂电子将面值1000元电子礼品卡售价设置为490元并不是其真实的意思表示,张超以490元的价格购买面值1000元电子礼品卡的行为显然与启铂电子的真实意思相违背,因此张超的下单行为不能看作是对启铂电子前述要约的承诺,其意欲以490元的价格购买面值1000元电子礼品卡的行为与启铂电子的真实意思表示不一致,其"承诺"的行为已对启铂电子前述要约的内容作出了实质性的变更,因此,只能视为张超向启铂电子发出了一个新的要约,而启铂电子明确地表示其不能接受该新要约,故视为对张超新要约的拒绝。因此,张超与启铂电子之间并未成立网络购销合同。

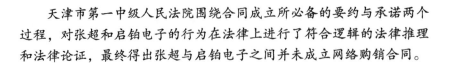
基于案例驱动的电子商务法教程

天津市第一中级人民法院围绕合同成立所必备的要约与承诺两个过程，对张超和启铂电子的行为在法律上进行了符合逻辑的法律推理和法律论证，最终得出张超与启铂电子之间并未成立网络购销合同。

思考：

1. 在实际生活中我们应当如何辨别电子商务合同？
2. 如何订立电子商务合同？

第三节　电子商务合同的效力

民事行为一般由当事人直接所为，其法律责任由当事人的直接作为而自然发生。而在电子商务活动中，这些行为往往由计算机完成，合同也由计算机生成，应当具有的法律责任就需要有相应的计算机法律予以规范。有关电子商务的合法性我国目前还没有专门的电子商务法予以确认，《中华人民共和国合同法》中规定，"以电子合同出现的合同是合同的一种"，但对电子合同的发送、接收以及发送、接收的时间、地点的认定，电子文件的签字盖章的生效手续都没有详细统一的规范。

【案例4-5】9岁男孩购买打印机案①

一名9岁男孩在网上以其父亲的身份证号注册，订购了一台小型打印机。当货物送到他家里时，小孩家长拒绝接受，交易双方因此发生纠纷。根据《中华人民共和国民法典》规定，不满10周岁的未成年人是无民事行为能力的人，不能独立进行民事活动，所以本案中家长有权拒绝购买。但电子商务合同是"完全以计算机网络为媒介，通

---

① 自编案例。

过在网上数据交换，发出要约和承诺而确定的协议"。这样只能凭交易者输入的身份信息，如身份证号码、信用卡号码、家庭地址、电话等来确定对方是否具有相应的民事行为能力。而9岁孩子是以父亲的身份证号码注册购买的小型打印机，在网上商家完全有理由认定对方是完全民事行为能力人。由于网站不可能当面核实身份证的来源，所以对于合同的无效也不应由网站承担责任，判决哪一方败诉都不能使人信服。在现行法律对电子商务规定尚不细致、具体的情况下，如果订约风险，如对方真实身份的确认等和履约的损失完全由商家来承担，则有悖于正义及公序良俗。合同法将电子数据交换和电子邮件列入书面形式的类型之中，从法律上确认电子合同具有同书面合同的效力，但在其他的相关法律中同时明确规定合同订立需以书面形式进行。虽然中国现行合同法已经将电子数据交换、电子邮件列入书面形式之中，从法律上确认了电子合同的数据形式具有书面合同的效力，但如何在司法实践中解释与运用这一条款，仍是一个十分复杂的问题。

一、电子商务合同的效力

根据联合国国际贸易法委员会颁布的《电子商务示范法》以及世界各国颁布的电子交易法，同时结合《中华人民共和国合同法》的有关规定，电子商务合同可以界定为：双方或多方当事人之间通过电子信息网络以电子的形式达成的设立、变更、终止财产性民事权利义务关系的协议。通过上述定义可以看出，电子商务合同是以电子的方式订立的合同，其主要是指在网络条件下当事人为了实现一定的目的，通过数据电文、电子邮件等形式签订的明确双方或多方权利义务关系的一种电子协议。

随着电子商务的快速发展，众多信息化领先的企业越来越倾向于采用签订电子合同的方式迅速锁定客户、降低成本、提升竞争力。但是由于电子合同的准入门槛较高，涉及安全、技术和法律等多个专业领域，目前真正了解的人不多。

广义上的"电子合同"有很多种，但是真正具备法律效力的电子商务合同非常少。市场上充斥着使用水印、PDF签名、可视化图章甚至是PS后的所谓"电子商务合同"等，这些往往是"李鬼"多于"李逵"，都不具备司法效力。而企业签署的电子商务合同必须具备法律效力。那么，我们首先就要搞清楚什么是电子商务合同的法律效力。电子商务合同到底应该具备哪些法律效力？

首先是电子商务合同订立的法律效力。电子商务合同也是合同，那么对于合同的订立，《中华人民共和国合同法》第三条明确规定："合同当事人的法律地位平等，一方不得将自己的意志强加给另一方。"由于互联网的特殊属性，因此在网上订立电子商务合同的一方如果采取强势手段行使对电子商务合同订立过程中的技术管辖权，那就相当于既当运动员又当裁判员，其电子商务合同的公正性常常因遭到质疑而被推翻。因此《中华人民共和国合同法》第十六条同时还规定，"采用数据电文形式订立合同的"可采用"指定特定系统"。所以商务部在《电子合同在线订立流程规范》中强调指出，通过第三方（电子合同服务提供商）的电子合同订立系统订立电子合同才能保证其过程的公正性和结果的有效性。

其次是电子商务合同签名的法律效力。除订立电子商务合同的过程有法律规定以外，订立电子商务合同所采取的技术手段也有明确和严格的法律规定。依据《中华人民共和国电子签名法》第十四条规定："可靠的电子签名与手写签名或者盖章具有同等的法律效力。"由此可见，只有使用"可靠的电子签名"，电子商务合同才具有与纸质合同同等的法律效力。《中华人民共和国电子签名法》对可靠的电子签名的规定是："电子签名同时符合下列条件的，视为可靠的电子签名：（一）电子签名制作数据用于电子签名时，属于电子签名人专有；（二）签署时电子签名制作数据仅由电子签名人控制；（三）签署后对电子签名的任何改动能够被发现；（四）签署后对数据电文内容和形式的任何改动能够被发现。"如工信部在"可靠电子签名及数据电文试点项目"中采用的 MMEC（可信电子合同订立系统）技术就是一种可靠的电子签名技术。

最后是电子商务合同取证与鉴定的法律效力。我们为什么需要有效的电子商务合同呢？这是因为合同的作用除了确立商业活动的内容外，更重要的作用体现在一旦发生法律纠纷，可以成为有效的司法证据。《中华人民共和国民事诉讼法》第六十三条规定"证据包括电子数据"。但普通数据电文形式的所谓"电子商务合同"要成为司法证据，必须遵照严格的司法规定。比如需公证机构陪同取证、保管、鉴定等，其过程烦琐，成本高昂。但采用可靠电子签名的电子合同"与手写签名或盖章具有相同的法律

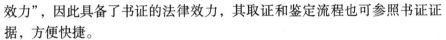

效力"，因此具备了书证的法律效力，其取证和鉴定流程也可参照书证证据，方便快捷。

从上文可以看出，有效的电子合同即可信电子合同，可以与纸质合同具有同等的书证效力。有效可信的电子合同是指缔约各方在因特网上、通过第三方电子合同订立系统、采用可靠电子签名技术形成的数据电文。有效电子合同必须同时具备"身份可靠、过程有效、结果公正和保障便捷"四原则。

二、电子商务合同成立的若干问题

（一）电子商务合同的书面形式

1. 合同是否采用书面形式

依照《中华人民共和国合同法》第十条的规定，合同当事人可根据自己的意愿来确定，可以是书面形式也可以是其他形式，但法律另有规定的除外。书面合同的好处是形式明确肯定，有据可查。对防止争议和解决纠纷有积极意义。而以口头形式订立的合同的特点是直接、简便，但因口头合同没有凭证，发生争议后难以取证，不易分清责任，所以在商业活动中，书面合同仍为人们广泛采用的方式。与传统的书面合同相比，电子商务合同具有以下三个显著特征。

（1）在表现形式上，电子商务合同必须依赖计算机才能表现其内容，而传统的文字无须依赖机器设备。

（2）在存储介质上，电子商务合同的实质是一组电子信息，依赖的是诸如计算机硬盘、软盘等磁性储存介质，而传统的书面文件所依赖的主要是传统纸张。

（3）在可信度上，基于电子信息的储存原理，电子商务合同容易被篡改而不留痕迹，可信度较低。而记录在传统纸张上的文字原始保真程度较高，被篡改后容易被发现，因而可信度较高。

基于电子商务合同的书面形式的上述特点，要将传统的书面形式要求照搬到电子商务合同中是根本不可行的。针对此种情况，联合国国际贸易法律委员会在起草《电子商务示范法》时，采用了一种称作"功能等同法"的立法技术，这种方法立足于分析传统的书面合同的作用，以确定通过电子技术来达到这些目的或作用。《电子商务示范法》第六条规定：

"如法律要求信息必须采用书面形式，假如一项数据电文所含信息可以以备日后查用，即满足了该项要求。"该条规定在不要求各国取消其国内法关于书面形式的前提下，扩大了"书面形式"一词的解释。将数据电文纳入"书面形式"的范畴之内，其目的不是确立这样一项要求：在任何情况下，数据电文都应起到书面形式的全部功能，而并不注重于信息可以复制和阅读这一基本概念，实际上是提供了一种客观标准，即一项数据电文内所含的信息必须可以随时查找到以备日后查阅。使用"可以调取"字样是指计算机数据形式的信息应当是可读和可解释的，使这种信息成为可读必需的软件应当保留。"以备"一词并非仅指人的使用，还包括计算机的处理。新加坡《交易法令》第十一条规定："在法律要求信息、采用文字、书面形式或规定了未采用书面形式的一定后果的情况下，如一项电子记录所含信息可以调取以备日后查用，则其应被视为满足了该项要求。"《中华人民共和国合同法》第十一条规定："书面形式是指合同书、信件和数据电文（包括电报、电传、传真、电子数据交换和电子邮件）等可以有形地表现所载内容的形式。"这是在借鉴《电子商务示范法》有关规定的基础上，明确规定电子商务合同也属书面形式，对"书面"作了扩大解释，使之涵盖了数据电文。也就是说，只要一项数据电文符合书面形式的功能，即所含信息可以显示且是完整的，就被视为书面形式。这种不拘泥于概念本身，从功能角度出发的做法，消除了电子商务发展的一个障碍。在电子商务活动中，合同当事人可以以数据电文的形式订立法律要求的"书面合同"。但电子商务合同作为书面形式的种类，对其形式和内容的特殊性应该进一步制定相应的规范加以约束。

2. 合同的要约与承诺

要约与承诺是合同订立的一般程序。在电子商务环境下，由于电子商务合同的意思表示电子化，传统合同法中关于要约与承诺的制度面临着重大挑战。要约，又称发盘或发价，是一方当事人向他方作出的订立合同的意思表示。《中华人民共和国合同法》第十四条规定，要约应当内容具体确定，并且表明经受要约人承诺，要约人即受该意思表示约束。《中华人民共和国合同法》第十五条列举了要约邀请的几种常见形式：寄送的价目表、拍卖公告、招标公告、招股说明书、商业广告等。值得注意的是，为了避免使人将商业广告都理解为要约邀请，该条款随后特别指出，商业广告的内容符合要约规定的，视为要约。在通过网络所进行的交易中，商家登载于互联网上的广告到底应视为要约还是要约邀请，这是一个十分重要但一直都存在争议的问题。由于电子商务具有不同于一般交易活动的特点，应将网上交易分为三类：销售实物、销售软件、网上服务。第一种交易中广告一般应视为要约邀请，但这是从交易对象的种类出发，而不是根据意思表示的内容目的来区分要约与要约邀请，其结果必然是不准确的。譬如，在网上以实物为对象的交易中，相当普遍的情况是——商家的广告内容十分详尽，覆盖了标的物、价格、交易方法、时间及地点、付款方式，甚至售后服务、免责事由等诸事项，更为重要的是商家自己实际上已将其视为要约。在此情况下，按照上述观点，这种广告仍视为要约邀请，允许商家自由拒绝消费者的承诺或随时撤销意思表示则于消费者没有任何公平可言。因此要约与要约邀请的区分标准仍应回到《中华人民共和国合同法》第十四条规定的要约符合的条件。《中华人民共和国合同法》第二十一条中规定："承诺是受要约人同意要约的意思表示。"在电子商务合同中亦是如此。《联合国国际货物买卖合同公约》第十八至二十一条规定："一项有效的承诺必须满足以下条件：（一）与要约的内容保持一致。（二）承诺应在要约有效的时间内作出。（三）承诺必须通知要约人才生效。"

（二）意思表示的撤回与撤销

意思表示的撤回是指在意思表示到达对方之前，或与之到达对方的同时，表意人又向其发出通知以否认前一意思表示效力的行为。在合同法中意思表示的撤回包括要约的撤回和承诺的撤回。两大法系（英美法系、大陆法系）对要约及承诺的撤回均是认可的，《中华人民共和国合同法》也是明确承认这一制度，该法第十七条规定："要约可以撤回，要约的撤回通知应当在要约到达受要约人之前或与要约同时到达受要约人。"第二十七条规定："承诺可以撤回。撤回承诺的通知应当在承诺到达要约人之前或与承诺同时到达要约人。"意思表示的撤销是指意思表示到达对方之后，对方作出答复之前，表意人又向其发出通知以否认前一意思表示效力的行为。在合同法中它仅指要约的撤销，承诺没有撤销的问题，因为承诺根本不存在要求对方给予答复的问题。在要约是否可以撤销的问题上，由于英美法系国家崇尚契约自由原则，因此允许当事人自由提出或撤销其意思表示。但也有例外的规定，美国有关法律规定：①受要约人在承诺期间内向要约人提供了对价。②受要约人对此发生了依赖，要约人不得撤销要约，并且不能在要约规定的承诺期限内撤销，对于货物买卖合同，未规定期限的，在合理期限内不得撤销，这个合理期限也不应超过三个月。

大陆法系中，要约方向他人发出包括合同订立的基本条款在内的意思表示，该意思表示于到达相对方时生效，这种生效使要约产生了法律约束力，即在要约发生效力后，要约人不能任意撤销要约。这个规定根源于法国合同法的传统理论：要约是单方面的意思表示，并不当然地具备法律效力，但是考虑到实践中的交易安全等因素，规定了要约人在发出要约后不得任意撤销。而在有效期内作出的与要约内容一致的规定是承诺生效的条件。在这里"相一致"是指合同的主要条款一致。我国继承了大陆法系的传统，《中华人民共和国合同法》第十八条规定："要约可以撤销，撤销要约的通知应当在受要约人发出承诺通知之前到达受要约人。"第十九条规定："有下列情形之一的，要约不得撤销：（一）要约人确定了承诺期限或者以其他形式明示要约不可撤销；（二）受要约人有理由认为要约是不可撤销的，并已经为履行合同作了准备工作。"在电子商务环境中，意思表示的撤回与撤销是一个十分复杂的问题，从已有的立法（譬如《电子商务示范法》、新加坡《交易法令》）来看似乎都对这一问题采取了回避态度。有人认为，数据报文的传输速度极快，从而使得对其的救回与撤销在事实上变得不可能。

但也有人主张，法律贵在严密，即使要约能撤销的可能性微乎其微，也不应完全否认这种已得到广泛承认的合理权利的本身。只要要约人的要约尚未获得承诺，应允许其对要约作出重新安排。笔者认为，在电子环境中，由于数据电文的传递速度极快，在要约人发出要约指令几秒钟内就会到达对方系统，实务上基本不存在其他更快的方式能够在要约指令到达之前便撤回。然而，电子要约的撤回虽然非常困难，但并非绝不可能。在系统服务器发生故障或线路过分拥挤的情况下，就可能耽搁要约的收到时间而使撤回要约的通知先于或同时到达受要约人。因此在特定前提下电子要约存在撤回的可能，尽管这种可能来源于意思表示之外。至于意思表示的撤销，在电子网络环境下，有些情况是可以实现的。例如，要约人以电子邮件方式发出一份可以撤销的要约，受要约人收到要约后并没有马上答复作出承诺，此时，要约人可以撤销要约。《联合国国际货物买卖公约》第十六条第二款规定："如果撤销通知于受要约人发出承诺通知之前送达受要约人，要约得予撤销；写明或以其他方式表示要约是不可撤销的，则不能撤销；要约人有理由信赖要约是不可撤销的，并本着这种信赖行事，则要约不能撤销。另外，受要约人使用了自动回应系统，对符合条件的要约自动进行回复，则要约人可能无法撤销要约。"所以我们在制定电子商务合同时，应根据不同的电子传递方式作出较为灵活的规定，以适应电子商务的发展需要。

（三）电子商务合同成立的时间与地点也具有重大意义

在一般情形下，合同成立的时间也就是合同的生效时间。《中华人民共和国合同法》第四十四条规定："依法成立的合同，自成立时生效。"因此，确立了合同的成立时间也就相应地确立了合同效力起始与合同当事人开始履行合同义务的时间，合同成立的地点则对确定适用惯例、在诉讼时确定管辖以及对确定适用的法律均有重大意义。关于承诺生效的时间、地点问题，英美法系采用"邮箱规则"，承诺生效的时间为投入邮箱的时间，生效的地点为投入邮箱的地点。如今这一传统原则也有所松动，要约人有权在要约中规定，承诺的通知应于送达时才生效。"邮箱规则"的另一个例外是，双方当事人以非对话形式如使用电话、电传打字机或传真等方式来传递要约与承诺，承诺于到达要约人手中生效，所以这种即时通信方式的合同的成立的时间、地点，采用"到达主义"原则。大陆法系采用"到达主义"规则，即受要约人发出的承诺只有到达要约人所支配的范围内方生效，据此，合同成立于承诺到达之时，合同成立地为承诺到达要约人的所在地。电子商务合同的承诺生效采用到达主义，与大陆法系的到达主义并不矛盾，即使对于英美法系的国家来说，也不冲突，因为英美法系国家有规定当双方当事人以非对话的即时通信方式进行要约承诺，该承诺的生效应采用"到达主义"原则。所以对于电子商务这种即时通信，他们也倾向于采用"到达主义"原则。关于这一问题，《电子商务示范法》只规定了"发出和收到数据电文的时间与地点"，并未规定电子商务合同成立的时间与地点的法律判别标准。《中华人民共和国合同法》第十六条第二款规定："采用数据电文形式订立合同，收件人指定特定系统接收数据电文的，该数据电文进入该特定系统的时间，视为到达时间，未指定特定系统的，该数据电文进入收件人的任何系统的首次时间，视为到达时间。"第二十六条第二款规定："采用数据电文形式订立合同的，承诺到达的时间适用本法第十六条第二款的规定。"第三十四条第二款规定："采用数据电文形式订立合同的，收件人的主营业地为合同成立的地点；没有主要营业地的，其经营居住地为合同成立的地点；当事人另有约定的，按照其约定。"可见，在我国电子商务合同的承诺生效规则采用到达主义，并且也对合同成立的时间与地点有明确规定。

（四）电子签名

传统的书面合同在双方当事人签字或盖章时成立，而且手书签字和盖章还是合同真实性的证明。然而，就电子商务合同而言，手书签名或盖章已经无法适用了，那么如何确定合同主体的真实性，以保障交易安全呢？《中华人民共和国合同法》没有正面回答这一问题，而是在第三十三条规定："当事人采用信件、数据电文等形式订立合同的，可以在合同成立之前要求签订确认书。签订确认书时合同成立。"《中华人民共和国合同法》这一条文为任意性规范，建议电子商务合同双方当事人将在网上达成的合意转化为"纸面合同"，再以纸上的手书签名和盖章为准。这一建议固然不错，它极大地增加了网上交易的安全性，但是，如果双方当事人不签订确认书，不把网上的合同内容记载在纸面上，问题就还没得到解决。况且如此一来，也就大大违背了电子商务合同的快速交易、简化交易过程而节约成本的初衷。如果合同一方恶意否定合同的存在，或者拒绝履行合同义务，网上的数字化文件记载的内容能否作为证明合同的充分证据仍然是个疑问。《中华人民共和国合同法》之所以回避这一问题，是因为要解决这一问题就必须承认"电子签名"的效力，并建立一系列的配套制度。联合国国际贸易法委员会制定的《电子签名示范法》第二条对电子签名下了一个定义，所谓电子签名是指"以电子形式表现的数据，该数据在一段数据信息之中或附着于一段数据信息，有逻辑上的联系，数据可以用来确定签名人与数据信息的联系并可以表明签名人对数据信息中的信息的同意"。与亲笔签名相比，电子签名主要具有如下四个特征。

（1）签署比较复杂。这并不是指签署的具体过程多么复杂，而是就其所需条件和后果而言。签名人需要相应的硬件和软件设施，而不是一张纸和一支笔就能解决问题；签署的程序对设计者来说可能比较容易，但对普通用户而言往往是复杂难懂的；此外，由于对程序的陌生和不需要亲临现场，签名人并不总是像在亲笔签名那样知道行为的后果。

（2）不具有可靠的持久性。从物理层面看，电子签名只不过是储存于个人电脑或服务器的硬盘、软盘或其他介质上的一系列信息位和字节，不能以书面形式储存，虽然书面文件也不绝对可靠，但稍加注意还是可以长久保存的，电子签名的持久性除取决于保存者的细心程度外，还取决于所储存的介质的持久性、所用软件的持久性等多方面因素。

（3）不能直接辨别。对亲笔签名可凭视觉辨别，对电子签名则无法通过感官直接辨别，需凭借一定的系统和程序来鉴别。

（4）原则上不具有独特性。一个人只有一种亲笔签名的样式，虽然字迹可能发生变化，但至少在一定时期内相对固定，况且变化后也可凭字迹判断本人。但此人可能有多种电子签名的方式，每使用一个信息系统，就可能配发一种签名方式。电子签名必须借助某种手段，以采用公共密匙的电子签名为例，在使用电子签名之前，签名一方必须将其公共密匙交由一个可依赖的第三方（即安全认证机构）登记，并由该机构签发电子签证。签名一方用私人密匙在文件上签名之后和电子凭证一起交给接收文件的对方。对方通过电子凭证用公共密匙验证电子签名的正确性。由于电子签名具有技术特征，是否要把电子签名技术特定化就成为两难问题。一方面，如果确定了一种签名技术，则安全认证等所有制度都必须围绕这一技术来设置，从而忽略了技术不断发展、日趋多样化的事实。另一方面，法律完全不涉及电子签名技术也是不可能的，电子签名不是法律简单的规定"电子签名与手书具有相同法律效力"就能解决的。承认电子签名的效力就必须建立相应的认证机制，而一定的机制总是与特定技术联系在一起。在解决上述立法模式问题上，新加坡《电子商务法》采取了折中的办法，一方面规定了电子签名的一般效力，保持技术的中立性，适用于以任何技术为基础的电子签名；另一方面，又对所谓"安全电子签名"（即以公共密匙技术为基础的电子签名）作出了特别规定，并建立了配套认证机制。这一立法模式具有开放性、前瞻性和现实性，受到英国、欧盟等发达国家和地区的关注和充分肯定。关于电子签名安全认证机构的审核，从世界范围看，主要有两种途径：一种是由政府组建或授权的机构担任；一种则是通过市场方式建立。前者以政府信用为担保，后者以市场信用为担保。出于促进技术的无拘束发展和我国电子商务技术不落后于世界水平的目的，建议采用后一种方式，但是政府在其中的监督管理功能应得到重视。我国现有的法律对于电子商务中的签名问题如何解决仍然不明确。这种状况对于我国参与国际市场竞争非常不利，同时也不利于我国电子商务的健康发展，我国应以联合国国际贸易法委员会的《电子签名示范法》为蓝本，在将要制订的电子商务立法中对电子签名加以规定。

三、影响电子商务合同效力的相关情况

（一）电子商务合同当事人的资格认定

在贸易活动中，双方当事人或者通过长期的交易伙伴关系，或者通过他方的资信状况等可见指标来建立一种最起码的信任关系。如果不具备这种合同履行的可信度，将产生信用危机，甚至会导致债务方不履行债务时，无法弥补债权人损失的严重后果。在传统的贸易方式中，当事人的资格认定是通过工商行政管理部门颁发的营业执照，而电子商务合同是通过开放性的互联网订立，并且当事人不是面对面地直接商谈。所以，在比传统合同当事人陌生得多的情况下进行交易，要具备比传统合同当事人资格认定更严格的认定条件，这样才能保证交易的安全性。在电子商务领域内应建立一种电子商务市场的准入机制。有学者建议，取得电子商务领域的交易资格应具备下列五个条件。

（1）有企业法人营业执照。

（2）经营项目符合电子商务交易要求。

（3）取得有关部门签发的允许该类产品、服务进行网络交易的许可证，并符合质量要求。

（4）资信状况良好。

（5）已建立了固定的销售和服务网络体系。

这是一种准则制的审定方法，只要交易上符合上述条件，就可进入电子商务市场。既然是电子商务市场，就应有其本身的交易规则。交易双方除满足这些具体规则的要求外，还要求买方具备一定的网上支付能力和有效的网上支付工具，卖方具备一定的供货能力、固定的销售网络用以传输商品和健全的售后服务体系等。但是，所有这些条件靠谁来认可，又靠什么来保证实施，就需要建立一个交易服务与认证机构。美国建立了一种认证机构，这种认证机构有三种类型：官方机构管理型、民间合同约束型、行业自律型。在我国，我们建议成立一个互联网上的认证机构，在用户进入电子商务市场时，由认证机构按网上交易的要求核实该用户的真实身

份，签发一份"鉴定证书"，其中包括身份证明、支付能力证明等。之后该用户进行任何交易都要附带这份电子证书，用来证明他作为电子商务主体的合法性。电子证书的功能相当于工商行政管理部门颁发的营业执照，这份电子证书同样要经认证机构的定期审核，以保证其有效性。另外，认证机构应该对所有进入电子商务市场主体的基本情况进行评估、审核并保存，以便交易者查询。

（二）电子商务合同中的意思表示的判断

【案例4-6】经营者未尽查验义务，推定明知进口商品质量问题①

2019年3月，冯某在某平台自营"品牌特卖"频道下单购买一瓶"德国鱼子酱蛋白粉"，并付款588元。冯某签收案涉商品并食用1个月后，发现案涉商品容器内有白色蠕动小虫。冯某诉请：某平台退还货款588元，赔偿十倍价款损失5880元。

裁判结果：某平台既是案涉跨境电子商务商品的境内提供者，亦是跨境电子商务中个人报关服务的提供者，属于消费者权益保护法规定的经营者以及电子商务法规定的电子商务经营者。冯某提交的商品实物图片显示，案涉蛋白粉内确有肉眼可见蠕虫。在冯某已经对案涉商品存在食品安全问题初步举证的情况下，某平台作为案涉商品的销售者，应当举证证明其已履行了作为食品经营者的法定义务，其经营的商品符合食品安全标准。案涉商品保质期2年，冯某发现案涉商品内有蠕虫时，商品尚处于保质期内。在未有证据显示系因冯某自身原因导致案涉商品长虫的情况下，某平台作为经营者，亦应履行法律规定的质量担保义务。因某平台未提交有效证据证明案涉商品在销售前已经出入境检验检疫机构检验合格，故不能认定某平台已尽上述规定的查验义务，应当推定某平台明知案涉商品存在质量问题。

法院判决：某平台向冯某退还货款588元，赔偿5880元；冯某将案涉订单商品退还某平台。

典型意义：关于跨境电子商务经营者主体身份认定问题，国务院

---

① 案例出处：广州互联网法院发布网络购物合同纠纷十大典型案例。

六部门于 2018 年 11 月 28 日联合发文，明确跨境电子商务四类主体的定义及责任，实施有效监管。关于跨境电子商务经营者对商品质量问题明知的判定，食品安全法规定，食品经营者采购食品，应当查验供货者的许可证和食品出厂检验合格证或者其他合格证明。食品经营企业应当建立食品进货查验记录制度，如实记录食品的名称、规格、数量、生产日期等内容，并保存相关凭证，否则应承担相应的法律后果。

【案例 4 - 7】 隐瞒商品重要事实，退一赔三没商量[①]

2019 年 1 月，邓某在美某公司经营的网店购买了烟酰胺原液 20ml，附赠 2 瓶 5ml 烟酰胺，实际支付 219 元。该商品销售网页没有对是否经过备案进行描述，邓某认为美某公司侵犯其作为消费者的知情权。美某公司提交的《中华人民共和国海关进口货物报关单》中显示，案涉商品的原产地区为中国台湾，境内目的地为广东省东莞市。邓某诉请：美某公司退回货款 219 元，赔偿 657 元。

裁判结果：案涉商品尚未在国家食品药品监督管理总局进行备案，销售页面并无对该商品是否经过备案的描述，可认定经营者故意隐瞒了这一可能影响消费者购买决策的情况。邓某实际购买了该产品并使用，遭受了损失，其主张受到美某公司欺诈，要求返还货款并另行三倍赔偿，符合法律规定。

法院判决：美某公司向邓某赔偿货款损失 219 元，并增加赔偿 657 元，共赔偿 876 元。

典型意义：消费者的知情权，是指消费者享有知悉其购买、使用的商品或者接受的服务的真实情况的权利。根据消费者权益保护法的规定，消费者有权根据商品或者服务的不同情况，要求经营者提供商品的主要成分、生产日期、有效期限、检验合格证明、使用方法说明书、售后服务等有关情况。首次进口的特殊用途化妆品未经批准、首次进口的其他化妆品未经备案是涉及化妆品安全和消费者健康的重要事实，消费者在购买前是否知晓该事实会影响消费者的购买决策，对

---

① 案例出处：广州互联网法院发布网络购物合同纠纷十大典型案例。

该事实经营者应当如实告知。

思考：

1. 请简述电子商务合同与传统合同的异同。
2. 电子商务合同生效需要满足哪些条件？
3. 电子商务合同的生效时间和地点一般如何确定？

在进行网络购物时很容易产生重大误解的情形，因为网上购物不同于现实生活中可以通过目视、触摸、检测、试用等方法详细了解产品的性能、规格和作用。比如同为一家公司生产的 G400 显卡，在显存大小上有16M 和 32M 之分，在性能上有双头显示和单头显示之分，价格上亦存在数量级的差别。消费者稍不留神就会发现所购商品没有自己所期望的双显示器支持性能，或者相反，多花一倍以上的冤枉钱买回自己并不需要的功能。按照合同法理论，这属于对商品性能的重大误解，但消费者要证明这一点却并不容易。对此，法律应当加以限制，即规定经销商必须在网站页面上以醒目的字体和颜色对性能上的差异作出特别说明，否则，由此造成的误解当属可撤销合同。在电子商务中，一些商家采用了智能化交易系统——电子代理人。美国《统一电子交易法》对它的定义是：不需要人的审查或操作，而能用于独立发出、回应电子记录，以及部分或全部的履行合同的计算机程序、电子的、或其他自动化手段。它具有按照预定程序进行判断的功能，不仅可执行数据电讯发送、接受、完成订立合同的全过程，而且许多情况下可自动履行合同，较少、甚至不需要人工的介入。许多合同已经履行，但通常要到当事人盘点时，才知道这些合同的详细发生情况。于是产生了这样的问题：电子代理人是否有意思表示能力，如果没有，那么当事人是否可声称，这不是真实意思的反映，或者双方未达成一致的意思表示，而主张合同不成立？我们认为，电子代理人其实只是一种电子交易处理系统，当然不具备意思表示能力。但是，应该看到，它对信息的自动交流和处理都是遵从用户预先设定好的程序而作出的反映，而且当事人是可以在程序运行过程中随时介入的。因而在实质上，这正说明当事人的意思表示是通过编程实现或认可的程序而得到了全面反映。所以，一般而言，电子代理人订立合同，与自然人之间直接信息交流而订立的合同一样也是双方意思表示一致的结果。在合同订立过程中，只要一方当事人未对意思表示做出新的修订，那就意味着当事人仍同意按既定的条件缔约，这可以看作是当事人真实意思的反映，因而通过电子代理人订立的合同是可以成立的。对于电子代理人的问题，我国立法没有统一规定，而随着电子商务的发展，类似于电子代理人的自动商务系统的应用必然越来越广泛，这是电子商务立法需要解决的问题。

电子商务合同中的代理在传统贸易合同中，代理权的合法性与有效性决定了代理行为的有效性，从而也决定纠纷发生时责任如何承担。电子商务合同与传统的合同在这方面应当基本一致，行为人无代理权、超越代理权或代理权终止后仍以被代理人名义订立合同，未经被代理人追认，对被代理人不发生法律效力，由行为人承担责任。但相对人有理由相信行为人有代理权，则构成表见代理，由被代理人承担责任。如果代理权限不明，代理人应与被代理人承担连带责任。在企业对企业为主要形式的电子商务合同中产生代理权限的争执，由于交易双方不能像在传统贸易中一样方便地审查代理人的授权，可能导致所签合同得不到被代理人的认可，具体的情况有二：一是双方或一方使用的是未经加密认证的旧于邮件系统；二是双方均采用了数字认证等安全系统。在前一种情况下，传输的电文有被他人截获、篡改的可能，因此合同的效力很难得到保障，我们不鼓励交易双方使用未经加密的普通电子邮件系统。在后一种情况下，虽然电文的真实性和原始性得到了保障，但如果交易双方认为已经成立的合同于己不利而想反悔时，他可能会声称所作的要约或承诺系其工作人员或系统操作员未经授权的擅自行为，对此，除非主张合同无效的一方有确凿的证据，否则相对一方可依法据《中华人民共和国合同法》第四十九条关于表见代理的规定主张该代理行为有效。在企业对消费者为主要形式的电子商务合同中，判断消费者的民事行为能力是比较困难的，即使是消费者一方使用了数字签名技术，电子商务经营者也只能了解消费者的年龄而无从知晓其精神状况，因此主张合同无效只得由限制民事行为能力人的法定代理人行使，其代理人未对合同效力提出异议的，合同有效。如果电子商务经营者一方已知购买方是未成年人，且其购买行为与其年龄、智力、精神、健康状况不相适应，在能够通知其法定代理人的情况下应催告代理人，不能通知的情况下应主动撤销合同。

综上所述，面对电子商务这一国际化的现代经济模式，中国已经无路可退，唯一的选择便是勇敢地加入"游戏"，并且制定出对自己有利也对国际上其他交易方有利的"双赢"规则。而在电子商务合同这一实务中，最重要的是确定当事人权利义务的依据，它的成立还存在着许多不尽完善的地方，这就需要制定一部电子商务法对电子商务合同成立的有关内容加以规范。

第四节　电子商务合同的履行

【案例4-8】经营者违反附随义务应依法承担相应责任[①]

基本案情

贺某于2019年1月通过某平台购买了由优某公司生产的显瘦棉衣1件，货款465.21元。贺某收到衣物后，使用洗衣机水洗洗涤（含甩干），该衣物出现填充物结团的现象。贺某主张该衣物水洗标并未标明不能机洗，被"洗坏"系因优某公司水洗标注不明确造成。贺某诉请：优某公司承担退一赔三的产品质量责任，即退回货款465.21元，三倍赔偿1395.63元。

裁判结果

在日常生活中，机洗是常见的水洗洗涤方式，结合日常生活经验可知，在未作特别调整的情况下，家用洗衣机的洗涤程序默认包含甩干过程。案涉衣物虽然可以水洗，但不可甩干，优某公司应当向消费者明确说明，否则容易导致消费者因未作特别操作而使该衣物被甩干、影响性能的后果。对于该损害后果的大小以及是否达到无法实现合同目的的程度，综合考虑优某公司的行为性质、商品价值以及损害情况，优某公司应当赔偿贺某的相应损失，酌情确定优某公司承担责任的方式为向贺某支付赔偿金200元。

---

① 案例出处：广州互联网法院发布网络购物合同纠纷十大典型案例。

法院判决

被告优某公司向原告贺某赔偿 200 元；驳回原告贺某的其他诉讼请求。

典型意义

经营者在履行合同主给付义务的同时，还负有通知、协助、保密等附随义务。对与商品使用、保养有关的要求，尤其是使用不当可能造成消费者损失的有关情况，经营者应当向消费者作出必要的说明，以保障消费者的知情权。经营者未充分履行附随义务的，应依法承担相应责任。明确经营者在履行主给付义务以外，履行附随义务，对维护消费者合法权益、规范经营者行为方面具有典型意义和引导作用，尤其是在网络购物环境下，将促使电子商务经营者更加规范、全面地展示网页商品信息。

一、电子商务合同的法律属性

对合同的内涵的理解会影响我们对各种商务行为性质的理解，如果能够科学地理解合同的内涵和外延，则承认除传统合同以外的其他表现形式的合同的合法性和有效性是毫无疑问的，例如电子商务合同。在合同法理论上，合同又称契约，其本意为"共相交易"。然而，究竟应该如何给合同下定义，在大陆法和英美法中一直存在着不同的看法。大陆法认为，合同是一种合意或协议，如《法国民法典》第一千一百零一条规定："契约是一种协议，依此协议，一人或数人对另一人或数人负担给付、作为或不作为之债务。"英美法则注重合同是一种许诺，这种许诺如果具备一定条件，通常是另一方承诺具有象征性对价时，法律将给予保护。可见，合同从本质上来讲其实是一种协议，是关于一方或双方当事人给自己承诺负担义务的协议。而协议一词的外延很广泛，不只是人们已经习以为常的纸面合同，还包括口头协议，以及其他一切当事人之间互相承诺履行义务的行为方式。那么，什么是电子商务合同呢？电子商务合同的概念目前在国内和国际立法中尚没有专门解释，但是从各类相关的法律法规中我们仍然能够理解其内涵。例如我国合同法规定，合同是平等主体的自然人、法人、其他组织之间设立、变更、终止民事权利义务关系的协议。当事人订立合同，有书面形式、口头形式和其他形式三种。书面形式是指合同书、信件和数据电文（包括电报、电传、传真、电子数据和电子邮件）等可以有形地表现所载内容的形式。联合国《电子商务示范法》也对此有规定："就合同的订立而言，除非当事各方另有协议，一项要约以及对要约的承诺均可通过数据电文的手段表示。如使用了一项数据电文来订立合同，则不是仅仅以使用了数据电文为理由而否定该合同的有效性或可执行性……"可见，所谓的电子商务合同就是利用数据电文来达成当事人双方权利义务的协议。从这个意义上讲，电子合同毫无疑问是合同的一种表现形式。根据电子合同是否有明显的可视的合同条款，本书将电子合同分为两种。一种是把磁盘、光盘、电报、电传、传真、电子数据交换（EDI）、电子邮件作为电子合同的载体，这些载体所载的内容为电子合同的内容。通过EDI、电子邮件方式拟定电子合同文本时，订立合同的信息通过一方计算机存入内存，然后经过通信网络或计算机互联网到达对方计算机内存中，对方同样通过网络答复，经双方意思表示一致即成立合同。由于电子数据信息传递不依赖纸张，也无法像传统书面合同那样由肉眼直接阅读（除非将其打印在纸面上或显示在屏幕上），因此也被人们称为"无纸合同"。这类电子合同具有明显的、可视的合同条款，所以在我们国家的合同法上，可以将其划归为书面形式合同。而另一种是网络上的各种行为，如使用电子邮箱、玩网络游戏、访问网络文献资料、在线视听、软件下载等。笔者认为，这些行为从法律行为角度讲也可以被视为网络运营商与用户之间的电子合同。在第一种中，电子合同作为合同的一种表现形式具有明显的可视性，并且合同内容很容易为人通过阅读而知晓，因此这种合同的履行也与传统合同没有太多不同；而第二种，合同一般人是无法将其视为一种合同行为的，只是本文从法律的角度对这些网络行为具有电子合同的法律属性加以分析。对此后文将分别阐述。无论合同是以磁盘、光盘、电报、电传、传真、EDI、电子邮件作为载体，还是表现为网络上的网站等经营形式，毫无疑问，其都具有合同法律属性，属于合同中的电子商务合同。

二、电子商务合同履行的经济地位

合同的履行在商务活动中处于核心地位，因此其也应当是电子商务活动的核心问题。随着计算机网络技术和电子通信技术的飞速发展，商务活动不再局限于传统的现实生活，而是在短短数年之内"风靡"全球，这就是已为人们所熟悉的"电子商务"。江泽民同志早在 1998 年 11 月 18 日的亚太经合组织第六次领导人非正式会议上就指出："电子商务代表着未来贸易方式的发展方向，我们不仅要重视私营企业、工商部门的推动作用，同时也应加强政府部门对发展电子商务的宏观规划和指导，并为电子商务的发展提供良好的法律法规环境。"美国经济研究中心创始人、现任总裁克莱德·普雷斯托维茨（Clyde Prestowitz）告诫生产商和贸易商："不学会在网上游泳，你将会被竞争大潮所淹没。按照联合国贸易与发展会议及经济合作和发展组织的权威定义，'电子商务'就是通过计算机网络和远程通信技术进行的经济贸易活动。"也就是说，从广义上看，现在我们所进行的一切通过或利用计算机网络、电报、传真、电话等通信技术的经济活动都可以称为电子商务。我们知道，商务活动大多是需要订立合同的，也可以说，一个完整的交易活动是需要通过合同的订立与履行才可以实现的。所以，与传统商务活动相同，合同的履行在商务活动的实现上具有核心作用，电子商务合同的履行在电子商务活动的实现中也具有核心地位。电子商务发展的每一步无不与电子商务合同的履行息息相关，因为电子商务合同的履行方式的不同直接体现着电子商务发展状况。目前，我们国家乃至世界各国的电子商务发展非常迅速，先不说利用网络及其他通信方式的电子商务中实现的经济利润在不断增长，就从电子商务合同的各类履行方式来看，就足以可见电子商务发展繁荣之一斑。例如前所未有的电子邮箱、腾讯 QQ、UC、网络游戏、在线信息咨询网、网络商场、网络银行等，这些软件系统人们已经不仅熟悉而且已经熟用了。一方面人们可以利用电子邮件来订立合同，利用网络银行来进行在线支付；另一方面人们对电子邮箱、网络游戏等软件系统的使用过程其实也是对各种电子商务合同的履行过程。只不过由于这些合同的形式相对于具有明显可视的合同条款的书面形式的合同而言略显隐蔽，而更加将其履行过程无限地彰显出来，使人们几乎忽略了合同的存在，以至于意识不到他们在使用网络各种软件系统的过程实际上就是在履行各种电子商务合同。而这些电子商务合同的当事人实际上就是那些系统软件的制造者或所有者、出售者，或者经营者与用户。而更加具体一点说，那些网络游戏币、游戏中的虚拟工具、虚拟衣服、虚拟房屋等，在其使用和购买中，实际上也正是网络虚拟经济中的商品流通。尽管像电子邮箱这类系统软件的使用有些是免费的，但并不能抹杀人们在使用这些系统软件的过程的合同履行性。总之，种类各异的电子商务合同正当今社会的电子商务的日益繁荣。而在法学理论上深入细致地研究和立法上及时加以规范这些电子商务合同的履行，无疑将非常有利于促进电子商务的健康发展。

三、电子商务合同履行与传统合同履行的异同

（一）电子商务合同与传统合同的相同之处

电子商务合同作为合同的一种，其当事人之间的基本权利和义务与传统纸面合同中的当事人的权利和义务并没有原则上的不同。合同法上的履行原则仍旧为电子商务合同履行过程中的原则。例如：适当履行原则、协作履行原则、诚实信用原则、平等原则和公平原则。

（二）电子商务合同与传统合同的相异之处

在合同的履行方式或者说履行形式上，电子商务合同的确有很多不同于传统合同的新内容。其新内容可以概括地归纳为以下七种情况。

1. 载体不同

传统合同一般以纸张等物质材料作为载体，同时对于大宗交易一般要求采用书面形式。而电子商务合同的信息往往以电子数据形式记录在计算机或磁盘等载体中，其修改、流转、储存等过程常常需要通过计算机、传真机、电报、网络等电子通信技术设备进行。因此，电子商务合同也被称为"无纸合同"。电子商务合同所依赖的电子数据是无形物，具有易消失性和易改动性，如果不对合同所表达的信息采取一定的加密、保全措施，其作为合同凭证和法律证据时就具有很大的局限性，所以人们往往要利用磁盘、光碟、磁带等电子和数字设备对其加以固定。同时，由于信息的传递具有网络化、中介性、实时性等特征，故电子商务合同比传统合同具有更大的风险性。

2. 标的不同

传统合同当事人的权利义务无外乎交付商品和履行一定的行为。例如买卖货物、提供劳动力、按约定出席演出等。而电子商务合同中，例如网络上的在线试听网络歌曲、下载软件、在线浏览信息等，这些内容都不同于传统合同内容。尽管这些内容只是在表现形式上不同于传统合同内容，

但是形式的不同改变了很多经济内容，也影响了社会经济的发展。

3. 履行所指向的标的物不同

传统合同履行的标的物除知识产权这样的无形标的物以外，必须为人们可以感触到的真实物品。而电子商务合同的标的物可以为虚拟物。传统合同的标的物均为手触之有感觉的诸如苹果、衣服、房屋等真实物品，而电子商务合同的标的物，比如网络游戏中的道具刀子、车辆、房子等均为虚拟的无法用身体感触的物品，离开了网络和电脑就见不到这些东西。

由于标的物的这种差异性，合同的履行自然有所不同。传统合同的履行在合同标的物交付后就结束了，至于标的物的取得者将要如何处置标的物将不再过问。而网络游戏中的道具不仅先要购买，而接下来道具在游戏中的使用也是合同履行的内容，商家要保证道具在游戏中的正常使用，而不像传统真实物品交付后就不再过问，即电子商务合同的履行有时候具有时间的延续性。

4. 履行中对价的支付方式不同

传统合同的履行一般属于"一手交钱，一手交货"，很多时候需要真实的人将真实的货币交付于对方当事人。而电子商务合同中有可能约定以网络银行的方式交付对价，直接在账号之间划拨款项，或者以电汇的方式支付对价，还可以通过手机缴费支付对价。不仅使在现实空间距离较远的双方当事人可以频繁进行商务往来，甚至可以使地球一端的当事人与地球另一端的当事人利用电子网络在短时间内实现交易。

5. 履行主体的特点不同

在传统合同履行中，当事人各方都是具体的明确的有限的"人"（包括自然人和法人以及其他组织）。而电子商务合同交易的主体具有虚拟性和广泛性的特点：一方面，订立合同的各方当事人通过在网络上的运作，可以互不谋面，且交易者可以为不特定的任何人，人数也具有不特定性和广泛性。而另一方面，由于电子商务合同的交易主体可以是世界上的任何自然人、法人或其他组织，那么合同当事人的身份也需要以一定方式加以确定，即将交易主体具体化，这就涉及依靠密码辨认或者认证机构的认证问题。然而在电子商务中，进行密码辨认和认证机构的认证常常已经演化到由计算机等机器来代替一方当事人完成。例如，放置在商场或马路边的自动提款机。有学者认为，在提款人提款时，实际上其正在与另一方当事人——自动提款机进行一次电子商务合同的履行。这时候，自动提款机可以作为一方当事人与提款人共同履行合同。提款机履行银行验证提款人身份和支付款项的义务，提款人行使提款的权利。这个时候不仅提款机已经人格化和具有虚拟性，而且交易的另一方具有广泛性和不特定性。

6. 履行意思表示方式不同

电子商务合同中的意思表示具有电子化的特点。在电子商务合同订立的过程中，合同当事人可以通过电子方式来表达自己的意愿。电子商务合同的要约与承诺不需要传统意义上的协商过程和手段，其文件的往来和信息的交流皆可通过互联网进行。

7. 履行的时间不同

传统合同的履行与订立之间往往会间隔一段时间，而有些电子商务合同的履行与合同的订立时间衔接得比较紧密，比如网上购物，买方看到网络上所售商品及价格项目以后，当他点击所要购买的商品标志时，合同即已经订立，而当他紧接着按照网站的说明在自己的银行卡号上划拨款项时，就已经是合同的履行了。这种合同的订立与履行可以说在时间上没有什么太多的间隔，与传统合同支付价款的时间相比效率极高。

总之，当事人对电子商务合同的履行仍要遵循传统合同的基本理论，但由于电子商务合同自身的技术特征，在实践中有许多新的不同于传统合同的履行方式，并且当事人的权利义务的实现有许多不同于传统合同的地方。面对这些新的履行方式，立法上还有待一些具体明确的规定。

四、电子商务合同的履行概述

（一）电子商务合同履行的原则

我国合同法虽然没有明确规定合同履行的原则，但是，通常认为，合同的履行原则主要有两个：全面履行原则和适当履行原则。这些基本原则仍然适用于电子合同的履行。适当履行是指当事人按照合同的约定或者法律的规定履行合同的义务，它是对当事人履行合同的最基本的要求。例如，履行的主体是合同确定的主体，履行的时间地点恰当，履行的方式合理等。对于电子商务合同而言，如果是离线交付，债务人必须依约发货或者由债权人自提；在线交付的一方应给予对方合理检验的机会，应保证交付标的的质量。此外，合同当事人对于对方当事人的履行行为还负有协助义务（附随义务），也有人称之为协作履行原则，是指当事人不仅应适当履行自己的合同债务，而且应基于诚实信用原则要求对方协助其完成履行。协作履行原则是诚实信用原则在合同履行方面的具体体现，《中华人民共和国合同法》规定了协作履行有通知、协助和保密的义务。具体包括：债务人履行合同债务，债权人应适当受领给付；债务人履行合同债务，债权人应给予适当的便利条件；因故不能履行或不能完全履行时，应积极采取措施避免或减少损失。

（二）电子商务合同履行的基本模式

从我国当前电子商务开展的情况看，基本上有这样三种合同履行方式：

（1）在线付款，在线交货。

（2）在线付款，离线交货。

（3）离线付款，离线交货。

后两种合同的标的可以是信息产品，也可以是非信息产品。对于信息产品而言，既可以选择在线下载的方式，也可以选择离线交货的方式。

采用在线付款和在线交货方式完成电子合同履行的，与离线交货相比，其履行中的环节比较简单，风险较小，不易产生履行方面的争议。由于信息产品可以采用两种交货方式，具有代表性，因而下文将单独对这类产品的履行进行讨论。

五、信息产品合同的履行规则

（一）履行的时间

对于信息的许可访问，其履行期即许可方允许被许可方访问特定信息的期间，它不像信息的使用许可，有一个交付和受领的时间点，而是一段时期。在下列合理的情况下，许可方不能提供访问的机会不能认为是违约：

（1）在许可方的计算机、网站和相关设施的维护期内，被许可方无法访问。

（2）不可归责于许可方的设备、计算机程序等发生故障等意外事件，或者许可方网站的服务器托管方的原因致被许可方不能访问。

（3）在上述不能访问期间，许可方应采取合理措施让被许可方获取信息或通过合同约定解决的方式并按此方式采取了措施。

（二）履行的地点

信息产品可以通过有形载体来完成交付，也可在网络中传播。《中华人民共和国合同法》规定，当事人可以在合同中约定履行地点，没有约定的，可以协议补充，不能达成补充协议的，按照合同有关条款或交易习惯确定，如果仍不能确定的，"给付货币的，在接受货币一方所在地履行；交付不动产的，在不动产所在地履行；其他标的，在履行义务一方所在地履行"。因此，对于有形载体的交付可以完全适用这样的规定。通过电子方式交付标的，问题就较为复杂。信息的流转经由许可方的计算机、服务器等设备到达对方的信息处理系统，而许可方的信息处理系统是可以分散分布在不同地点的，尤其是服务器所在地可以是在任一地点。我们认为，以电子方式履行的地点首先应由双方约定，可以是许可方的营业地或住所地，也可约定在被许可方的住所地或营业地。约定不明确或没有约定的，可以是许可方使用的信息处理系统所在地，如许可方的计算机主机设备所在地。计算机主机一般处在许可方的经营地或住所地，与许可方的商业行为密切相关，而服务器所在地只是信息流转的一个环节，它与许可方的商业活动的联系较弱，就如同把货物从北京运往上海，虽要途经若干城市，但这些城市难以构成履行地一样，所以不宜把许可方服务器所在地作为合同履行地。

（三）信息产品的检验

对于通用信息产品而言，由于产品的质量性能的定型化，其检验较为简易，此类交易属即时履行的交易。对有形载体的信息产品的检验，一般是检查其产品的包装状况、产品规格等外表情况，这种检验可称为形式检验，在检验完毕后即付款。当交易以电子方式履行时，由于产品本身不具有包装，自然接收人也无须对此检验，他所能检验的仅仅是该许可产品的说明，确定有关规格、版本等事项，但是，只有在他下载信息产品或进行安装时才会知道产品是否与说明相符。如果这种下载以接收人付款为前提，那么在付款前他没有检验的机会。为此，检验期应是在接收人接收信息后的一段合理期间。接收人发现产品有问题的，可在该期间内请求退货、解除合同、返还货款并可追究其违约责任。

【案例4-9】签收则默认完好无损，卖家不必然免责①

2018年9月，王某在某平台上麟某公司店铺购买了一台石磨机，案涉商品由卖家负责包装并交由某快递运输。王某收到案涉石磨机时间为19：21，由于快递人员要求先签名、再验货，王某遂在快递底单上签署"外包装完好"并签名。王某拆开货物包装后发现案涉石磨机破损，便于19：30告知客服破损情况。卖家以商品的销售页面介绍中已标注"如果不仔细检查直接签收导致经济损失，需由买家单方面承担"为由拒绝退货。王某诉请：麟某公司退还石磨机的价款3358元；赔偿占地费6000元和精神损害抚慰金642元。

裁判结果：案涉货物于19：21签收，王某于当天19：30即告知麟某公司客服案涉货物破损情况，且案涉货物外表包有多层塑料薄膜，薄膜外钉有木制框架，需打开多层薄膜才能看到内装的货物情况，王某举证证明了快递员表示要先签字再验货，王某在运输单证上也注明"外包装完好"而非产品完好。综合以上情况看，王某陈述其在拆开货物包装后才发现案涉石磨磨浆机破损，具有高度可能性，法院确认案涉货物在交付给王某之前就已经破损。法院判决：麟某公司退还货款3358元，赔偿占地费1800元；驳回王某的其他诉讼请求。

典型意义：卖家在商品的销售页面介绍中标注类似"请在签收前务必开箱验货，若您已签收，则默认机器完好无损，事后再发现破损要退货，则需要承担来回运费""如果不仔细检查直接签收的导致经济损失和我们无法追踪物流责任，需由买家单方面承担"等内容，是卖家为了重复使用而预先拟定，并在订立合同时未与对方协商的条款，属于格式条款。以上的"签收则默认机器完好无损"和"直接签收导致经济损失由买家单方面承担"的约定，不合理地免除了卖家责任，加重了买家的责任，应属无效条款。因此，卖家以上述条款为由，主张不承担责任没有依据。

---

① 案例出处：广州互联网法院发布网络购物合同纠纷十大典型案例。

（四）拒绝受领

合同生效后，当事人因按照合同的约定履行，债务人按时交付标的，债权人应及时受领。因受领迟延导致的损害，交付方不承担责任。在交付标的不符合合同的规定时，受领方有权拒收或者代为保管，并追究交付方的违约责任。如果一方当事人合法拒绝受领，但又处在占有该信息的状态时，他须承担一定的义务：

（1）妥善保管义务。

（2）及时通知义务。

（3）交回义务。拒绝受领方因履行上述义务发生的费用应由对方承担。

（五）抗辩权问题

所谓抗辩权，是指对抗请求权或否认对方主张的权利。抗辩权有三种：

（1）同时履行抗辩权。

（2）先履行抗辩权。

（3）不安抗辩权。

（六）履行中的特殊问题

接受方在使用信息产品的过程中，可以自行支配使用的方式。但有些信息产品一旦卸载或因系统崩溃而无法使用后，往往无法重新安装，如果要求用户再次购买，显然不公平。为解决此问题，有两种使用方法：

（1）允许被许可人无限次下载。

（2）允许被许可人备份该信息。

六、信息产品合同履行中的风险

（一）风险转移的时间

《中华人民共和国合同法》确立了风险转移的原则，即标的物的风险自交付时转移。信息产品同样应遵循该原则，除非当事人另有约定。有形载体的信息产品的交付时间易于确定。许可方采用电子邮件方式向被许可方发送信息产品的，自被许可方收到该信息时，风险责任发生转移。在信息产品允许重复下载或经请求重新获得许可的情况下，信息产品灭失的可能就非常小，除非许可方的计算机硬件设备在信息传输时发生灭失。

（二）风险责任的承担原则

信息产品的风险有两种，分别是灭失的风险和遭受破坏的风险。当风险发生的时间容易确定时，根据信息产品交付的时间确定。风险发生在交付之前的，由许可方承担；风险发生在交付之后的，由被许可方承担。

七、电子商务合同终止后当事人的权利义务

（一）被许可方的继续使用及限制

被许可方在合同终止时，就无权继续行使合同上的权利，例如访问许可方的信息。但是，在信息许可使用的情形下，尚存在被许可方继续使用的可能，可分为两种情形。

（1）信息经被许可方使用后已与其他信息混合，使退还成为不可能；或者因为其他情况使得退还没有必要时，应当允许被许可方继续使用。此时的继续使用应有所限制。首先，不能超出合同有效时的使用目的和范围。如合同规定该信息是为个人使用而许可，继续使用不能扩大到商业使用范围。其次，继续使用不享有原合同生效时的其他权利。

（2）在许可方违约，被许可方合法解除合同时为减少损失而采取的必要措施。但是，这种使用同样应有一定的限制：①被许可方的继续使用不违反原合同使用的目的和范围；②使用时为了避免或减少损失而采取的合理措施；③不违反许可方在解除合同后的处理办法或不违反与被许可方达成的协议，如果许可方禁止被许可方使用，则他应对禁止使用所扩大的损失负责；④该使用应基于善意并不能超出必要的时间；⑤继续使用应支付合理的使用费。

（二）被许可方的协助义务

合同终止时，被许可方应按约定采取合理措施协助完成有关事项。被许可人应遵循许可方的指示，退还标的及相关的材料、文件、记录、复制件或其他有关资料，或者销毁有关的复制件等。被许可方不得在合同终止

后，继续持有信息或复制件，或采取技术手段非法改变、移除许可方的电子标识信息或自助控制信息，以继续非法使用。此外，在合同终止后，许可方有权采用电子控制以防止非法的利用。根据我国法律规定，当事人还应履行通知义务和保密义务。

综上，种类各异的电子商务合同正促进当今社会电子商务的日益繁荣。而在法学理论上深入细致地研究和立法上及时加以规范这些电子商务合同的履行，无疑将非常有利于促进电子商务的健康发展。

【案例 4 - 10】 优某公司与贺某买卖合同纠纷案[①]

2019 年 1 月贺某通过某平台购买了由优某公司生产的显瘦棉衣 1 件，货款 465.21 元。贺某收到衣物后，使用洗衣机水洗洗涤（含甩干），该衣物出现填充物结团的现象。贺某主张该衣物水洗标并未标明不能机洗，被"洗坏"系因优某公司水洗标注不明确造成。贺某诉请：优某公司承担退一赔三的产品质量责任，即退回货款 465.21 元，三倍赔偿 1395.63 元。法院判决：被告优某公司向原告贺某赔偿 200 元；驳回原告贺某的其他诉讼请求。

典型意义：电子商务合同的经营者在履行合同主给付义务的同时，还负有通知、协助、保密等附随义务。对与商品使用、保养有关的要求，尤其是使用不当可能造成消费者损失的有关情况，经营者应当向消费者作出必要的说明，以保障消费者的知情权。经营者未充分履行附随义务的，应依法承担相应责任。明确经营者在履行主给付义务以外，履行附随义务，对维护消费者合法权益、规范经营者行为方面具有典型意义和引导作用，尤其是在网络购物环境下，将促使电子商务经营者更加规范、全面地展示网页商品信息。

思考：

1. 电子商务合同的履行原则有哪些？
2. 电子商务合同履行与传统合同履行有何异同？

---

① 自编案例。

3. 信息产品合同履行中的风险转移时间一般应当如何确定？

4. 电子商务合同终止后当事人的权利义务有哪些？

第五节　电子商务合同的违约责任

【案例 4 −11】柳锋林与长春市锐恒商贸有限公司信息网络买卖合同纠纷案[①]

原告柳锋林于 2021 年 11 月 21 日 10 点 53 分在拼多多平台向被告锐恒商贸公司运营的网店"鑫鑫优选商品"分 2 笔订单购买了 2 双尺码不同的棉拖鞋。订单生成后至 2021 年 12 月 5 日期间，收货人所在地并非疫区，可正常收发快递。且按照拼多多平台规则，商家应不晚于下单时间 48 小时之内发货。然原告要求被告发货时，被告先后以两句自相矛盾的话（1. 本店全国各地都有几个仓库；2. 疫情原因快递停运）为由拒绝发货，后又以无法回款的名义（情况已告知，出现无法退款后果自负）诱骗原告解除交易合同。因原告坚持要求发货，被告于 2021 年 11 月 23 日 8 点 7 分修改物流为发货状态完成发货。涉案两个订单物运单号分别为 58456584×××和 487357294×××××，标注为其他快递，但无法匹配任何快递公司，且至原告起诉时无物流信息。被告告知"疫情原因快递停运"后，原告又于 2021 年 11 月 21 日至 2022 年 1 月 5 日期间多次尝试在被告店铺下单，均可正常支付货款，被告并未如其所称，终止新的订单生成。原告认为，被告就涉诉订单存在虚假发货的欺诈行为，遂诉至法院。法院判决：被告长春市锐恒商贸有限公司向原告柳锋林返还货款 55.06 元，支付违约金 50 元，驳回原告其余诉讼请求。

典型意义：电子商务合同的经营者应当按照诚信原则履行义务。

---

① 中国裁判文书网，https://wenshu.court.gov.cn/，(2022) 沪 0105 民初 6056 号。

以保障消费者的权益。经营者未充分履行义务的，应依法承担相应责任。明确经营者责任，对维护消费者合法权益、规范经营者行为方面具有典型意义和引导作用，尤其是在网络购物环境下，将促使电子商务经营者更加规范、全面地展示网页商品信息。

一、责任主体的认定

（一）网络消费者主体资格认定

在网络交易中，消费者往往都是自然人，或者交易是通过自然人进行的，这种情况下对其主体资格的认定就要看该自然人是否有民事行为能力。一般情况下，具有民事行为能力的自然人在电子商务合同中违约都要承担相应的责任。随着各大电子商务平台的不断崛起，网络购物已成为时尚达人日常生活中不可或缺的一部分，而一些不满十周岁的未成年人及未满十八周岁的未成年人也加入了"网购大军"。那么，对于这些无民事行为能力人和限制行为能力人的网购行为如何认定，成为当前司法实践中的一大难题。依照民法典的基本理论，不满十周岁的未成年人原则上不具有缔约能力，合同应被认定为无效。但网购合同不同于一般的买卖合同。一般的买卖合同的当事人可以通过外貌、语言、行为举止等特征，来判断交易相对人的民事行为能力状况，而网购合同双方当事人通常只通过网络数据电文的方式进行交易，在现有的技术条件下，网络服务提供者只提供卖家的相关信息，却无法直接核实买家的年龄、精神状态等基本信息，也不能判断买家是否具有民事行为能力，那么网络卖家就无从判断买家的订约能力。这就产生了两种不同的观点：一种观点认为应打破传统理论，在网络环境下不再区分合同主体的行为能力，即不论买家年龄及精神状况如何，只要其有购买的意思表示，即可下订单并向第三方支付平台付款，合同即视为有效成立。另一种观点则认为，电子合同中当事人缔约能力仍应适用合同法的传统规定，由于无民事行为能力人与限制民事行为能力人缺乏进行民事行为所要求具备的意识能力，他们无法准确地预见自己行为的性质与后果，所以为了保护他们合法的民事权益，维护社会交易秩序的稳定，应把他们订立的合同视为无效或者效力待定。但在司法实例中还是以民法典的相关规则为根据，例如南京市中级人民法院发布的 2020 年度"3·15"十大典型案例，其中一起未成年人网购案引发关注，"龙某私自网购高档手机导致的纠纷案":"出生于2005年的龙某瞒着其母亲吴某,偷偷以QQ号登录某电子商务平台购买了一部新的高档手机。据龙某自述,一部分是压岁钱,其他从家中拿取。吴某事后查询发现,龙某登录用户名未实名注册,并且手机为货到付款购买。吴某多次致电该电子商务平台,申明是未成年孩子未经家长允许自行网购手机,要求处理。客服以手机无质量问题为由,拒不同意退货。法院认为,八周岁以上的未成年人为限制民事行为能力人,除纯获利益行为,实施其他民事法律行为由其法定代理人同意或者经其法定代理人追认。本案中,龙某作为未成年人,未经监护人同意、追认,独立与平台公司通过网络订立的案涉手机买卖合同超出了龙某的认知能力,与其年龄、智力不相适应,应认定合同无效。法院判决涉案网络购物合同无效,被告向原告退还部分货款4200元,原告返还手机。"①

此案中法院未认定龙某在该项网络交易中具有相应的主体资格,可以看出在电子商务合同中网络消费者责任主体的认定并未脱离民法典相关规则原则的制约。虽然互联网的出现对传统法律特别是合同法产生了冲击,但互联网改变的是合同的订立、履行方式,并未也不应触及民法、合同法中诸如基本原则、民事行为能力的根本性规定。因此,对于无民事行为能力人及限制行为能力人订立网络购物合同的效力和责任主体资格的认定,应当原则上遵循传统民法的规定。同时,为了有效平衡买卖双方的利益,应借鉴英美法系的注意义务,在淘宝、京东等购物界面上做出相应的提示,警醒无民事行为能力人不要在超出其民事行为能力的情形下订立无效合同,以免给卖家及其监护人带来的不必要损失。同时,应通过立法在目前的技术条件下赋予第三方电子商务平台识别买家身份的义务,使卖家得以有效识别买家的年龄及精神状况,进而认定买家的行为能力,对于因此产生的责任认定能够更好地规范。

网络交易经营者主体资格认定

常见的电子商务模式主要有:B2B、B2C、C2B、C2C和O2O等。这

---

① 中国消费者报南京讯,南京市中级人民法院发布消费维权典型案例 未成年人私自网购手机合同被判无效 [EB/OL].(2023-0602),http://news.hexun.com/2021-03-17/203218787.html.

五种电子商务交易模式涉及的主体主要有经营性网站和网上商店。对于经营性网站，《中华人民共和国电信条例》《互联网信息服务管理办法》均规定经营性网站需要通过网络信息服务的许可，并且进行工商登记后准许设立，所以针对这类网络经营者可以通过查看其工商登记来判断是否具有电子商务合同的主体资格。而对于网上商店来说，我国现行法律法规并没有规定网上商店必须进行工商登记。网上商店在第三方平台经营时往往都需要进行注册成为其会员才能进行交易，可以抓住这种特征进行责任的认定。但现实网络交易中这种特征并不具有相应的强制性，生活中人们总喜欢通过淘宝等第三方平台买卖物品，通常电子买卖合同的双方都不会意识到卖方不具有经营者身份会给日后电子商务合同的责任承担埋下隐患。比如下面这个案件，就涉及电子商务合同中卖家经营者主体资格如何认定的问题。

【案例4-12】于丁与北京欧尚雅服装有限公司等网络购物合同纠纷案[①]

案情介绍：于丁刚开始向法院提出欧尚雅公司、天猫公司退还于丁订单货款1272.16元并三倍赔偿于丁3816.48元；此案产生其他费用由欧尚雅公司、天猫公司承担；诉讼费由欧尚雅公司、天猫公司承担的三项诉讼请求。

庭审中，于丁撤回第二项诉讼请求。事实和理由：2019年11月11日，于丁在天猫网店facecity旗舰店商铺购买一款风衣，下单价格为1272.16元，订单号为5755671911063992027，网站页面的图片和文字均有明确显示：涉案商品大衣袖口有明显logo字母标志。于丁收到涉案商品后发现袖口位置并没有字母标志。其后，于丁于11月26日与商家联系，商家以"很多顾客反馈不好看"为理由，故送至本人的商品袖口没有字母标志。商家提供的商品与其网站宣传明显不符，存在欺诈行为。facecity旗舰店为天猫平台入驻商家，其在天猫平台发布虚假信息，天猫平台未尽到对商家信息审查，协助商家发布虚假信息，应承当相应责任。根据《中华人民共和国消费者权益保护法》的

---

① 中国裁判文书网，https://wenshu.court.gov.cn/，(2020)京0491民初10600号。

相关规定，欧尚雅公司对产品宣传图物不符，有虚假宣传和欺诈行为，现要求欧尚雅公司、天猫公司退还于丁货款并三倍赔偿。请求法院判如所请。

欧尚雅公司答辩称：

（1）涉案产品的袖口处 logo 在实际穿着时也需要拆掉且多位顾客反馈袖口处 logo 不好看，故欧尚雅公司在向于丁发送涉案商品时将袖口处 logo 取下。

（2）欧尚雅公司所销售的产品均为 facecity 品牌正品，不存在欺诈的行为。

（3）欧尚雅公司同意以退货退款或补发袖标或补发带有袖标的新大衣等方式作为补偿。

天猫公司答辩称：

（1）天猫公司系第三方网络交易平台，与于丁之间不存在买卖合同关系，不是本案适格被告。

（2）天猫公司已经尽到了合理审查和注意义务，不应承担赔偿责任。

（3）欧尚雅公司在天猫平台一直处于正常经营状态，于丁可通过客服和平台公示的经营信息有效联系到欧尚雅公司，天猫公司尽到了法定的平台披露义务。

（4）本案中天猫公司提交了涉案商品的订单截图，故天猫公司作为第三方网络交易平台，已尽到了平台应尽的义务，不应承担责任，请求法院驳回于丁的诉讼请求。当事人围绕诉讼请求依法提交了证据，法院组织当事人进行了证据交换和质证。

依据当事人陈述和经审查确认的证据，法院认定事实如下：

于丁以用户名"辽宁蛋炒饭"于 2019 年 11 月 11 日在欧尚雅公司经营的天猫平台 facecity 旗舰店，购买了"【双 11 狂欢价】facecity 毛呢大衣男长款蓝色毛呢外套双面羊羔毛大衣双排扣子风衣"1 件，颜色分类为藏青，尺码为 XL/180，单价为 3198 元，优惠为双 11 购物津贴省 166.84 元，双 11 狂欢价省 1759 元，实际付款金额为 1272.16 元。于丁提交其收到的涉案产品照片显示，涉案大衣袖口没有"FACE"的 logo 标志，欧尚雅公司对此表示认可。于丁提交其于 2019 年 12 月 2 日截取的涉案产品介绍页面图片，商品主图显示大衣袖口有明显的"FACE"logo 标志，商品宣传和介绍页面有多张不同角度针对涉案商品的高清大图均显示大衣袖口有明显的"FACE"logo 标志，商品宣传介绍页面显示"大 logo 的袖标有格调、有内涵"。于丁提交的其与 facecity 旗舰店客服聊天记录截图显示：于丁告知客服收到商品和网站宣传的不一样，而且好多开线并上传了涉案商品实物照片。客服表示"袖标很多顾客反馈不好看，所以现在大货都没有袖标，亲如果喜欢袖标的话，我们这边给您补发一个，手工大衣，可能会有线头，麻烦亲剪一下哦"。于丁表示要求退回货款并三倍赔偿，客服表示可以申请一下送一件毛衣，于丁表示完全不认同。天猫公司提交了涉案商品订单截图、欧尚雅公司营业执照、店铺基本信息等材料，用以证明其履行了网络交易平台的信息披露义务。以上事实，有商品实物照片和订单详情截图、聊天记录和当事人陈述等在卷佐证。

法院认为，于丁从欧尚雅公司购买涉案商品，双方之间形成买卖合同关系。该合同是双方当事人真实意思表示，不违反法律、行政法规的强制性规定，合法有效，欧尚雅公司应当向于丁提供符合合同约定的产品。根据庭审中查明的事实，欧尚雅公司发布的涉案商品宣传页面的图片和文字信息显示涉案大衣袖口有明显的"FACE"logo 标志且将其作为商品特点予以介绍，但其实际交付的涉案大衣袖口没有该标志，因此，欧尚雅公司交付的标的物不符合合同的约定，于丁据此主张退货退款，于法有据，法院予以支持。

根据《中华人民共和国消费者权益保护法》第五十五条第一款规定，经营者提供商品或者服务有欺诈行为的，应当按照消费者的要求增加赔偿其受到的损失，增加赔偿的金额为消费者购买商品的价款或者接受服务的费用的三倍；增加赔偿的金额不足五百元的，为五百元。法律另有规定的，依照其规定。《最高人民法院关于贯彻执行〈中华人民共和国民法通则〉若干问题的意见（试行）》第六十八条规定："一方当事人故意告知对方虚假情况，或者故意隐瞒真实情况，诱使对方当事人作出错误意思表示的民事行为，可以认定为欺诈行为。"

因此，构成欺诈应同时符合以下要件：

（1）行为人故意告知虚假事实或者隐瞒事实。

（2）相对人因此陷入错误认识。

（3）相对人因此作出不真实的意思表示。

本案中，于丁主张欧尚雅公司将未带有大 logo 袖标的涉案大衣宣传为有该袖标的商品属于欺诈行为。针对于丁的上述主张，欧尚雅公司主张系因很多顾客反馈袖标不好看，现在大货都没有袖标，其不存在欺诈的主观故意。对此，本院认为，结合现有证据无法证明涉案产品介绍页面显示有大 logo 袖标的产品与丁实际收到的涉案商品相比在大衣材质、设计、做工及销售价格等方面存在明显优势，且于丁所主张的 logo 袖标并非涉案商品的核心要素，对于涉案商品的主要功能和使用需求亦没有实质性的影响，因此，现有证据不足以证明欧尚雅公司存在虚假宣传和隐瞒事实的主观故意，于丁在本案中亦未提交证据证明欧尚雅公司存在欺诈的主观故意。因此，本院认为，欧尚雅公司的行为不构成欺诈，对于丁要求三倍赔偿的请求，本院不予支持。天猫公司作为网络交易平台提供者不是买卖合同的相对方，现于丁在购买时已明知是在欧尚雅公司购买涉案商品，且天猫公司亦能提供交易订单详情以及实际经营人欧尚雅公司的真实名称、联系方式、营业执照、后台登记信息等证据，故于丁应向涉案商品的销售者主张赔偿。此外，于丁未提交证据证明天猫公司明知或应知欧尚雅公司利用网络交易平台侵害其合法权益。故，本院认为，于丁起诉天猫公司要求其与欧尚雅公司承担连带责任的诉讼请求无事实和法律依据，本院不予支持。

综上所述，依照《中华人民共和国消费者权益保护法》第五十五条第一款，《中华人民共和国民事诉讼法》第六十四条第一款，《最高人民法院关于贯彻执行〈中华人民共和国民法通则〉若干问题的意见（试行）》第六十八条的规定，判决如下：

（1）被告北京欧尚雅服装有限公司于本判决生效之日起十日内返还原告于丁货款 1272.16 元，同时，原告于丁于本判决生效之日起十日内退还被告北京欧尚雅服装有限公司"【双 11 狂欢价】facecity 毛呢大衣男长款蓝色毛呢外套双面羊羔毛大衣双排扣子风衣"1 件（颜色分类为藏青，尺码为 XL/180）（如不能退还，按相应价款折抵应退款项；退货运费由被告北京欧尚雅服装有限公司承担）。

（2）驳回原告于丁的其他诉讼请求。

合同是平等主体的自然人、法人、其他组织之间设立、变更、终止民事权利义务关系的协议。于丁自北京欧尚雅服装有限公司在淘宝的网页进行网络购物，双方之间成立信息网络买卖合同关系，双方均应按照合同约定履行权利义务关系。《中华人民共和国消费者权益保护法》规定，经营者为消费者提供其生产、销售的商品或者提供服务，应当遵守本法。该法中对于经营者概念未进行明确界定。而《中华人民共和国电子商务法》规定，电子商务经营者，是指通过互联网等信息网络从事销售商品或者提供服务的经营活动的自然人、法人和非法人组织。两部法律都规定经营者要具备销售商品或者提供服务这一要素，且《中华人民共和国电子商务法》特别限定销售商品或者提供服务的渠道为信息网络，可见《中华人民共和国电子商务法》是在《中华人民共和国消费者权益保护法》规定的基础上，立足信息网络的特殊性进行了细化。如因通过网络出售商品而被认定为电子商务经营者，其也应被认定为《中华人民共和国消费者权益保护法》所规制的经营者，应承担相对应的法律责任。本次电子商务合同成立时，其中还涉及第三方平台，但是第三方并不是合同的主体，因此不具有卖家经营者主体资格，所以于丁对天猫公司的请求被驳回。

此案为电子商务合同中卖家经营者主体资格的认定提供了一种裁判思路，随着网络交易方式日益多样化，特别是网络交易中暴露出欺诈消费者的问题日益凸显，但消费者在维权时经常因不知道交易相对方是否具有经营者身份，而无法主张适用《中华人民共和国消费者权益保护法》的惩罚性赔偿。

二、违约责任的承担

（一）归责原则

电子商务合同的违约归责原则是指基于合法的归责事由进而确定责任成立的法律原则。在现实生活中，对合同双方当事人责任和义务进行约束是合同条款，合同也是双方承诺和履行的保障。在虚拟交易的电子商务中，电子商务合同违约责任的归责原则和违约责任的承担更是维护电子商务当事人合法权益的保障。虽然电子商务合同因其自身一些独有的特点区别于传统的合同，但从本质上来看两者是相同的。违约行为违反的是合同当事人间的约定义务，违约责任与侵权责任的归责原则不同。侵权责任以过错责任原则为一般归责原则，以过错推定原则、公平责任、无过错责任为补充。违约责任以严格责任原则为一般原则，以过错责任为补充。归责原则的差异直接决定了当事人举证责任的不同。过错责任实行"谁主张谁举证"，即受害人对其加害人应当承担侵权责任的主张负举证责任，但法律规定的特殊侵权行为除外。严格责任原则实行举证责任倒置，即由违约人证明其违约行为存在免责事由。据此以案例 4-13 来对电子商务合同的违约归责原则进行探讨。

【案例 4-13】某贸易公司与贾某买卖合同纠纷案①

2010 年，贾某在网络上看到某贸易公司的广告宣传，轻信宣传称投资开办其某某服饰折扣店，"用最省钱的投资方式，开最赚钱的服装店"，便于 2010 年 12 月 18 日与贸易公司签订了《总经销商合同》。贾某依约交纳了品牌运营费后，多次向贸易公司订货累计 62000 元，但收到的货物均为无法销售的货品，大量存货堆积在贾某家中。贾某因此起诉要求解除合同并退还货款等相关费用。法院经审理认为，贸易公司在其网络宣传及合同内均对货物质量作出承诺，而在实际履行合同过程中，贸易公司所交货物存在货不对板的问题，导致贾某无法销售，后又拒绝贾某退货请求，贸易公司的行为已构成违约，贾某可解除合同。同时货物存在问题责任在于贸易公司，因此应返还营运费、货款给贾某。

据此，法院判决：

（1）解除《总经销商合同》。

（2）贸易公司返还贾某品牌营运费 50000 元、货款 62000 元并赔偿贾某经济损失 51752 元。

网络广告宣传往往具有夸大成分，此案中的广告宣传实际上并不是合同的一部分，贾某的诉讼请求大部分得到支持的原因在于合同中有具体的违约责任约定，由此可以看出我国司法实践对于电子商务合同违约的归责偏向严格责任原则。

《中华人民共和国民法典》第五百七十七条规定："当事人一方不履

① 自编典型案例。

行合同义务或者履行合同义务不符合约定的，应当承担继续履行、采取补救措施或者赔偿损失等违约责任。"第五百九十条规定："当事人一方因不可抗力不能履行合同的，根据不可抗力的影响，部分或者全部免除责任，但法律另有规定的除外。当事人一方因不可抗力不能履行合同的，应当及时通知对方，以减轻可能给对方造成的损失，并应当在合理期限内提供证明。当事人迟延履行后发生不可抗力的，不能免除责任。"第五百九十一条规定："当事人一方违约后，对方应当采取适当措施防止损失的扩大；没有采取适当措施致使损失扩大的，不得就扩大的损失要求赔偿。当事人因防止损失扩大而支出的合理费用，由违约方承担。"可见，《中华人民共和国民法典》施行严格责任原则，除法定和约定的免责事由之外，只要合同的当事人违约，就应当依法承担违约责任。

当然，若在履行电子商务合同中并没有出现违约行为时则不可归责于合同当事人。例如余某诉宝博中国有限公司网络购物合同纠纷案："原告余某通过国内某知名跨境电子商务平台，向平台内入驻的一家香港跨境电子商务公司购买了某品牌可可粉。原告收到被告自保税仓递送入境的案涉商品后，发现商品外包装无中文标签。原告认为，被告交付的商品为进口食品，却未按照有关规定在商品实物的外包装上加贴书面中文标签，应承担退一赔十的责任，经审理，杭州互联网法院判决驳回原告的全部诉讼请求。"

此案是国内首例在跨境电子商务零售进口领域确认进口食品中文电子标签与食品外包装中文标签具有同等法律效力的案件。跨境电子商务零售进口作为一种新兴贸易模式具有特殊性。此案明确在跨境电子商务零售进口交易中，跨境电子商务已履行对消费者的提醒告知义务并获得消费者确认同意后，在商品订购网页使用符合要求的中文电子标签视为具有中文标签，因此在这种情况下，网络经营者并没有违约，所以不适用严格责任的归责原则。并且，从国际立法文件以及我国立法归责的发展过程来看，以严格责任为合同的归责原则是符合社会的发展趋势的，电子商务合同与传统合同相比并没有本质上的区别，当然其违约责任的认定也应以严格责任为主且符合《中华人民共和国民法典》相关规则的约束。

（二）免责事由

电子商务合同也和传统合同一样有免责事由，即法定免责事由、约定免责事由。法定免责事由主要是不可抗力，所谓不可抗力，是指不能预见、不能避免并不能克服的客观情况。不可抗力主要包括以下三种情形：

（1）自然灾害，如台风、洪水、冰雹。

（2）政府行为，如征收、征用。

（3）社会异常事件，如罢工、骚乱。

在不可抗力的适用上，要注意一些细节：

（1）合同中是否约定不可抗力条款，不影响直接援用法律规定。

（2）不可抗力条款是法定免责条款，约定不可抗力条款如小于法定范围，当事人仍可援用法律规定主张免责；如大于法定范围，超出部分应视为另外成立了免责条款。

（3）不可抗力作为免责条款具有强制性，当事人不得约定将不可抗力排除在免责事由之外。

因不可抗力不能履行合同的，根据不可抗力的影响，部分或全部免除责任。但有以下两种情况除外。

（1）金钱债务的迟延责任不得因不可抗力而免除。

（2）迟延履行期间发生的不可抗力不具有免责效力。

约定的免责事由是指当事人在合同中约定免除将来可能发生的违约责任的条款，其所规定的免责事由即是约定免责事由。

免责条款不能排除当事人的基本义务，也不能排除故意或重大过失的责任。这表明：

（1）免责条款是合同的组成部分，是一种合同条款。它既然是一种合同条款，就必须是经当事人双方同意的，具有约定性。

（2）免责条款的提出必须是明示的，不允许以默示方式作出，也不允许法官推定免责条款的存在。

（3）免责条款旨在排除或者限制未来的民事责任，具有免责功能，这是免责条款最重要的属性。

在这个互联网遍及全球的时代，电子商务合同的免责事由当然也有其特殊性，在此列举四种比较常见的情况：

（1）电子文件感染病毒。文件感染病毒在今天的互联网时代是十分常见的，不管是出于他人的蓄意攻击还是自然的突发事件，只要电子商务合同的当事人主体已尽到设置安全装置以及勤勉的注意义务，此时不应该认为这是违约责任的出现，这时应该免于承担违约责任。

（2）非己方原因的网络中断。对于因为这种客观原因而导致合同不能如期履行，不应由此承担违约责任。

（3）非己方原因的系统失灵。例如当前我国对于网络购物普遍使用微信支付、支付宝支付等网上支付方式，而大多数人或多或少都遭遇过支付时系统失灵的情况，这种情况我们不应归责于当事人的主观错误而去让其承担违约责任。

（4）国家或者政府紧急管制网络。出于某种公共利益的需要，电子商务合同产生了合同的违约，我们不能因此去归责于由此无法履行电子商务合同的当事人，而应当免除当事人的责任。

（三）责任的承担

违约责任是指合同当事人因为违反合同约定的义务无法完全履行合同甚至根本不能履行备同，且没有免责事由，所应承担的民事责任。违约责任的承担能够督促合同当事人及时、准确地履行合同，保障合同目的的实现。传统合同违约责任的承担，按照《中华人民共和国民法典》的规定，有继续履行、采取补救措施和赔偿损失等，而电子商务合同其违约责任的承担与传统合同违约责任的承担所采用的并无不同。电子商务合同违约责任主要有以下五种。

（1）定金责任。《中华人民共和国民法典》规定："当事人可以约定一方向对方给付定金作为债权的担保。债务人履行债务后，定金应当抵作价款或者收回。给付定金的一方不履行约定的债务的，无权要求返还定金；收受定金的一方不履行约定的债务的，应当双倍返还定金。"

（2）违约金责任，又称违约罚款，是由当事人约定的或法律直接规定的，在一方当事人不履行合同时，向另一方当事支付一定数额的金钱，也可以表现为一定价值的财物。

（3）赔偿损失。即债务人不履行合同债务时依法赔偿债权人所受损失的责任。我国民法典上的赔偿损失是指金钱赔偿，即使包括实物赔偿，也限于以合同标的物以外的物品予以赔偿。其责任构成有：违约行为；损失；违约行为与损失之间有因果关系；违约一方没有免责事由。

（4）采取补救措施。根据《中华人民共和国民法典》规定："履行不符合约定的，应当按照当事人的约定承担违约责任。对违约责任没有约定或者约定不明确，依据本法第五百一十条的规定仍不能确定的，受损害方根据标的的性质以及损失的大小，可以合理选择要求对方承担修理、重作、更换、退货、减少价款或者报酬等违约责任。"

（5）继续履行。继续履行，又称强制履行，指在违约方不履行合同时，由法院强制违约方继续履行合同债务的违约责任方式。其构成要件有：存在违约行为；必须有守约方请求违约方继续履行合同债务的行为；必须是违约方能够继续履行合同。

网络购物条件下电子商务合同的违约责任的承担我们还可以通过下面这个案例具体分析。

【案例4-14】陈玮与北京世纪卓越信息技术有限公司买卖合同纠纷案[①]

基本案情

陈玮在一审中起诉称：2013年11月26日，陈玮通过世纪卓越公司经营的网站（www.amazon.cn，简称"亚马逊网站"）购买了长虹LED 32538、32英寸电视机1台，该商品的名称、型号、价款等详细信息展示于网站之上，内容明确具体；陈玮通过一系列正常操作，确认订单并完成了支付；至此双方就具体商品的买卖达成一致；同年11月28日，陈玮收到世纪卓越公司发来的电子邮件称由于世纪卓越公司原因订单取消并无法提供所购商品；后陈玮多次与世纪卓越公司沟通，问题至今未能解决。故陈玮诉至法院，要求世纪卓越公司继续履行原订单并交付货物（长虹LED 32538、32英寸LED电视机1台，订单价格161.99元）；要求世纪卓越公司赔付公证保全费1000元、律师费4000元，同时承担本案诉讼费用。

世纪卓越公司在一审中答辩称：不同意陈玮的诉讼请求。第一，陈玮未能证明其主体适格。陈玮仅提交了涉案订单的电子邮箱，并无其他证据证明陈玮系涉案商品的买受人。第二，双方之间的买卖合同关系亦未成立。首先，依据法律规定，亚马逊网站上展示商品应为要约邀请，消费者选择后提交订单为要约，亚马逊网站确认收到订单后要约生效，亚马逊网站发出确认发货的邮件视为承诺，而亚马逊网站取消订单则视为拒绝要约，故世纪卓越公司取消订单的行为应当是拒

[①] 中国裁判文书网，https://wenshu.court.gov.cn/，（2014）三中民终字第09383号。

绝了陈玮发出的要约。此外，涉案商品的展示页面上已明确表明涉案商品状态为"暂时缺货"，故陈玮在购买商品时完全可以预见也应当预见世纪卓越公司有权取消订单，且可能无法实际交付商品。综上，陈玮的诉讼请求缺乏事实、合同和法律依据，应当予以驳回。一审法院经审理查明：世纪卓越公司系亚马逊网站的所有者。2013 年 11 月 26 日，375flash@163.com 的电子邮箱收到亚马逊网站发来的电子邮件 1 封，确认其订购了"CHANGHONG 长虹 LED 32538 32 英寸 LED 电视"，送货地址为陈玮的地址，并注明此邮件仅确认收到了订单，但不代表接受订单，只有亚马逊网站发出发货确认的电子邮件，订购合同才成立。当日，亚马逊网站再次给上述电子邮箱发送了邮件，确认邮箱用户已就涉案订单支付货款 161.99 元。2013 年 11 月 28 日，亚马逊网站给 375flash@163.com 的电子邮箱发送邮件称：由于缺货，将无法满足您对商品 CHANGHONG 长虹 LED 32538 32 英寸 LED 电视的订购意向；如果您已经完成付款，相应款项将退回。消费者注册成为亚马逊网站用户时，每一个页面对"使用条件"以链接、字体加粗的形式进行了提示；但若注册用户不点击"使用条件"的链接，将不影响注册程序；即便订购页面显示暂时缺货，用户仍然可以下单购买。世纪卓越公司称：2013 年 11 月 20 日后台系统故障将错误的商品信息上传至前台，直到 2013 年 11 月 26 日 13 点左右，出现大量异常订单时世纪卓越公司才发现此错误。目前涉案商品的货款已经退还。陈玮则表示：若双方继续履行合同，则愿意再向世纪卓越公司支付货款 161.99 元。陈玮就上述邮件及在亚马逊网站注册购买的过程进行了公证，并为此支付了公证费 1000 元。陈玮委托信利律师事务所上海分所律师孙英杰作为代理人参加诉讼，并为此支付了律师费 4000 元。在亚马逊网站进行注册时，注册页面最下端以链接方式公布了"使用条件"，但若不点击"使用条件"将不妨碍注册程序的进行。下单后的检查订单页面中，"检查订单"以加粗加大字体出现在页面最上端，下面普通字体载明："当您选择了我们的商品和服务，即表示您已经接受了亚马逊的隐私声明、使用条件和商品的退换货政策。您点击提交订单按钮后，我们将向您发送电子邮件或短信确认我们已收到您的订单，只有我们向您发出发货确认的电子邮件或短信，方构成我们对您的订单的确认，我们和您之间的订购合同才成立。"该页面对产品型号、订购数量、送货地址、付款方式等内容进行了字体加粗加黑处理。随后消费者点击提交订单按钮，购买成功。在整个购买过程，"使用条件"和"隐私声明"均以普通字体的链接按钮形式出现在页面最下端。亚马逊网站中公布的"使用条件"载明：如果您通过本网站订购商品，本网站上展示的商品和价格等信息仅仅是要约邀请，您的订单将成为购买商品的申请或要约。收到您的订单后，我们将向您发送一电子邮件或短信确认我们已经收到您的订单，其中载明订单的细节，但该确认不代表我们接受您的订单。只有当我们向您发出送货确认的电子邮件或短信，通知您我们将您订购的商品发出时，才构成我们对您的订单的接受，我们和您之间的订购合同才成立。

北京市朝阳区人民法院作出民事判决，判决如下：一、世纪卓越公司于判决生效之日起 10 日内向陈玮交付长虹 LED 32538、32 英寸 LED 电视机 1 台；陈玮同时向世纪卓越公司给付价款 161.99 元；二、世纪卓越公司于判决生效之日起 10 日内给付陈玮证据保全费用 1000 元、律师费 4000 元。如果未按判决指定的期间履行给付金钱义务，应当按照《中华人民共和国民事诉讼法》第二百五十三条之规定，加倍支付迟延履行期间的债务利息。宣判后，世纪卓越公司提出上诉。北京市第三中级人民法院作出终局民事判决："驳回上诉，维持原判。"

此案是消费者因电子商务单方撤单而提出的违约之诉，系电子商务蓬勃发展的时代的新类型消费者权益保护案例，而违约方承担的是继续履行的违约责任。从中我们可以得出数个问题，如陈玮是否为本案买卖合同的适格主体、世纪卓越公司是否应当承担继续履行合同的责任等。在此我们着重探讨世纪卓越公司是否应当承担继续履行合同的违约责任这一问题。世纪卓越公司与陈玮的买卖合同已经成立，且不违反法律、行政法规的强制性规定，该合同合法有效，双方均应依约履行合同义务。陈玮已于订购涉案商品时支付了货款，世纪卓越公司未能按照约定给付涉案商品，已构成违约。世纪卓越公司在诉讼中主张其在网站发布的涉案商品系由于系统错误，但世纪卓越公司作为商家在网上发布信息系面对众多消费者，其应当尽到严格审慎的核查义务。此外，世纪卓越公司在告知陈玮无法发货时，其理由亦系"缺货"，而非系统错误。鉴于双方买卖合同关系成立，世纪卓越公司单方取消订单属于违约，应向陈玮承担相应的违约责任。陈玮要求世纪卓越公司承担继续履行的违约责任，其应该获得支持。此案也提醒众多消费者在电子商务合同的履行时，虽然电子商务合同在本质上与传统合同没有区别，但由于互联网这一原因，权利义务往往联系紧密，买卖双方并不是总处于对等的地位，面对违约责任情况的出现很可能不清楚应如何寻求责任的承担方式，所以应注意警醒。

小结

对于电子商务合同的违约责任，用美国经济学家大卫·D. 弗里德曼的话来说就是，一般情况下，违约方所处的交易地位、掌握的社会资源决定了违约方在交易过程中预防交易成本的能力高于非违约方。违约方承担违约责任适用严格责任，承担交易达成的所有成本，那么违约方自身所耗交易成本则是社会总成本。权利与义务对等，违约方承担社会交易总成本的同时，采取积极措施减少交易成本支出，从而获得整个社会劳动生产率提高增加的社会收益。

思考：

1. 自然人能否具有电子商务合同经营者的主体资格？
2. 电子商务合同违约责任的承担与传统合同违约责任的承担有什么不同？

第六节　电子支付规则

【案例 4 -15】梁某与"免费数码"商店买卖合同纠纷案①

梁小姐在"易×网"上浏览时，发现有一家名为"免费数码"的商店。由于自己正在考虑买一台笔记本电脑，于是她就查询了一下

---

① 自编典型案例。

SONY 的笔记本，市场价为 1800 美元的笔记本电脑，在这家网上商店的售价仅为 6000 多元人民币。当时，梁小姐对这个低价还是心存疑虑的，于是在汇款之前特意打电话给店主"Free"。"Free"告诉梁小姐，自己的货是海关弄来的。几次讨价还价后，梁小姐将 5600 元汇入卖家账户。三天后，梁小姐见笔记本电脑还没有邮寄到家中，又上网看，竟然发现网上已经有不少用户汇款后没有收到货物。此时，原先"Free"留下的电话已经打不通了。

典型意义：由案例我们可以得知，这家名为"免费数码"的商店制造了假信息，骗取了购买者的钱。网络是个非常虚幻的平台，看不到实物，也感觉不到质地，从交谈到购买成功都是在一个非常虚幻的环境下完成的，网络本身就是一个安全隐患的起点。然而案例中被骗的人不止一个，说明我们消费者也非常欠缺网络安全意识。一般的来说，我们现在的交易活动都借用了第三方平台，来保障我们的安全。而案例中采用的是直接汇款入账，在没有搞清楚对方的信息是否真实的情况下，直接汇款是很危险的。即使现在已有了第三方保护平台，我们还是要步步小心，骗子总会想出蒙骗众人眼睛的技巧。

当前，互联网已经深入人们生活的方方面面，随着经济与互联网更加紧密的结合，网络电子商务也得到了蓬勃发展，变成商业贸易的一个新方式，而支付作为交易重要的环节，中国人民银行公布《电子支付指引（第一号）》规定："电子支付是指单位、个人直接或授权他人通过电子终端发出支付指令，实现货币支付与资金转移的行为。电子支付的类型按照电子支付指令发起方式分为网上支付、电话支付、移动支付、销售点终端交易、自动柜员机交易和其他电子支付。"简单来说，电子支付是指电子交易的当事人，包括消费者、厂商和金融机构，使用安全电子支付手段，通过网络进行的货币支付或资金流转。电子支付是电子商务系统的重要组成部分，在商业贸易中有着举足轻重的地位，在经济全球化的今天，电子支付的应用更是越来越广泛。

一、电子支付的概念

电子支付是指消费者、商家和金融机构之间使用安全电子手段把支付信息通过信息网络安全地传送到银行或相应的处理机构，用来实现货币支付或资金流转的行为。20 世纪 90 年代，国际互联网迅速走向普及化，逐步从大学、科研机构走向企业和家庭，其功能也从信息共享演变为一种大众化的信息传播手段，商业贸易活动逐步进入这个"王国"。通过使用因特网，既降低了成本，也造就了更多的商业机会，电子商务技术从而得以发展，逐步成为互联网应用的最大热点。

为适应电子商务这一市场潮流，电子支付随之发展起来，在这其中，由互联网的数据交换充当媒介，代替了传统意义的现实交付，这种看起来是双方当事人主体的交易，实际上有三方主体在参与，第三方既作为交易中付款方的直接收款方，又作为交易中收款方的直接付款方，其存在的意义就在于，网络普及带来更方便更快捷的交易同时，需要有一个中间媒介，作为双方信赖利益保护的主体。随着电子商务的迅猛发展，支付问题就成了制约电子商务发展的瓶颈，尤其是支付的安全性问题就像一直萦绕在头上的达摩克利斯之剑。电子支付构成了电子商务的核心环节，如果没有支付，整个电子商务过程无法完成。只有拥有安全、快捷的电子支付方式，才能实现电子商务涉及的物流、资金流、信息流的有机结合，才能确保电子商务交易顺利进行。

从技术的角度来看，人类利用电子通信的方式进行贸易活动已经有几十年的历史了。早在 20 世纪 60 年代人们就开始了用电报报文发送商务文件的工作，70 年代人们又普遍采用方便、快捷的传真机来替代电报。但是由于传真文件是通过纸面打印来传递和管理信息的，不能将信息直接转入到信息系统中，因此人们开始采用 EDI（electronic data interchange，电子数据交换）作为企业间电子商务的应用技术。而作为真正的网络支付手段出现的支付方式，则是在 Internet 迅速走向普及化之后的事情。最初的网上购物不包括网络支付功能，只负责提供商品（服务）信息浏览和下订单。付款是通过其他途径（如电话、传真和邮局汇款，银行转账、汇款等形式）完成的。广泛意义上来说，这些也属于电子商务，不过，这些付款方式使得电子商务的方便性与实效性大打折扣，甚至可以说类似于邮购方式，因此无法令追求效率和便捷的人们满意。

目前，国际通行的网络支付工具主要有电子信用卡、电子借记卡、电子支票和电子现金等。有了这些常用的支付工具，就可以通过一些常用的互联网支付手段来实现网络支付，例如登录网上银行，以及第三方支付平台，如 PayPal 和支付宝等。对于电子支付的出现我们可以归结为两方面的原因：其一是互联网技术的发展，带来互联网商业的繁荣，直接导致互联网商业贸易数量的大爆发。比如在中国众多消费者所熟知的淘宝、天猫、京东等电子商务运营商发起的"双十一"和"双十二""6·18"的促销活动，通过这些电子商务贸易的繁荣现象，我们就可以对电子支付所扮演的角色和位置窥视一二。其二就不得不提在经济全球化的时代背景下，生产资料、劳动力等各种经济要素跨区域流动，无疑对电子支付产生了一个更大的需求，并对电子支付的极速发展有很大的促进。电子支付的产生满足了各种用户的需求，因此电子支付作为新型支付方式得以迅速占领市场。

二、电子支付的特征与分类

电子支付是支付方式发展的高级阶段，根据目前金融法学界和电子商务法学界的研究，电子支付有广义和狭义之分：广义的电子支付包括卡类支付、网上支付和移动支付等，狭义的电子支付仅指网上支付。到目前为止，以银行卡为主的卡类支付是电子支付的绝对主力，其他二者（网上支付和移动支付）远不能与其相提并论。目前媒体报道的"电子支付"，多半是狭义上的，相比于广义的电子支付的包括线上和线下各种使用电子货币的方式，狭义的电子支付是有范围限制的。

与传统的支付方式相比，电子支付具有四个特征。

（1）电子支付的载体是计算机网络中的数据流，是一种"看不见"的支付活动，因此有别于以现金流转、票据转让及银行汇兑等物理实体方式实现的支付。

（2）电子支付的运作环境是一个开放的计算机网络系统，而传统商务一般都是在一个较为封闭的系统中进行。

（3）在线电子支付快捷、高效、低成本，只要有一台能连接网络的设备，人们就可以在极短的时间内完成整个支付过程，而支付过程的费用可以比传统支付低一至两个数量级。

（4）安全风险突出。Internet 是一个开放的计算机系统，安全问题一直困扰着电子支付系统的发展，人们已经在这方面做了很多工作，使得许多安全问题都找到了较为圆满的解决方案。最早使用的电子支付手段是信用卡，它从 20 世纪 70 年代就开始投入使用，通过银行系统的专线实现。20 世纪 90 年代以后，随着 Internet 在全球范围内的普及，电子商务进入迅速发展阶段，银行开始在费用更低、应用更方便的公众互联网上搭建平台，将一些原本只在银行专用网络上运行的支付系统移植到 Internet 上。

电子支付的理论研究尚未成熟。对于电子支付的分类，理论学界有不同的论点，我们将现在被普遍认同的一些分类方式综合浅析于此。

电子支付的分类有五种。

（1）根据交易主体的不同组合，可以将电子商务分成 B2B、B2C、C2C 等几种支付方式。B2B 型支付方式主要在企业与企业之间进行交易时采用。这种支付方式中涉及的金额一般较大，对支付系统的安全性要求很高。B2C 型支付方式一般指企业与个人消费者之间的支付。C2C 型支付方式即指消费者与消费者之间的交易支付行为，一般数额较小，流动频繁，需要资金流转的灵活变通性高。

（2）根据支付信息形态分类，可以将电子支付分为电子代币支付和指令支付。电子代币支付是指消费者使用电子代币支付时，网络中传输的数据流本身就是货币，和现实中的人民币、美元的意义一样，只不过是将其用特殊的数据流表示。指令支付是指将包含币种、支付金额等信息的数据指令通过网络传输给银行，银行根据此指令在支付双方的账户间进行转账操作，完成支付。

（3）根据支付时间分类，可将电子支付分为预支付、即时支付和后支付三种。预支付就是先付款，然后才能购买到产品和服务。如中国移动公司的"神州行"。即时支付指交易发生的同时，资金也从银行转入卖方账户。后支付是消费者购买一件商品之后再进行支付。在现实生活的交易中，后支付比较普遍，和我们平时所说的"赊账"类似。随着电子商务的发展，即时支付方式越来越多，它是"在线支付"的基本方式。

（4）根据对纸币的依附关系，我们可以将电子支付工具分为两大类：一类是对法定货币（纸币）存在直接依附关系的电子化支付工具，包括银行卡（分为信用卡和借记卡）、电子支票等；一类是对法定货币存在间接依附关系的电子货币。

（5）根据载体的不同，电子支付工具又可以分为"卡基"型电子支付工具和"数基"型电子支付工具。所谓"卡基"型电子支付工具，其载体是各种物理卡，包括银行卡、IC 卡、电话卡等，消费者在使用这种支付工具时，必须携带卡介质。"数基"型电子支付工具完全基于数字的特殊编排，依靠相关技术的识别与传递，不需要特殊的物理介质。

三、电子支付的法律关系

电子支付的法律关系涉及四方的权利义务关系，即电子商务经营者、电子商务平台经营者、电子商务消费者和电子支付服务提供者四者间的法律关系。电子信息的快速发展，电子商务迅速成为主导，在当前占领着重要地位。电子商务的发展给广大消费者带来巨大便捷之处，在众多电子商务大军攻势来临之际，也会有更多的风险存在，因此，我们需要了解电子支付中相关方的权利与义务。

（一）电子商务经营者与消费者的权利义务

买卖双方之间的法律关系实质上表现为双方当事人的权利和义务。买卖双方的权利和义务是对等的。卖方的义务就是买方的权利，反之亦然。

1. 卖方的义务

在电子商务条件下，卖方应当承担三项义务。

（1）按照合同的规定提交标的物及单据。提交标的物和单据是电子商务中卖方的一项主要义务。为划清双方的责任，标的物实物交付的时间、地点和方法应当明确肯定。如果合同中对标的物的交付时间、地点和方法未做明确规定的，应按照有关合同法或国际公约的规定办理。

（2）对标的物的权利承担担保义务。与传统的买卖交易相同，卖方仍然应当是标的物的所有人或经营管理人，以保证将标的物的所有权或经营管理权转移给买方。卖方应保障对其所出售的标的物享有合法的权利，承担保障标的物的权利不被第三人追索的义务，以保护买方的权益。如果第三人提出对标的物的权利，并向买方提出收回该物时，卖方有义务证明第三人无权追索，必要时应当参加诉讼，出庭作证。

（3）对标的物的质量承担担保义务。卖方应保证标的物质量符合规定。卖方交付的标的物的质量应符合国家规定的质量标准或双方约定的质量标准，不应存在不符合质量标准的瑕疵，也不应出现与网络广告相悖的情况。卖方在网络上出售有瑕疵的物品，应当向买方说明。卖方隐瞒标的物的瑕疵，应承担责任。买方明知标的物有瑕疵而购买的，卖方对瑕疵不负责任。

2. 买方的义务

在电子商务条件下，买方同样应当承担三项义务。

（1）买方应承担按照网络交易规定方式支付价款的义务。由于电子商务的特殊性，网络购买一般没有时间、地点的限制，支付价款通常采用信用卡、智能卡、电子钱包或电子支付等方式，这与传统的支付方式也是有区别的。但在电子交易合同中，采用哪种支付方式应明确规定。

（2）买方应承担按照合同规定的时间、地点和方式接受标的物的义务。由买方自提标的物的，买方应在卖方通知的时间内到预定的地点提取。由卖方代为托运的，买方应按照承运人通知的期限提取。由卖方运送的，买方应做好接收标的物的准备，即时接收标的物。买方迟延接收，应负迟延责任。

（3）买方应当承担对标的物验收的义务。买方接收标的物后，应及时进行验收。规定有验收期限的，对表面瑕疵应在规定的期限内提出。发现标的物的表面瑕疵时，应立即通知卖方，瑕疵由卖方负责。买方不即时进行验收，事后又提出表面瑕疵，指控卖方不负责任。对隐蔽瑕疵和卖方故意隐瞒的瑕疵，买方发现后，应立即通知卖方，追究卖方的责任。

（二）电子商务平台经营者的权利义务

1. 电子商务平台经营者的权利

（1）卖售人的资格及审定。电子商务法律明确规定了卖售人的资格，并且根据不同的实际情况，设定审查制和准则制等审定方法。在电子商务建设的早期，建立审查制，只有通过法定条件的审定，才有可能在电子商务中作为卖售人参与交易。随着电子商务建设的不断完善，只要符合了法律规定的条件，就可以作为卖售人参与交易。

（2）买受人的资格及审定。为了促进电子商务的发展，鼓励公众参与网上交易，任何人只要具备网上交易的能力和有效的网上支付工具，能为自己的交易决定承担相应的法律责任，便可作为买受人参与网上交易活动。

（3）交易服务机构的资格及审定。交易服务机构是指数字证书认证机构（CA）、密钥管理机构（KM）、信息服务提供商（ISP）、网络内容服务商（ICP）等。其中，CA和KM等机构作为交易的必然参与人，有必要通过法律对其资格条件和审定予以规定，同时，为了保证电子商务的安全进行，也需要对参与电子商务的 ICP、ISP 的资格条件及其审定予以规范。

（4）交易主体权利义务的规定。电子商务法律应当对参与交易的主体所应享有的权利和所应履行的义务明确规定，并使之成为交易主体的自觉行为。

2. 电子商务平台经营者的义务

《中华人民共和国电子商务法》第一章总则第五条规定："电子商务经营者从事经营活动，应当遵循自愿、平等、公平、诚信的原则，遵守法律和商业道德，公平参与市场竞争，履行消费者权益保护、环境保护、知识产权保护、网络安全与个人信息保护等方面的义务，承担产品和服务质量责任，接收政府和社会的监督。"《中华人民共和国电子商务法》第四十一条规定："电子商务平台经营者应当建立知识产权保护规则，与知识产权权利人加强合作，依法保护知识产权。"《中华人民共和国电子商务法》第四十二条规定："知识产权权利人认为其知识产权受到侵害的，有权通知电子商务平台经营者采取删除、屏蔽、断开链接、终止交易和服务等必要措施。通知应当包括构成侵权的初步证据。电子商务平台经营者接到通知后，应当及时采取必要措施，并将该通知转送平台内经营者；未及时采取必要措施的，对损害的扩大部分与平台内经营者承担连带责任。因通知错误造成平台内经营者损害的，依法承担民事责任。恶意发出错误通知，造成平台内经营者损失的，加倍承担赔偿责任。"

《中华人民共和国电子商务法》还完善了电子商务平台经营者的义务和责任：

（1）一般保护义务。应当履行消费者权益保护、网络安全与个人信息保护等方面的义务，销售的商品或者提供的服务应当符合保障人身、财产安全的要求。

（2）信息披露义务。应当全面、真实、准确、及时地披露商品或者服务信息，保障消费者的知情权和选择权。

（3）真实宣传义务。不得以虚构交易、编造用户评价等方式进行虚假或者引人误解的商业宣传，欺骗、误导消费者。

（4）公平交易义务。根据消费者的兴趣爱好、消费习惯等特征向其提供商品或者服务的搜索结果的，应当同时向该消费者提供不针对其个人特

征的选项，尊重和平等保护消费者合法权益。

（5）依法发送广告义务。向消费者发送广告的，应当遵守《中华人民共和国广告法》的有关规定。

（6）依承诺或约定交付义务。应当按照承诺或者与消费者约定的方式、时限向消费者交付商品或者服务。

（7）合理退还押金义务。按照约定向消费者收取押金的，应当明示方式、程序，不得设置不合理条件。

（8）应当明示用户信息查询、更正、删除以及用户注销的方式、程序，不得设置不合理条件。

（9）受理并处理投诉、举报义务。应当建立便捷、有效的投诉、举报机制，公开投诉、举报方式等信息，及时受理并处理投诉、举报。

（三）电子支付服务提供者的权利义务

1. 电子支付服务提供者的权利

（1）接收或拒绝交易指令，即按照与消费者的约定和相关法律法规判断是否应该接收交易指令。

（2）要求付款人或者指令人按时支付所发指令的资金并承担因支付而发生的费用。

（3）只要能够证实由于指令人过错而导致其他人假冒指令人通过了平台程序和认证程序，就有权要求指令人承担指令引起的后果。

2. 电子支付服务提供者的义务和责任

（1）告知义务。告知用户电子支付服务的功能、使用方法、注意事项、相关风险和收费标准等事项，不得附加不合理交易条件。

（2）保证电子支付服务安全义务。电子支付服务提供者应当确保电子支付指令的完整性、一致性、可跟踪稽核和不可篡改性。提供电子支付服务不符合国家有关支付安全管理要求，造成用户损失的，应当承担赔偿责任。

（3）过错损失赔偿责任。支付指令发生错误的，电子支付服务提供者应当及时查找原因，并采取相关措施予以纠正；造成用户损失的，电子支付服务提供者应当承担赔偿责任，但能够证明支付错误非自身原因造成的除外；未经授权的支付造成的损失，由电子支付服务提供者承担；电子支付服务提供者发现支付指令未经授权，或者收到用户支付指令未经授权的通知时，应当立即采取措施防止损失扩大；电子支付服务提供者未及时采取措施导致损失扩大的，对损失扩大部分承担责任。

四、电子支付面临的问题

从中国电子支付产业进入爆炸性发展阶段以来，电子支付的问题也明显地随之出现。面临的问题主要有以下四个方面。

（1）产业结构链和产业环境在逐步成形过程中产生的问题。电子商务的快速发展为电子支付业务创造了巨大的市场需求，使得电子支付蓬勃兴起。PayPal商业模式的成功，引来众多第三方电子支付企业模仿，纷纷采取免费模式，最多时有50多家电子支付平台企业。而更有一些小企业采取违规、不透明或"自杀式"的做法，借助风险资金圈地，使本来就利润很薄的第三方支付行业一时更加混乱不堪。

出现这一问题主要的原因有：电子支付产业缺乏整体的系统安全构架，安全管理薄弱，缺乏安全认证；我国对第三方支付领域的监管尚不完善，电子支付所需信用服务缺乏信用体系的支持；多数支付平台覆盖面小，银行与支付厂商之间的连接没有统一的标准；缺乏对参与电子支付的各方征信的力度，征信机构及其活动缺乏有效管理；相关的法规制度如《中华人民共和国票据法》《中华人民共和国支付结算办法》等需要修订与完善，以防范电子支付风险，规范和约束电子支付活动。

（2）全球"技术创新推进产业融合"的第三波浪潮也影响着电子支付与支付卡产业，并带来不少问题。全球"技术创新推进产业融合"的第三波浪潮中，来自不同领域的市场机构将通过各自创新优势与市场资源整合手段，不断地渗透市场，其中包括电信增值商、电信运营商、零售业等，形成三种网上支付服务商：一是以卡组织/独立第三方组成的第三方支付厂商；二是以网上银行业务为主的传统银行支付服务商；三是电信/广电等网络运营商为基础的其他支付服务商。出现阻碍电子支付发展的主要因素集中在产业各角色的定位、分工、整合，而非停留在操作层面的安全性等问题，表现为监管层面的交叉，使新入局者定位不清晰；三类网上支付服务商尚未形成有效的产业分工。

（3）机遇大于挑战所引发的问题。我国一次性快速完成支付的基础建设和增值服务的建设，这使行业整合和淘汰都非常快，资本模式不清晰，促使央行进行监管。有关专家指出，中国电子支付产业进入爆炸性成长期间，整体市场规模突破 1000 亿元。目前，互联网支付仍是第三方支付市场的主流。支付工具及平台要在安全性、产品与服务质量、用户群质量方面争取与提供 C2C、B2B、B2C 商业模式服务的购物交换网站合作。在亚洲许多人均 GDP 超出 1500 美金的国家中，随着整体现金消费量的下降，其他支付方式占比会越来越高。

（4）政策问题。由于政府组织结构的影响，电子支付一直被市场机构与监管机构认定为传统金融业务。电子支付难以形成相对独立的产业。产业融合趋势下形成了交叉监管。我国虽在 WTO 金融业开放制度安排中，没有明确电子支付领域是否允许外资参与的条款，但中央银行的《支付清算组织管理办法（讨论稿）》中已为外资进入电子支付中支付清算领域创造了一定的条件，这些加剧了第三方支付企业的洗牌。

这些问题所造成的后果是，国内第三方支付产业动作频繁。许多公司成为国际支付服务商进入中国的"跳板"，国际支付服务商也积极进军国内市场。期望在亚洲地区建立基于 IP 的卡处理网络，向金融机构、零售商、加油站提供第三方的卡处理与清算服务的亚洲支付公司（Asia Payment Systems，Inc.）正式在华设立分公司；全球最大的电子支付解决方案与服务供应商 VeriFone 宣布国际总部迁至新加坡，在与以色列公司 Lipman 达成收购协议后，宣布加强在华业务；国内相关产业企业合并成风，首信与 PayEase 首信集团将持有 PayEase 公司 25% 股权，YeePay 易宝成功并购西部支付等。

五、电子支付问题的解决与方向

针对上述问题，我们提出五种解决策略和方向。

（1）支付渠道渗透与工具创新。电子支付，其核心是支付账户，载体是支付工具，基础是支付渠道。来自不同领域的市场机构，将通过各自创新优势与市场资源整合手段，不断地渗透市场、电话支付、自助设备支付、网上支付、移动支付、公共平台支付等新型电子支付渠道的出现，促使参与电子支付市场的各方主体必须加快相互渗透。消费者行为的多样化、消费领域的多样化，决定着消费者在支付渠道选择上呈现多元化趋势。经济发展水平的提升、新技术的应用、教育水平的提高，使消费者知识结构和使用工具的能力都在发生改变，必然使电子支付对传统支付渠道与工具的替代率逐步提升。

（2）搭乘网络搜索企业和门户网站快车。网络搜索企业和门户网站的最终希望是把流量转换成收入。搜索企业只是把流量和用户做到浏览窗口，但是用户还是需要最终交易的，网络这个新的经济和新的媒体使我们能够最大限度地把用户和流量都变成现金。因此很有必要与网络搜索企业合作，吸引拥有大量虚拟账户的网络搜索企业和门户网站并与之合作，拓展自己的营销平台，留住更多用户，建立用户对支付的消费信心，使用户放心留存适当沉淀资金，享受使用虚拟账户带来的优惠。

（3）提升计算机实现技术。使用计算机技术，保障电子支付的稳定、安全、可靠、实时等需求。

关于技术。实现支持基于可扩展标记语言（XML）的电子商务的开发技术体系结构，采用具有模块化扩展能力的软、硬件系统，充分保证系统的开放性、可扩展性。开发稳健的电子支付系统，使得基于 J2EE 体系架构，系统抗攻击能力足够强大，具有平台无关性。用户可以在不同的支付终端实现自己的支付行为。实现银行卡验证、地址验证、身份验证等多种身份认证机制。采用断点接续技术以及故障恢复重传技术，保障用户数据不丢失。采取动态软键盘技术，使攻击者无法截获密码。运用数字认证技术，支持《中华人民共和国电子签名法》采用中国金融认证中心（CFCA）证书进行身份认证。建立强大的、软硬件结合的防火墙体系，开展防黑客入侵、防病毒、漏洞扫描等工作。

关于协议。采用"双保险"的支付架构。在银行端使用的是 SSL128 位加密算法和安全电子交易（SET）协议，支付平台本身使用公钥基础设施（PKI）作为安全架构，通过 MD5 数字签名技术对信息进行加密和校验，确保在 Internet 上数据传输的机密性、真实性、完整性和不可抵赖性。开发创新基于 XML 的电子服务的新型协同协议，研究并实现电子商务活动中的信息安全的完整的交易协议，以解决用户、商家、银行的信息加密安全问题，这是多方可以认证的、易操作的交易流程的设计，能够达到保证交易的完整和可靠的效果，并可以此成为实现买卖双方相互信任的对象访问协议。

（4）量身定做各种电子支付商业模式。

设计更为简易安全可信的支付流程，来满足三种电子商务模式的集成，实现 B2B 开放式支付平台技术框架。24 小时不间断运行，自动实现日期切换和对账。实现新型 B2C 可靠性高的支付模式，保障 B2C 电子商务的安全实施。提供更为细致体贴的 C2C 支付服务，即双支付方式和自由提现。二次结算模式，支持付款方或收款方任一方承担手续费，确保交易的公正性。在二次结算的服务过程中，支付不单纯是作为连接各银行支付网关的通道，而且是作为中立的第三方机构，保留商户和消费者的有效交易信息，使双方都可方便地查询订单及相关信息，为维护双方的合法权益提供有力的保障。

第三方支付平台提供了第三方信用支付保障机制。即在支付过程中，待付款由第三方暂时保管，规定期限内交易双方无争议，待付款划给商家，规定期限内交易双方存在争议，由第三方仲裁，经网上卖方和买方协商来确认有关付款。这样就充分保障了交易双方的权益，公平公正地解决商家与消费者之间纠纷，改善网上支付信誉差的问题，创造良好的、买卖双方彼此信任的交易环境。

（5）联系我国正在建设的现代金融体系的进程来看，银行和其他第三方支付企业是产业链条上不可或缺的元素，所以应当在企业进行模式上的创新和充分实现价值的同时，企业和银行实现良性互动。在构建更加丰富多样的合作模式下，企业提供灵活与多样的服务来直接满足用户需求。

全面飞速发展的中国电子支付产业，正面临激烈的竞争，在产业链条逐渐清晰的同时，电子支付企业开始寻求最适合自己的市场定位，走向分化，或者构建综合支付平台，或者专注细分市场。对于细分或综合两大类型的行为的选择取决于核心技术及服务模式的选定。包括电子支付在内的各种行业真正走向成熟的标志是产业站位和企业定位的明确，这些发展的定位均为不同类型的用户提供定制化的解决方案，满足人们对于支付的多元化需求。

近些年来，我国电子支付行业极速发展，电子支付信息、技术等企业也不断涌现。伴随着国家"互联网＋"和构建"海陆丝绸之路"大的战略背景，电子支付迎来了发展的巨大契机，与此同时也产生了很多问题，因此，未来仍需进一步加强信息技术，建立和完善相关技术体系及电子支付的相关法律法规，促进我国电子支付事业稳步健康发展。

思考：

1. 分析阿里巴巴在我国电子支付市场中是否处于垄断地位。
2. 针对我国电子支付所存在的问题，你有什么建议？

第五章

电子商务争议解决

【案例5-1】 齐某诉罗某网络信息购物合同纠纷案[①]

罗某在某网络购物平台开设有网络店铺，从事某品牌电动摩托车锂电池的销售经营活动。罗某在其网络店铺销售商品时对外宣称，商品"签收15天内支持免费退换货，半年内质量问题换新，两年保修"。齐某在罗某网络店铺购了前述品牌的电动摩托车锂电池，使用三个月后发现存在充电不满等质量问题，便要求罗某按销售承诺为其更换新电池。罗某经检查确认交付的锂电池确实存在质量问题后，同意为齐某更换新的电池。更换电池后，齐某仍发现存在同样的质量问题，通过平台与罗某协商。罗某承认此前并未给齐某换新电池，仅更换了电芯，并以销售承诺中的"换新"仅指换"新电芯"为由，拒绝为齐某更换全新的电池。

思考：

1. 请问在该案中，齐某可以采取哪些法律方式维护自己的合法权益？

第一节　电子商务争议概述

一、电子商务争议的概念

电子商务争议，也称为"电子商务纠纷"，是指当事人通过互联网进行在线交易过程中产生的纠纷。电子商务争议具有数量大、跨区域性、数字化和标的额较小等特点。根据电子商务争议的特点，我国建立了多元化

---

① 最高人民法院，消费者权益保护典型案例（案例10），https://www.court.gov.cn/zixun/xiangqing/350961.html。

的争议解决机制。根据争议解决主体的不同，可分为电子商务平台自身构建的争议解决机制、由第三方提供的非诉争议解决机制和我国司法机关提供的诉讼解决机制。

根据电子商务争议解决机制是在线上还是线下进行，一般可以将其分为线上纠纷解决机制（如线上和解、线上仲裁和线上调解等）和传统线下纠纷解决机制（如和解、调解、仲裁、诉讼等）。

根据电子商务争议解决的诉与非诉性，可分为诉讼解决机制和非诉纠纷解决机制。

根据争议解决机制与电子商务平台的关系，线上争议解决机制又可分为依附电子商务平台的争议解决机制与不依附任何电子商务平台的独立的网上争议解决机制。前者典型的如淘宝的大众评审机制，后者典型的如中国国际经济贸易仲裁委员会的网上仲裁系统、众信网的网上调解平台，以及浙江法院的电子商务网上法庭、互联网法院等。

二、电子商务经营者的投诉举报机制

《中华人民共和国电子商务法》第五十九条规定："电子商务经营者应当建立便捷、有效的投诉、举报机制，公开投诉、举报方式等信息，及时受理并处理投诉、举报。"

（一）投诉、举报的含义

投诉是消费者为生活消费需要，在购买、使用商品或接受服务过程中与经营者发生消费者权益争议，对属于市场监管部门、行业协会或消费者协会职责范围内的事项，通过向有关监管主体反映消费争议的行为。

举报是指消费者在发现经营者涉嫌违法、违规经营，且违法违规行为属市场监管部门、行业协会或消费者协会职责范围内的事项，通过向该机关反映经营者违法、违规经营事实的行为。

（二）受理投诉和举报的主体

1. 电子商务经营者

根据《中华人民共和国电子商务法》的规定，电子商务经营者也应当建立有利于消费者维权的投诉、举报机制。虽然《中华人民共和国电子商务法》将建立投诉、举报机制的义务主体设定为电子商务经营者，但实践中具体建立和运行这一机制的往往是电子商务平台经营者。由于电子商务平台经营者全程参与在线交易流程，具备控制网络交易主体的能力，所以最有能力和条件建立并受理投诉和举报。就电子商务实践而言，电子商务交易活动不仅出现在提供服务的第三方平台上，还出现在很多自建网络上。为此，通过自建网络、其他网络服务销售商品或提供服务的电子商务经营者和平台经营者均应当建立和运营投诉、举报机制，受理消费者的电子商务纠纷。

【案例5-2】电子商务平台的廉正举报机制[①]

阿里巴巴集团面向其下属所有电子商务平台的平台内经营者和消费者建立了廉正举报机制，特设廉政合规部，专门接收对其内部员工贪腐泄密等违纪违法行为的举报，并依照法律法规和《阿里巴巴集团商业行为准则》等企业内部管理规范进行处理；对于除内部员工违纪违法行为以外的，其他投诉或咨询各平台业务问题，如交易维权、支付、假货、侵权、诈骗等，在各个平台内部建立了对应业务解决入口。以阿里巴巴集团建立的淘宝网购平台为例，在平台内部的"官方客服"为平台内经营者和消费者发起平台内部投诉、举报行动提供了相关问题的解答与指引，平台经营者和消费者可以在"我的淘宝"提供的全部功能的"服务进度"选项中，查询平台经营者对自己投诉、举报事项提供的进展。京东网购平台在《京东用户注册协议》中，通过协议条款列出了平台经营者对平台内部投诉、举报事项进行处理的具体内容，且在平台内部专门设立"京东知识产权保护平台"（网址：https://jdgroupip.com/）。除各大网购电子商务平台以外，我国其他从事电子商务的平台，如网约车平台（滴滴出行）、在线外卖交易平台（美团外卖、饿了么）、网络购票服务平台（12306中国铁路客户服务中心、携程旅行网、去哪儿网）等，其经营者也都在自身平台内部为平台内经营者或消费者发起投诉或举报建立相应机制，将处理平台内经营者或消费者投诉、举报事项纳入平台内部治理范围当中。

---

① https://jubao.alibaba.com/。

2. 政府监管机构

（1）全国 12315 互联网平台①。自 1999 年工商部门将全国处理消费者投诉举报咨询的电话统一为 12315 后，我国逐步建立起覆盖城乡、便民高效的 12315 体系。2017 年 3 月 15 日，原国家工商行政管理总局开发建设并上线"全国 12315 互联网平台"，消费者在平台上注册登录后可以通过电脑、手机等多种途径 24 小时进行投诉、举报。按照中央有关要求，市场监管部门已将原工商 12315、原质检 12365、原食药 12331、原价监 12358、原知识产权 12330 热线整合为 12315 热线及全国 12315 互联网平台。根据《中华人民共和国消费者权益保护法》《市场监督管理投诉举报处理暂行办法》等法律、法规和规章的规定，投诉人可以通过该平台就消费者权益争议向属地市场监管部门进行投诉。

2021 年，市场监管部门进一步整合优化 12315 的工作体系，畅通消费者投诉举报渠道，推动投诉、举报业务整体运转。从国家市场监督管理总局获悉：2021 年，全国市场监管部门通过全国 12315 互联网平台等渠道共受理消费者投诉举报咨询 2381.2 万件，为消费者挽回经济损失 55.5 亿元。

（2）国家邮政局申诉网站②。现在网购人群越来越庞大，快递丢件、寄错件甚至快递损坏的事情时有发生。而快递公司本身经常是不了了之。如果快递公司对其职责存在推诿的情况，就可以通过该网站进行申诉。因为国家邮政局的一项职责是"依法监管邮政市场，维护信件寄递业务的专营权"。最后，如果在该网站投诉后问题还解决不了，可以给中国邮政总局局长信箱写信。③

（3）中央网信办违法和不良信息举报中心④。消费者在网购过程中如果发现电子商务经营者销售的商品或提供的服务存在危害国家安全、泄露国家秘密、破坏国家统一和领土完整、损害国家形象荣誉利益、破坏国家民族宗教政策、宣扬邪教、诋毁英雄烈士等内容，涉宣扬暴力恐怖思想、教唆实施暴力恐怖活动、传授暴恐犯罪技能、传播暴力血腥视频、图片等

---

① https://www.12315.cn/。

② https://sswz.spb.gov.cn/index.html。

③ https://www.spb.gov.cn/gjyzj/c100480/jzxx_wyxx.0html。

④ https://www.12377.cn/。

内容以及涉色情相关内容等互联网违法和不良信息的，可以通过该网站举报。

（三）投诉、举报的效力

构建投诉、举报机制是有效解决纠纷不可或缺的一环。在受理投诉或举报后，电子商务经营者和市场监督管理机构一般会积极采取措施来解决消费者遇到的问题，但是具体的处理方式请结合本章第二、第三节的内容展开学习。

1. 投诉的处理

用户投诉电子商务经营者的，不论是对经营者销售的商品或提供的服务质量不满，还是在付款收货、信息保护等方面有其他纠纷，本质均属民事纠纷，经营者可通过协商谈判等方式定纷止争。《中华人民共和国电子商务法》第五十八条规定："国家鼓励电子商务平台经营者建立有利于电子商务发展和消费者权益保护的商品、服务质量担保机制……消费者要求电子商务平台经营者承担先行赔偿责任以及电子商务平台经营者赔偿后向平台内经营者的追偿，适用《中华人民共和国消费者权益保护法》的有关规定。"消费者可基于电子商务平台经营者建立的商品、服务质量担保机制，要求其承担先行赔付责任。电子商务经营者认为无法通过内部程序处理投诉的，应及时告知投诉人可依《中华人民共和国电子商务法》第六十条的规定选择争议解决方式。

2. 举报的处理

用户（消费者）、知识产权人或其他公众对可能涉嫌违法、犯罪的情况提出举报，包括电子商务经营者涉嫌的违法、犯罪行为和电子商务交易中其他人涉嫌的违法、犯罪行为。对此，电子商务经营者不仅应在力所能及的范围内及时制止被举报的违法犯罪行为，还应将情况报告给相关执法机构，并告知举报人解决该法律问题的具体法律途径。例如，电子商务经营者违反《中华人民共和国电子商务法》第十三条规定的内容，销售或提供为法律、行政法规所禁止交易的商品或服务的，任何人举报了该行为，该电子商务经营者应立即停止并改正有关行为；电子商务平台经营者收到系统内发生黑客入侵、信息泄露等网络违法、犯罪活动或系统瘫痪等网络安全事件的举报，需立即采取措施和其他必要措施，并及时向有关部门报告，移送有关信息线索，协助执法活动。与此同时，电子商务平台应及时公示所采处理措施与结果，若涉及用户（消费者）个人信息泄露或遭其他损害，平台应逐一、分别通告用户（消费者）。

第二节 电子商务争议的传统解决方式

电子商务活动参与主体众多，涉及的法律关系复杂多样，发生争议在所难免。多元化的争议解决制度是电子商务健康发展的重要保障。电子商务争议不仅包括平台内经营者之间、经营者与消费者之间、经营者与其他主体之间的争议，还包括平台内经营者或其他主体与平台经营者之间的争议。为此，《中华人民共和国电子商务法》第六十条规定："电子商务争议可以通过协商和解，请求消费者组织、行业协会或者其他依法成立的调解组织调解，向有关部门投诉，提请仲裁，或者提起诉讼等方式解决。"

《中华人民共和国电子商务法》第六十条鼓励采用多元化的纠纷解决方式来应对电子商务纠纷。但并没有就纠纷解决方式必须采用线上或线下方式作出规定。因此，对第六十条所列争议解决方式争议主体可按实际需要选择线上或线下方式。

一、协商和解

协商是指双方或者多方当事人通过直接信息传递或者信息交换形成合意解决争议的过程。协商最基本的特征就是从发起谈判到解决争议都是由当事人或其代表参与，而没有第三方的决策或者参与。在各种纠纷解决机制中，协商是最基本、最普遍的机制。在发生纠纷之后，当事人一般会考虑能否直接通过协商解决，如消费者在发现货物有瑕疵或者货物丢失等问题时，直接与商家联系，就赔偿或补偿进行谈判；很多合同争议解决条款一般都规定在发生争议之后，各方当事人应当首先通过协商解决，协商不成再提交仲裁或者提起诉讼。即使在进入诉讼或者仲裁程序之后，协商仍然继续发挥作用。

《中华人民共和国电子商务法》第六十条规定的协商和解方式，与第五十九条规定的电子商务经营者接收用户投诉机制相衔接与配合。电子商务经营者即使未收到有关投诉，亦可直接与相对方协商解决争议。因协商和解在解决纠纷的过程中具有简单、高效的特点，因此，《中华人民共和国电子商务法》鼓励与认可电子商务争议当事人通过协商的方式来解决纠纷。为此，律师代理电子商务纠纷案件时可引导当事人先行和解。特邀调解员或其他人员依当事人申请或委托参与协商，可为当事人之间的谈判提供辅助性协调和帮助。当事人经过协商达成了和解协议的，如和解协议以金钱或有价证券给付为内容，债权人依民事诉讼法及其司法解释，向有管辖权的基层法院申请支付令的，法院应依法发出支付令。债务人未在法定期限内提出书面异议，且逾期不履行支付令的，法院可强制执行。

二、调解

调解通常是指在第三方的协助下，通过说服教育和劝导协商，在查清事实、分清是非和双方自愿的基础上达成协议解决纠纷的方式。调解有别于和解的地方主要是，在调解程序中有一名中立的第三方参与纠纷解决过程。调解有别于审判和仲裁的关键因素是调解人没有权力对争执的双方当事人施加外部的强制力。

调解包括民间调解、行政调解、法院调解等形式。民间调解泛指行政调解和司法调解之外的所有调解方式，即非官方组织或私人主持的调解，例如人民调解、仲裁调解、律师调解、亲朋调解、企业对员工纠纷的调解等；行政调解是指在具有调解纠纷职能的行政机关主持下对纠纷进行调解的活动。行政调解的调解机构具有行政管理职能，调解人与被调解人之间一般存在领导与被领导的行政隶属关系。法院调解是指在法院审判人员的主持下，双方当事人通过自愿协商，达成协议，经人民法院认可后，解决民事争议的活动和终结司法程序的方式。

人民调解制度源于我国"和为贵""无讼"的传统法律文化，在1954年依照宪法正式设立，是一项具有中国特色的社会主义民主法律制度。这一制度被誉为"东方经验""东方之花"。人民调解是民间调解最具代表性的调解方式，又因电子商务活动纠纷所涉纠纷的私法属性及法院调解是民事诉讼中的一个环节，为此，在介绍调解时主要是介绍人民调解制度。

人民调解是人民调解委员会通过说服疏导等方法，促使当事人在平等协商基础上自愿达成调解协议，解决民间纠纷的活动。对于人民调解，我们可以从以下五个方面理解：①人民调解是一种非诉讼纠纷解决方式，其目的主要是消除争执、解决纠纷。②人民调解是在人民调解委员会的主持下当事人协商解决纠纷。中立的第三者的不同是人民调解区别于其他调解方式的主要特征。③人民调解的方法主要是说服教育、规劝引导、促使纠纷当事人互谅互让，平等协商达成协议，不能采取强制命令的方式。④调解协议的达成必须出于当事人自愿而不能强迫调解。⑤调解协议应符合法律、政策和社会公德，公平合理，在此基础上当事人可以作出让步。2014年成立的新浪人民调解委员会是首个互联网上的人民调解组织。

（一）调解组织

根据《中华人民共和国人民调解法》的规定，人民调解委员会是调解民间纠纷的基层群众性自治组织。在村民委员会、居民委员会设立人民调解委员会；企业事业单位根据需要设立人民调解委员会；社会团体或者其他组织根据需要设立人民调解委员会。

依《中华人民共和国电子商务法》第六十条规定，消费者组织、行业协会或其他依法成立的调解组织，也可对电子商务争议予以调解。

（1）消费者组织。消费者协会和其他消费者组织是依法成立的、对商品和服务进行社会监督的、保护消费者合法权益的社会组织。消费者协会的公益性职责包括受理消费者投诉，并对投诉事项进行调查、调解；消费者和经营者发生消费者权益争议的，可请求消费者协会或依法成立的其他调解组织调解。在面向消费者的电子商务交易中，消费者组织的调解，特别是在线调解机制，将发挥越来越大的作用。

（2）行业组织。《中华人民共和国电子商务法》第八条规定了电子商务行业组织应开展行业自律，监督与引导本行业经营者公平参与市场竞争，调解电子商务争议即包括在其中。

（3）其他调解组织。根据《中华人民共和国人民调解法》第八条规定，村民委员会、居民委员会设立人民调解委员会。企业事业单位根据需要设立人民调解委员会。根据电子商务纠纷案件的特点，争议主体也可以选择由以上人民调解委员会调解结案。

（4）在线调解组织。2014年3月，国内首家互联网领域调解组织新浪人民调解委员会上线运行，受理在新浪网微博平台的任意第三方之间产生的纠纷，每周受理案件 2 万余件，涉及名誉权、著作权、商标权等纠纷，实现了纠纷处理自动化运行机制，自治化与处理结果公开化。

（二）调解的效力

人民调解委员会受理纠纷以后，经过人民调解委员会的调解，最终会出现两种结果：一是双方当事人达成调解协议；二是双方当事人不能达成调解协议。调解协议是在人民调解委员会主持下，纠纷当事人自愿达成的。虽然《中华人民共和国人民调解法》未指明调解协议的法律属性，但根据先前的法规以及人民调解协议的内容和性质，人民调解协议具有民事合同的法律效力。民事合同是民事主体设定、变更或者消灭民事权利义务的协议。人民调解协议，无论是设定当事人之间的民事权利义务关系，还是变更或消灭当事人之间既存的民事权利义务关系，就像当事人通过中间人的协助而达成买卖租赁承包等协议一样，均属民事合同的性质。根据合同自由原则，只要合同真实反映了当事人的意思表示，且不违法和损害社会公益，合同即具有法律效力。合同的法定有效条件为合同当事人具有完全民事行为能力、意思表示真实以及合同内容合法。调解协议是否有效也取决于上述三个条件。调解协议的内容，即便涉及一方当事人对某些权益的放弃，只要符合上述条件，调解协议仍然有效。既然人民调解协议被视为一种民事合同，则对其效力的认定、协议的履行、不履行协议的法律后果以及协议的变更、撤销、终止等问题，均应适用合同法等有关法律的规定。

《中华人民共和国人民调解法》《中华人民共和国民事诉讼法》还规定了人民调解协议的司法确认程序。根据两部法律的有关规定，人民调解协议的效力及其认定，具体包括以下内容。

（1）当事人一方向法院起诉请求对方当事人履行调解协议的，或者请求变更或撤销调解协议的，或者请求确认调解协议无效的，人民法院应当受理并及时对调解协议进行审查，依法确认调解协议的效力，作出调解协议有效、无效、变更或撤销的判决。

（2）调解协议的成立取决于三个条件：当事人具有完全民事行为能力，意思表示真实，不违反法律行政法规的强制性规定，或者社会公共利益。

（3）调解协议无效的情形有：损害国家集体或第三人利益、以合法形式掩盖非法目的、损害社会公共利益、违反法律行政法规的强制性规定。

人民调解委员会强迫调解的调解协议也无效。

（4）因重大误解订立的调解协议，以及在订立调解协议时显失公平的当事人一方，有权请求人民法院变更或者撤销调解协议。一方以欺诈、胁迫的手段或者乘人之危使对方在违背真实意思的情况下订立的调解协议，受损害方有权请求人民法院变更或者撤销调解协议。但在下列情形下撤销权消灭：具有撤销权的当事人自知道或者应当知道撤销事由之日起，一年内没有行使撤销权；具有撤销权的当事人知道撤销事由后，明确表示或者以自己的行为放弃撤销权。

（5）无效的调解协议或者被撤销的调解协议没有法律约束力，协议部分无效不影响其他部分的效力，其他部分仍然有效。

（6）双方当事人有权自调解协议生效之日起 30 日内共同向调解组织所在地基层人民法院申请司法确认。基层人民法院受理申请后，经审查符合法律规定裁定调解协议有效的，当一方当事人拒绝履行或者未全部履行的，对方当事人可以向人民法院申请执行；不符合法律规定的，裁定驳回申请；对于不予司法确认的，当事人可以通过调解方式变更原调解协议或者达成新的调解协议，也可以向人民法院提起诉讼。

（7）基层人民法院及其派出的人民法庭审理涉及人民调解协议的民事案件，一般应当适用简易程序。人民法院审理涉及人民调解协议的民事案件调解协议，被人民法院已经发生法律效力的判决变更、撤销或者被确认无效的，可以适当的方式告知当地的司法行政机关或者人民调解委员会。

三、仲裁

仲裁是指发生争议的双方当事人，根据所达成的协议，自愿将该争议提交中立的第三者进行裁决的争议解决制度和方式。仲裁是《中华人民共和国电子商务法》第六十条规定的解决电子商务争议的方式之一，在跨境电子商务中发挥着重要的作用。

（一）仲裁协议

仲裁协议是指双方当事人自愿将他们之间已经发生或者可能发生的争议提交仲裁解决的协议。依《中华人民共和国仲裁法》的规定，当事人采用仲裁方式解决纠纷，应以双方自愿达成的仲裁协议为基础与前提。仲裁协议包括合同中订立的仲裁条款和以其他书面方式在纠纷发生前后达成的请求。仲裁协议应具有请求仲裁的意思表示、仲裁事项、选定的仲裁委员会等内容，可采取数据电文方式达成。电子商务经营者可在其自动信息系统中设置仲裁条款，也就是通过该系统订立的电子商务合同内含有仲裁协议。

（二）仲裁机构

仲裁委员会是我国的仲裁机构。《中华人民共和国仲裁法》第十条规定，仲裁委员会可以在直辖市、省和自治区人民政府所在地的市设立，也可以根据需要在其他设区的市设立，不按行政区划层层设立。据此，在每个直辖市和省、自治区人民政府所在地的市，即省会城市，只能设立一个仲裁委员会，而且不能按照不同的行业设立专业仲裁委员会或者专业仲裁庭。同时，在设区的市及省辖市根据需要也可以设立一个仲裁委员会。除非得到特别授权与批准，电子商务经营者无权建立仲裁机构。很多知名的国际仲裁机构，已建立网上仲裁程序与规则。中国国际经济贸易仲裁委员会于 2014 年修订了《网上仲裁规则》，适用于解决电子商务争议。该规则在仲裁法基础上，在电子证据、网上开庭裁决书的电子化等方面进行了探索与尝试。

（三）自愿原则

自愿原则是指申请仲裁、继续仲裁以及达成和解或调解协议，都应出于双方或一方当事人的自愿，任何人不得强迫。具体来说，它包含以下五个含义。

（1）纠纷发生后申请仲裁须出于双方当事人自愿。《中华人民共和国仲裁法》第四条规定："当事人采用仲裁方式解决纠纷，应当双方自愿，达成仲裁协议。"当事人申请仲裁都必须提交双方达成的书面仲裁协议，没有仲裁协议，一方申请仲裁的仲裁委员会不予受理。

（2）仲裁委员会、仲裁员、仲裁方式由双方当事人选定。根据《中华人民共和国仲裁法》第六条、第三十一条、第三十九条和第四十条的规定，当事人有权协议选择仲裁委员会；当事人申请仲裁不受地域范围的限制；任何一方当事人都有权从仲裁员名册中选定或委托仲裁委员会主任指定一名仲裁员；仲裁不公开进行，如当事人协议公开的，可以公开进行，但涉及国家秘密的除外；仲裁应当开庭进行，但当事人协议不开庭的，仲

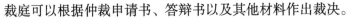

裁庭可以根据仲裁申请书、答辩书以及其他材料作出裁决。

（3）仲裁的继续以申请人自愿为前提。如果在仲裁委员会作出裁决以前，申请人自愿撤回申请的，仲裁委员会经审查认为撤回申请不违背法律法规的，则应予以同意，仲裁活动由此终止。

（4）仲裁过程中当事人双方达成和解或调解协议要本着自愿原则。从实质上说，和解或调解协议的内容必须是双方当事人真实的意思表示，任何单位和个人不得强迫压制当事人达成和解或调解协议，否则和解或调解达成协议后当事人反悔，往往很难履行。

（5）在仲裁过程中是否申请证据保全和财产保全，以及在仲裁裁决作出后是否申请撤销裁决或申请执行裁决也实行自愿原则，由当事人自由决定。

（四）一裁终局制度

《中华人民共和国仲裁法》第九条第一款规定："仲裁实行一裁终局的制度。"一裁终局是指仲裁委员会对当事人申请仲裁的纠纷进行仲裁后作出的裁决立即发生法律效力，当事人不得就同一纠纷再申请仲裁或者向人民法院起诉的制度。按照《中华人民共和国仲裁法》的规定，我国国内仲裁和涉外仲裁均实行一裁终局的制度，裁决书自作出之日起即发生法律效力，当事人必须履行。一方不履行的，另一方当事人可以申请人民法院强制执行；裁决作出后，当事人就同一纠纷再申请仲裁或者向人民法院起诉的，仲裁委员会或者人民法院不予受理。

【案例5-3】申请人某网络直播公司对被申请人某销售商合作合同纠纷仲裁案①

案情简介

本案为合作合同纠纷，A公司为某网络直播经营者，B公司为某即食燕窝销售商。A公司分别于2020年9月15日、2020年10月23日与B公司签订了两份《品牌推广合作协议》，约定B公司委托A公司在网红达人直播间推广B公司的指定商品"碗装即食燕窝"，引导

---

① 中国法律服务网司法行政案例库，http://alk.12348.gov.cn/Detail? dbID = 77&dbName = GNZC&sysID = 1215

网络用户前往 B 公司指定的网络店铺进行购买。结算方式为 B 公司分别按照含税 106000 元、127200 元每条商品链接向 A 公司支付固定费用。主播佣金及平台费用比例为 20%。若所售商品在 A 公司所展示的资料由 B 公司提供，则 B 公司保证其提供给 A 公司在平台上展示的销售 B 公司商品的产品说明、介绍、图片等信息资料不存在虚假、不侵犯任何第三方的合法权益，并且符合生产国及销售国的相关法律、法规、政策等，否则产生的一切责任和损失均由 B 公司承担。B 公司应对售后问题在 24 小时内及时响应，若在 3 个工作日内未有答复或反馈，A 公司可以先行赔付消费者，并将此费用作为违约金处理。若因 B 公司拒绝承担售后义务，或商品存在违法、侵犯第三方权利以及质量问题等原因导致 A 公司被投诉或起诉，发生的全部费用及责任（包括但不限于律师费、诉讼费、赔偿金、行政机关的罚款）均由 B 公司承担。A 公司承担上述责任后，有权向 B 公司追偿。

签订协议后，A 公司对涉案商品进行网络直播推广，B 公司依约向 A 公司支付了约定的固定费用。B 公司向 A 公司提供的卖点卡载明："……4. 每碗100g，不低于50%（实际达到60%）的燕窝固形物含量，每碗含有2g左右的干燕窝，开盖即食，早上空腹喝或者晚上饭后两个小时吃燕窝吸收效果最好，建议每天一碗或者两天一碗，小孩子每次半碗。"A 公司曾两次向 B 公司核实涉案商品的成分、含量，均得到 B 公司的肯定答复。后因消费者反映涉案商品存在造假，经送检发现涉案商品的属性为风味饮料，燕窝固形物含量与宣传内容严重不符，A 公司向消费者进行"退一赔三"，先行赔付41061712元。最后，A 公司与 B 公司分别因虚假宣传行为受到行政处罚，并就退赔款项的承担发生争议。A 公司要求 B 公司赔偿其已先行支付的赔偿款。B 公司辩称 A 公司不是《中华人民共和国消费者权益保护法》意义上的消费者，因而对 A 公司不应适用"退一赔三"的赔偿标准。经行政机关查明，截至 2020 年 12 月 16 日，A 公司已退赔货款共计37944324元。

争议焦点

（1）A 公司是否有权代替 B 公司先行向消费者作出赔付并向 B 公司追偿？

（2）B 公司是否应当承担按退一赔三的标准支付给消费者的赔偿款？

裁决结果

仲裁庭经审查认定 B 公司应向 A 公司赔偿 3035 万元，理由在于：第一，B 公司作为涉案商品的销售方，相较于 A 公司更了解涉案商品的属性、含量，其应在订立协议时充分披露、强调涉案商品的属性为风味饮料及案涉产品的实际成分的事实，但 B 公司在订立、履行协议的过程中隐瞒实际成分比例，对 A 公司进行了误导。第二，B 公司是本案法律关系的销售者，应当按《中华人民共和国消费者权益保护法》向终端的消费者作出赔偿，但其未举证证明在售后问题发生后有及时处理售后问题。而且 B 公司行为已经被行政机关认定为虚假宣传误导消费者，根据《最高人民法院关于贯彻执行〈中华人民共和国民法通则〉若干问题的意见》第六十八条规定，B 公司在销售中存在欺诈行为，"退一赔三"的赔付标准符合消费者权益保护法的规定，B 公司应对退赔款承担责任。第三，依照协议约定，B 公司在售后问题发生的 3 个工作日内未对消费者进行回应及反馈，A 公司有权在先行赔付消费者后向 B 公司追偿。第四，因行政机关在行政处罚决定书中认定 A 公司对涉案商品的直播推广也存在过错，对因此产生的损失也应承担一定过错责任，故仲裁庭最后酌定就行政机关确认的赔偿款 37944324 元，由 A 公司承担 20%，由 B 公司承担 80% 即约为 3035 万元。

思考：

1. A 公司和 B 公司之间的纠纷是否属于电子商务纠纷？请说明理由。

四、民事诉讼

诉讼是指国家审判机关即人民法院，依照法律规定，在当事人和其他诉讼参与人的参加下，依法解决讼争的活动。民间俗称"打官司"。根据《中华人民共和国电子商务法》第六十条的规定，诉讼是电子商务争议解决的重要方式与终极保障。

（一）电子商务争议民事诉讼管辖

电子商务纠纷一旦进入诉讼程序，管辖权问题就成为法院受理案件要解决的首要问题。管辖权是指法院依照法律规定对案件进行审理和裁判的权力或权限。其中最重要、最常用的是级别管辖和地域管辖。管辖权是法院对案件进行实质审理的必不可少的前提条件，同时它还关系到案件的审理结果，关系到诉讼当事人的权利义务，具有十分重要的意义。对于电子商务纠纷等民事纠纷，在确定法院的管辖权时，可以按照以下三种依据分不同方式进行。

1. 以地域为依据

地域管辖是指在确定法院管辖权的司法实践中，根据诉讼中的案件事实和双方当事人与法院在地域上的联系，把相关地域作为确定管辖权的依据。诉讼所涉及的法律关系的要素，无论是主体、客体还是内容，总是与某一国的管辖或者某一法院的地域具有空间上的关联，这种空间关联往往就构成该国或者法院行使管辖权的基础。法院一般会根据以下地点来确定管辖权。

（1）当事人住所，包括原告住所地、被告的住所地或原告、被告的注册地、经营地等。

（2）行为地，包括行为发生地和结果发生地，诉讼标的或者争议财产所在地。

根据我国民事诉讼法及其司法解释的相关规定，在我国境内民事诉讼的地域管辖可以分为一般地域管辖、特殊地域管辖、专属管辖和协议管辖。

（1）一般地域管辖是以当事人的住所地与法院的隶属关系确定管辖，即通常所称的原告就被告规则，由被告住所地或经常居住地人民法院管辖；作为一般地域管辖的例外，在对不在中华人民共和国领域内居住的人提起的有关身份关系的诉讼、对下落不明或者宣告失踪的人提起的有关身份关系的诉讼、对被采取强制性教育措施的人提起的诉讼以及对被监禁的人提起的诉讼等特殊情况下，由原告住所地法院管辖。

（2）特殊地域管辖是以诉讼标的所在地、法律事实所在地以及被告住所地等为标准确定法院管辖权的制度。

（3）专属管辖是指排除一般地域管辖和特殊地域管辖、排除当事人协议选择管辖法院，而由法律明确规定，某些类型案件只能由特殊法院行使管辖权的制度，专属管辖具有优先适用性；在我国专属管辖只适用于下列三种情形：第一，因不动产纠纷提起的诉讼由不动产所在地人民法院管辖；第二，因港口作业引发的纠纷，由港口所在地人民法院管辖；第三，因继承遗产纠纷提起的诉讼，由被继承人死亡时住所地或主要遗产所在地人民法院管辖。

（4）协议管辖是尊重当事人自知的表现，但适用的领域有限，只适用于合同或其他财产权益纠纷中的一审案件；《中华人民共和国民事诉讼法》明确规定了合同或者其他财产权益纠纷的当事人可以书面协议选择被告住所地、合同履行地、合同签订地、原告住所地、标的所在地等与争议有实际联系的地点的人民法院管辖，但不得违反该法对级别管辖和专属管辖的规定。

我国电子商务争议的法院管辖问题可依《最高人民法院关于适用〈中华人民共和国民事诉讼法〉的解释（2021.1.1）》中的规定进行明确。该解释第十八条规定，合同约定履行地点的，以约定的履行地点为合同履行地。合同对履行地点没有约定或者约定不明确，争议标的为给付货币的，接收货币一方所在地为合同履行地；交付不动产的，不动产所在地为合同履行地；其他标的，履行义务一方所在地为合同履行地。即时结清的合同，交易行为地为合同履行地。合同没有实际履行，当事人双方住所地都不在合同约定的履行地的，由被告住所地人民法院管辖。该解释第二十条规定，以信息网络方式订立的买卖合同，通过信息网络交付标的的，以买受人住所地为合同履行地；通过其他方式交付标的的，收货地为合同履行地。合同对履行地有约定的，从其约定。该解释第二十六条规定，因产品、服务质量不合格造成他人财产、人身损害提起的诉讼，产品制造地、产品销售地、服务提供地、侵权行为地和被告住所地人民法院都有管辖权。

2. 以当事人国籍为依据

以当事人国籍为依据，即把当事人的国籍作为确定法院管辖权的依据。国籍是一个人隶属于一个国家的一种法律资格，是个人与这个国家稳定的法律联系，是个人享有该国保护的法律依据。以当事人的国籍为连接因素，不管当事人现居住在境内还是境外，当事人国籍国法院都对其有管辖权。该原则符合国家主权原则，其目的在于保护本国公民的利益。以当事人国籍为依据确定管辖权，主要发生在跨国电子商务交易中。

3. 以当事人意志为依据

在下列两种情况下，当事人的意志可以作为确定管辖权的依据：一是当事人达成协议，把他们之间的争议提交某一国法院审理，该国法院便可行使管辖权；二是被告自愿接收一国法院的管辖。在当代国际社会中，以当事人的意志决定管辖权的原则已经被许多国家承认。但随着国家对经济生活进行干预的力度和广度的不断加强，各国法律对当事人意思自治所作的限制，也出现了系统化、制度化的趋势，如当事人只能选择任意性质的法律规范，不能选择与合同没有任何实际联系的法律选择，必须有合理的依据，不能违反公共政策等。综上所述，当事人的住所、国籍、财产、行为、意志以及其他事实，都可以成为某国法院对涉外民商事案件的管辖或者某个法院对某一民商事案件进行管辖的依据。

（二）民事诉讼中的审判机关

根据《中华人民共和国人民法院组织法》第二条的规定："人民法院是国家的审判机关。"根据该法第十二条和第十二条的规定，人民法院分为最高人民法院、地方各级人民法院、专门人民法院；地方各级人民法院分为高级人民法院、中级人民法院和基层人民法院。从审级上看，我国法院共分为四级，分别是最高人民法院、省（自治区、直辖市）高级人民法院、市（地级市）中级人民法院和基层（县、市辖区、不设区的市）人民法院。从主管的案件特点看，我国法院可分为普通人民法院和专门人民法院，专门人民法院包括军事法院、海事法院、铁路运输法院、知识产权法院、互联网法院和金融法院等，其职责主要是审理特定类型的案件；专门人民法院之外的法院就是普通法院，普通法院审理的案件具有普遍性和广泛性的特点。

不同的法院主管着不同类型的纠纷案件。比如，根据《中华人民共和国人民法院组织法》第十六条的规定："最高人民法院审理下列案件：（一）法律规定由其管辖的和其认为应当由自己管辖的第一审案件；（二）对高级人民法院判决和裁定的上诉、抗诉案件；（三）按照全国人民代表大会常务委员会的规定提起的上诉、抗诉案件；（四）按照审判监督程序提起的再审案件；（五）高级人民法院报请核准的死刑案件。"

该法第二十一条规定："高级人民法院审理下列案件：（一）法律规定由其管辖的第一审案件；（二）下级人民法院报请审理的第一审案件；

（三）最高人民法院指定管辖的第一审案件；（四）对中级人民法院判决和裁定的上诉、抗诉案件；（五）按照审判监督程序提起的再审案件；（六）中级人民法院报请复核的死刑案件。"

该法第二十三条规定："中级人民法院审理下列案件：（一）法律规定由其管辖的第一审案件；（二）基层人民法院报请审理的第一审案件；（三）上级人民法院指定管辖的第一审案件；（四）对基层人民法院判决和裁定的上诉、抗诉案件；（五）按照审判监督程序提起的再审案件。"

该法第二十五条规定："基层人民法院审理第一审案件，法律另有规定的除外。"对于基层人民法院而言，除最高院、高院、中院和其他专门人民法院的主管案件外，剩余的所有案件都由基层人民法院主管。

（三）民事审判的效力

在民事审判中，我国一般采用两审终审的方式来解决纠纷。两审终审制度，是指一个案件经过两级法院审判即宣告终结的制度。为了更好地保护当事人的合法权益，对于地方各级人民法院第一审案件的判决和裁定，当事人可以按照法律规定的程序向上一级人民法院上诉，人民检察院可以按照法律规定的程序向上一级人民法院抗诉。上一级人民法院对上诉、抗诉案件，按照第二审程序进行审理后所作的判决或裁定，就是终审的判决和裁定，也就是发生法律效力的判决和裁定。二审的判决或裁定是对纠纷案件最终的处理，当事人不能再将纠纷提起诉讼或申请仲裁。

第三节　在线纠纷解决机制

一、在线争议解决机制的发展历史

随着电子商务特别是跨境电子商务的发展，不同类型的争议极速增长。电子商务纠纷解决过程中面临着地域遥远、语言和文化差异、法律适用艰难、管辖权确定复杂以及判决承认和执行难等问题。电子商务纠纷标的的小额性和数量大等特点使得电子商务争议的解决对效率成本、便利性和保密性方面有更高要求。于是人们开始将目光转向了诉讼以外的替代性争议解决方式（alternative dispute resolution，ADR），如协商、调解、仲裁。为了更好地与电子商务对接，在争议解决方法上引入了网络资源，形成了在线争议解决方式。

在线争议解决（online dispute resolution，ODR）起源于 20 世纪 90 年代末美国"将科技作为第四方引入纠纷解决过程"的一系列探索。所谓在线纠纷解决机制，是以互联网为平台解决当事人纠纷的一种解决机制，其核心是借助电子通信和其他信息与通信技术解决争议①。最开始，研究者们认为 ODR 仅仅是在线复制 ADR 程序，即运用科学技术提高调解、仲裁等替代性纠纷解决程序效率，将 ADR 从线下搬到线上。如今，在线纠纷解决已经从替代性纠纷解决方式中发展出来，转型为聚合现代科技与众多纠纷解决服务主体参与的"所有利用在线技术管理和解决争议的方式"。在线纠纷解决将会成为互联网时代最为重要的纠纷解决方式。

二、电子商务平台在线争议解决机制的特征

（一）

《中华人民共和国电子商务法》第六十三条规定："电子商务平台经营者可以建立争议在线解决机制，制定并公示争议解决规则，根据自愿原则，公平、公正地解决当事人的争议。"

作为一项重要的制度创新，该机制是平台治理的重要组成部分。其丰富与发展了我国争议解决制度，为电子商务争议开拓了新的解决渠道与途径。该机制具有下述三种特征。

（1）非强制性。非强制性指的是平台经营者可自愿建立争议在线解决机制，《中华人民共和国电子商务法》第六十三条未强制性要求平台经营者建立该机制。当事人可自愿选择争议解决方式，有关争议当事人完全可以不选择平台争议在线解决机制，平台经营者无权强迫平台内经营者或其

---

① 欧丹：《跨境电子商务纠纷解决的现状与对策：以浙江为例》，载《黑龙江省政法管理干部学院学报》2017 年第 1 期，第 69 - 72 页。

他当事人接受平台争议解决规则的约束或管辖，经营者或消费者不应因使用平台服务而被强制适用平台争议解决机制。

（2）中立性。这是对平台争议解决机制运行的要求。电子商务平台作为纠纷处理机构，应秉持公平、公正的理念居中处理电子商务当事人的纠纷，不能偏袒任何一方，从而保证纠纷处理结果的公信力。

（3）在线性。电子商务平台提供的纠纷解决方式都是以平台为基础构建的，因为平台受众的广泛性决定了电子商务平台在处理争议的时候更多的是通过在线的方式予以解决。这是平台争议解决机制最突出的特征。

（二）淘宝网大众评审公约

我国主要的电子商务平台均已各自发展出自己的争议解决机制，消费者可以通过这些平台内部的争议解决机制解决电子商务交易中的纠纷。这些机制可以是广义的机制，即相关当事人投诉或质询的机制；也可以是狭义的机制，即允许当事人直接在平台上提起类似诉讼的维权程序，由平台对争议进行裁判，并自动在平台上执行有关裁决。如淘宝和京东等电子商务平台设有卖家与买家的对话服务，让纠纷发生时当事人可以第一时间进行协商和解；各大电子商务平台都有相关的在线客服服务，消费者可以用来解决电子商务交易中存在的纠纷。其中，比较有代表性的纠纷解决机制是淘宝大众评审机制。

【案例5-4】淘宝网大众评审公约①

阿里巴巴集团对于网上纠纷，首先是发展出了"淘宝小二"，即淘宝网设立的客服服务专线，来处理客户在网购中发生的争议。后来为了更加规范解决所面临的电子商务纠纷，淘宝网借助互联网平台建立了大众评审公约，这是一种社会治理的方式，让市场主体参与到争议解决中。大众评审公约有效地缩短了争议处理时间，也有效地减轻了淘宝客服服务热线处理争议的压力。

大众评审的运作模式是，假如双方在淘宝网上未能解决网购争

---

① 《淘宝网大众评审公约（试行）》，https://rulechannel.taobao.com/? type = detail&ruleId = 1871&cId = 82#/rule/detail? ruleId = 1871&cId = 82。

议，便可提交给大众评审网进行大众评审，在收到提交的申请之后，大众评审网有 168 小时来对这些争议予以判定。已注册并符合大众评审条件的用户，会以系统随机分配方式领取他们的案件。根据双方提交的证据判断事实，在讨论区中讨论，并对案件进行投票。判定周期内，如支持任何一方的评审员达到 16（含本数）人，则构成有效判定。判定支持率≥50%的一方获胜。判定支持率计算公式如下：判定支持率＝一方支持人数/判定参与人数。判定周期内，如支持任何一方的评审员均不足 16（含本数）人，则构成无效判定，淘宝网将人工介入对该违规行为及交易纠纷的判定处理。评审员的评审裁决为一裁终局。

对于大众评审机制而言，它具有自愿、非强制性的特点。淘宝并没有强制用户必须使用该处理方式解决争议。而且该评审机制所得到的处理结果不具有终局的效力，淘宝用户如果对大众评审的结果不满意，仍可以选择其他解决争议的方式，如仲裁或诉讼。

三、独立的在线争议解决机制

独立的在线争议解决机制指的是不依附于电子商务平台，由第三方机构设立的用于在线解决电子商务争议的规定和程序的总称。对于该类型的在线争议解决方式主要有以下三种类型。

（一）在线调解

在线调解是指在第三人的协助下，当事人之间、当事人与第三人之间利用网络信息技术构建的网络纠纷解决平台，在没有会面的情况下，利用网络信息技术进行信息传输、交流、沟通，最后达成纠纷解决协议并最终解决纠纷的方式。在线调解既可以是在线协商失败后的一个后续程序，当事人也可以不经过在线协商而直接启动在线调解程序。在线调解的启动，一般由一方当事人向 ODR 网站申请，而后由 ODR 网站征求被申请人是否愿意参加在线调解程序，若愿意则由当事人双方选择调解员或直接由 ODR 网站委派，再由调解员为纠纷双方居中调解，直到双方达成调解协议或调解不成功。

在线调解所达成的协议一般具有合同效力。在荷兰，在线调解协议自动具有法律约束力；而在美国，当事人必须合议选择在线调解协议是否具有法律约束力，当事人没有选择的，其合议不具有合同的效力。

【案例5-5】深圳市众信电子商务交易保障促进中心①

2010年12月，政府推动建设了深圳市众信电子商务交易保障促进中心以开展ODR服务。"e维权"一站式纠纷解决服务平台是其设立的在线纠纷解决（ODR）平台，该平台的业务范围涵盖电子商务交易纠纷、知识产权纠纷、相邻权物业纠纷、婚姻家庭继承纠纷、合同纠纷、侵权纠纷、劳动人事争议以及其他类型的纠纷。众信网在线上争议解决业务上主要提供两类服务：第一类是单纯的法律咨询服务，线上争议解决平台会由认证的律师回复法律咨询问题；众信网提供的第二类服务，是作为中介机构参与调解，在该项服务下，众信网扮演的是一个类似于人民调解委员会的角色，为双方主持在线调解、制作调解书，并由网站监督调解协议的履行情况。

【案例5-6】枫桥E站②

"枫桥E站"是由广州互联网法院主导推动，联合阿里巴巴（中国）有限公司、广州网易计算机系统有限公司、北京字节跳动科技有限公司、广州唯品会电子商务有限公司、蚂蚁科技集团股份有限公司、共道网络科技有限公司、北京阳光知识产权与法律发展基金会共同建设，对接相关联各互联网平台的互联网纠纷解决平台。"枫桥E站"虽然独立于各合作机构自有平台，但又可与之进行数据信息交换，可在线受理通过法院委派委托、政府指引、企业引导、第三方调解机构引入、当事人自行提起等多种方式进入平台的解纷申请，提供专业化的线上解纷服务。与此同时，广州互联网法院还构建了在线纠纷多元化解平台，对网络购物合同纠纷、网络产品责任纠纷、网络服务合同纠纷等进行在线调解。

---

① 众信网，https：// www.ehs.org.on/。
② https：// gzghtj.tiaojiecloud.com/#/。

【案例5-7】长春市王某某与李某某电子商务纠纷调解案①

案情简介

王某某与李某某是同一品牌代理商，以电子商务的方式进行经营。2021年1月某日，李某某从王某某处进货5箱，货款共计人民币5540元。次日，王某某以快递的方式给李某某发货，过去双方一直以先发货后结账的方式进行交易。发货后第二天，王某某向李某某索要货款，但李某某以经济状况暂时窘迫为由，希望延迟几天再支付，王某某同意。一周后，王某某第二次索要货款时，李某某以将剩余两箱货物卖完后一并结清欠款为由，再次请求延迟付款。又过了一个月，当王某某第三次索要货款时，被李某某直接拒付，并且与王某某线上交流时恶语相向，态度十分恶劣。经多次沟通无效，王某某来到长春市某电子商务纠纷人民调解委员会（以下简称"调委会"）提出调解申请。

调解过程

调委会受理案件后，王某某通过远程系统提交了相关证据，调解员通过调查了解到纠纷解决有如下困难：一是该案件双方当事人不在同一城市（李某某家住河南省、王某某家住吉林省）；二是矛盾纠纷焦点分歧较大，双方都认为自己有理有据；三是李某某使用河南地方方言，沟通交流不畅；四是网上纠纷，取证困难。调委会了解情况后，立即组建了包括一名河南籍调解员在内的3人调解小组，针对当事人要上门维权可能产生的民转刑的情况，首先由河南籍调解员通过电话与李某某沟通。浓浓的乡音和调解员的释法明理稳定了当事人的情绪，李某某同意接受调解。

考虑到案件标的额较小及疫情防控要求等现实情况，路途遥远，双方当事人都不便赴对方所在地进行当面沟通。在征得双方当事人同意后，调委会决定利用互联网矛盾纠纷调解平台来开展调解工作。

---

① 中国法律服务网司法行政案例库，http://alk.12348.gov.cn/Detail? dbID=77&dbName=GNZC&sysID=1215。

2021 年 6 月某日，调解工作正式开展。首先，通过调解平台的身份识别系统确认了当事人双方的身份，之后通过平台的证据采集模块收集了双方的证据。调解员认真聆听当事人陈述纠纷发生的原因、过程及诉求。调解过程中，李某某的河南口音非常重，语速极快并且情绪十分不稳定，调解员尽力把控好气氛。为了寻找突破口，调解员尝试与李某某的女儿进行电话沟通。李某某的女儿表示，母亲并非不想结算王某某的 5 箱货款，而是因为王某某私下给李某某的下级代理商供货，从中挣取提成，从而严重影响李某某的收入。李某某态度十分强硬，仅同意支付除去供货提成的剩余部分款项。

调解员针对双方矛盾焦点，又与王某某进行电话沟通。对于李某某的控诉，王某某给出的解释是，他给李某某的下级代理商供货前已退出该品牌的微商团队，是李某某的下级代理商主动找他申请进货的，所以王某某认为挣得的代理钱与李某某没有任何关系。

进一步了解情况后，调解员再次与李某某及其女儿进行电话沟通，并将王某某讲述的情况告知李某某，但李某某并不认可，坚持认为王某某在撒谎，仍然拒付全部货款。而且还表明，若王某某坚持要求其支付货款，其就拒绝调解，并将直接起诉至法院。李某某的女儿对此也表示支持。双方互不相让，僵持不下。在调解员看来，当下最主要的就是寻求一个合适的切入口，直击一方或者双方的要害，才有可能打破当前的僵局。调解员从电话中听出李某某的女儿年龄不大，而且不是很了解这起纠纷的详细情况，就认真为她讲述纠纷的事实，以及存在的法律关系。

首先，调解员告知李某某的女儿，王某某为其母亲李某某供货的时间是 1 月某日，那时李某某还在代理该产品，由于双方之前一直以先供货后结算的方式合作，故王某某没有及时和李某某结算货款。通过李某某的聊天记录可知，两天后李某某从其微商群里退出，不再做该产品，转而去做其他产品。而王某某是在李某某不做该品牌微商后，才给其下级代理商供货，并没有侵占李某某的利益。王某某与李某某聊天中提及了货款的结算方案，当时李某某承诺月底前结算，但直到现在王某某也没有收到李某某的货款。《中华人民共和国民法典》第六百二十六条第一款规定："买受人应当按照约定的数额和支付方式支付价款。"第六百二十八条规定:"买受人应当按照约定的时间支付价款。对支付时间没有约定或者约定不明确,依据本法第五百一十条的规定仍不能确定的,买受人应当在收到标的物或者提取标的物单证的同时支付。"而《中华人民共和国民法典》第五百一十条则规定:"合同生效后,当事人就质量、价款或者报酬、履行地点等内容没有约定或者约定不明确的,可以协议补充;不能达成补充协议的,按照合同相关条款或者交易习惯确定。"

经过调解员的耐心疏导、劝说,李某某的女儿意识到其母亲拒绝支付货款是错误的行为,于是开始协助调解员做李某某的思想工作,李某某也觉得调解员说得有道理,经与女儿商量之后同意支付这笔货款。

调解结果

在调解员主持下,双方签订了相关协议:

(1)李某某通过转账的方式给付王某某5箱货物的货款,共计人民币5540元。

(2)王某某不再索要下级代理商提成。

经回访,双方均对调解结果表示满意。

案例点评

民间商务纠纷主要有标的额小、事实清楚等特点。在这起案件中,调委会着重分析矛盾焦点,通过利用互联网调解平台开展调解工作,将传统的"面对面"调解,转换为"屏对屏"调解,既满足了疫情防控的特殊需要,也为当事人双方节约了时间成本和交通费用。在化解纠纷过程中,引入了河南籍调解员,通过乡情的感化、情感的交流,避免了矛盾的进一步激化,最终成功化解矛盾,不仅保障当事人合法的权益,而且节约了诉讼资源。

思考:

1. 相较于传统的调解机制而言,在线调解机制在解决电子商务纠纷时有哪些优势?

（二）在线仲裁

在线仲裁是指充分利用网络信息技术工具，将仲裁机构、仲裁员和当事人三者之间资讯的处理和交换以电子方式通过互联网来进行，在网上进行案件的在线庭审以及仲裁员之间的在线合议等其他程序性事项，最后作出在线仲裁裁决的一种仲裁形式。

1. 依法仲裁

依法仲裁是指依据当事人之间的仲裁协议，在争议发生后，由双方当事人到事先约定的、依法成立的仲裁机构进行仲裁的仲裁方式。

根据我国仲裁法的相关规定，只有依仲裁法设立的仲裁机构才有权受理仲裁案件并作出裁决，其裁决才具有强制力。我们认为，根据《中华人民共和国仲裁法》规定设立的仲裁机构进行的在线仲裁，仅仅是具体仲裁实施方式的不同，本质上仍然是仲裁，是传统仲裁在网络环境中的全新应用，与线下仲裁具有相同的效力。依法成立的仲裁机构，通过网上仲裁审理电子商务纠纷的与线下仲裁具有相同的法律效力，除非当事人对仲裁规定另有约定，应视为同意按照该仲裁机构当时适用的网上仲裁规则进行仲裁。

2019 年，中共中央办公厅、国务院办公厅印发了《关于完善仲裁制度提高仲裁公信力的若干意见》，提出要积极发展互联网仲裁。在此要求之下，我国仲裁机构基本上都上线了互联网仲裁平台，探索建立网络化的案件管理系统以及与电子商务和互联网金融等平台对接的仲裁平台，研究探索线上仲裁、智能仲裁，实现线上线下协同发展。该意见对建立完善互联网仲裁规则，明确互联网仲裁受案范围，承认互联网仲裁电子证据，完善互联网仲裁程序和工作流程等具有积极意义。

【案例 5 - 8】中国国际经济贸易仲裁委员会的《网上仲裁规则》①

中国国际经济贸易仲裁委员会（以下简称"贸仲委"）于 2009

---

① 中国国际经济贸易仲裁委员会，《网上仲裁规则》，http：// www. cietac. org/index. php？m = Article&a = show&id = 2744。

年 1 月 8 日发布了《网上仲裁规则》，并于 2014 年 11 月 4 日进行了修订，自 2015 年 1 月 1 日起实施。该网上仲裁系统是一个全面的线上进行的仲裁程序，有专门网站文件提交、发送、传输，仲裁审理等程序。根据贸仲委所述，贸仲委的《网上仲裁规则》是国际上第一个由仲裁机构单独制定并实施的网上仲裁规则。

贸仲委的《网上仲裁规则》第一条第二款规定："本规则适用于解决电子商务争议，也可适用于解决当事人约定适用本规则的其他经济贸易争议。"该规定表明贸仲委解决的争议类别涵盖范围十分广泛，这有别于其他网上仲裁系统——一般只解决域名或网上关键词等较狭窄的争议类型的情况。贸仲委的网上仲裁中心也有一种特殊的案件分流方式。它的流程分为三种：普通程序、贸易程序和快速程序。三个程序的主要区别在于仲裁庭的审限不同：普通程序规定仲裁庭 4 个月内作出裁决，简易程序规定仲裁庭 2 个月内作出裁决，快速程序规定仲裁庭 15 日内作出裁决。

2. 临时仲裁

临时仲裁是指依据当事人之间的仲裁协议，在争议发生后，由双方当事人推选仲裁员临时组成仲裁庭进行仲裁，该仲裁庭仅负责审理本案，并在审理终结、作出裁决后即自行解散的仲裁方式。我国仲裁法只规定了法定机构仲裁，而没有规定临时仲裁，这会导致临时仲裁的裁决结果无法获得强制执行力；与此同时，我国企业如果采用非仲裁机构的在线仲裁处理跨境电子商务中的争议，裁决可能无法获得承认和执行。

【案例 5 -9】产品推广服务合同纠纷仲裁案①

案情简介

本案申请人为 A 公司，被申请人一为 B 公司，被申请人二为 E 个人。2019 年 8 月 8 日，申请人 A 公司与被申请人一 B 公司签订

---

① 中国法律服务网司法行政案例库，http：// alk. 12348. gov. cn/Detail？dbID ＝77&dbName ＝ GNZC&sysID ＝786。

《淘宝产品推广协议书》，约定 B 公司在淘宝平台淘宝直播渠道对 A 公司提供的产品进行推广，A 公司销售承接的渠道为 A 公司所拥有的淘宝店铺，店铺名为"A 的美妆铺"，A 公司需求推广的一款产品为日本 C 品牌口服液。结算方式为：服务费加佣金模式，A 公司提供 20% 佣金作为直播渠道基础费用，A 公司另外投入 200000.00 元作为一个单品的推广费，B 公司保证产出单量不低于×××单。投放产出如果不足会在一周内进行加场来补足。如没有按时完成将按比例退回推广费。B 公司承诺 A 公司在此次矩阵推广期间淘宝主播知名女主播 D 会进行单品直播。合作期限从 2019 年 8 月 8 日至 2019 年 9 月 8 日前完成（以到款时间为准），服务费 200000.00 元整（不含税，税费由 A 公司承担），按到款时间为准进行直播矩阵推广。收款账户约定为 E 的个人账户。本协议生效以 A 公司一次性支付 B 公司本协议第一条第（二）款第 1 项约定的服务费数额后方能生效。本协议在履行过程中若发生争议或纠纷，双方当事人应通过友好协商，尽力解决争议和纠纷。协商不成的，任何一方均可向其所在地仲裁委员会提起仲裁。本协议一式两份，双方各执一份，双方签字盖章后生效。

2019 年 8 月 6 日，E 向 B 公司出具《承担责任声明书》，写明："由于本个人和 A 公司业务合作，需签署一份产品推广协议书，应对方公司要求，需用公司名义来签署产品推广协议，所以借用 B 公司名义与 A 公司进行签署《产品推广协议书》。事实 B 公司与 A 公司并无任何业务和经济往来，纯属本个人与 A 公司之间业务合作。上述行为一切属实，今后与 A 公司发生的任何责任和后果，均与 B 公司无关，本人 E 郑重声明并承诺：如因本人与 A 公司产品推广业务，引起 B 公司与 A 公司之间的任何法律责任和经济纠纷，或一切经济损失，全部由本人负责，特此声明。"

2019 年 7 月 30 日，A 公司法定代表人 F 向 E 转账 100000.00 元，转账附言：淘宝产品推广德国个人护理品牌产品。2019 年 8 月 18 日，H 向 F 转账 100000.00 元，转账附言：英国护肤品牌产品。

A 公司认为，其已按照合同约定将 200000.00 元服务费支付到 B 公司指定账户，并按照合同要求提供了产品资料和样品，同时为了保障推广过程中货源充足，A 公司着手从香港、广州等地调货，产生仓储费、运输费 3 万余元。但是，B 公司收到 200000.00 元服务费后，没有开展任何的推广活动，也没有邀请知名女主播 D 进行单品直播，在约定的合同期限内没有尽到任何合同义务。同时，E 个人也承诺将服务费退还 A 公司，但 B 公司及 E 个人至今未向 A 公司退还任何款项。

据此，A 公司提出仲裁请求如下：一、请求裁决解除 A 公司与 B 公司于 2019 年 8 月 8 日签订的《淘宝产品推广协议书》；二、请求裁决两被申请人向 A 公司返还合同款项 200000.00 元及利息 8192.50 元（利息按贷款市场报价利率自 2019 年 9 月 9 日暂计算至 2020 年 8 月 12 日，并要求继续计算至清偿之日）；三、请求裁决两被申请人向 A 公司赔偿货物运输费、仓储费、差旅费、律师费等各项损失。四、请求裁决两被申请人承担本案仲裁费用。

争议焦点

（1）本仲裁委员会对 E 是否有管辖权？

（2）案涉《淘宝产品推广协议书》是否成立？

（3）A 公司的仲裁请求是否应当予以支持？

针对第一个争议焦点，根据《中华人民共和国仲裁法》第四条的规定："当事人采用仲裁方式解决纠纷，应当双方自愿，达成仲裁协议。没有仲裁协议，一方申请仲裁的，仲裁委员会不予受理。"《淘宝产品推广协议书》由 A 公司与 B 公司签订，E 不是该协议书的当事人。仲裁委员会的管辖来源于当事人之间订立的仲裁协议，A 公司与 E 之间没有订立仲裁协议。A 公司将 E 列为被申请人的依据是 E 在微信聊天中表示会向 A 公司全额退回案涉 200000.00 元合同款，A 公司认为其行为构成了债务加入。即便按照 A 公司诉称的 E 愿意全额退款，也并不意味着 E 愿意将其与 A 公司之间的纠纷提交本仲裁委员会管辖。E 与 A 公司之间并没有就本案的纠纷提交本仲裁委员会管辖的意思表示，E 不是本案适格的被申请人，故本仲裁委员会对 A 公司与 E 之间纠纷没有管辖权。

针对第二个争议焦点，B 公司称其和 E 存在类似于挂靠的关系，E 是借用了 B 公司的名义，案涉合同上虽加盖了 B 公司的公章，但是实际合同的履行方为 A 公司和 E，合同约定的收取合同款的账户也为 E 的账户。B 公司作为公司法人，应当知晓加盖公章的法律效果，其在案涉合同上加盖公章的行为是其真实的意思表示，是有效的，但其加盖公章的行为只能作为一个要约，只有在 A 公司作出承诺的意思表示后，合同才能成立。

根据《中华人民共和国合同法》第二十三条规定："承诺应当在要约确定的期限内到达要约人。要约没有确定承诺期限的，承诺应当依照下列规定到达：（一）要约以对话方式作出的，应当即时作出承诺，但当事人另有约定的除外；（二）要约以非对话方式作出的，承诺应当在合理期限内到达。"本案中 A 公司没有将盖好章的合同及时返回 B 公司，迟至 A 公司提起本案提起仲裁，B 公司才于应裁材料中看到了加盖 A 公司公章的合同。故 A 公司的承诺并没有在合理的期限内到达 B 公司，甚至超过了一年之久。

A 公司是否曾将承诺用实际履行的方式表示给 B 公司呢？首先，从 A 公司支符合同款来看，A 公司称曾向 B 公司指定的 E 账户支付过 200000.00 元的款项，第一笔是 A 公司法定代表人 F 于 2019 年 7 月 30 日向 E 转账 100000.00 元，转账附言："淘宝产品推广德国个人护理品牌产品。"该转账早于合同签订时间，且附言和案涉产品日本 C 品牌口服液不符。第二笔是 F 于 2019 年 8 月 18 日向 E 转账 100000.00 元，转账附言："英国护肤品牌产品。"该附言与本案产品日本 C 品牌口服液不符。因此不能认定 A 公司支付的 200000.00 元为本案合同款。

其次，从合同的履行过程来看，根据合同的相对性原则，A 公司与 B 公司在履行合同过程中应当对如何履约有过沟通和交流，且案涉合同明确联系人是 B 公司的法定代表人 G。但 A 公司均是与 E 进行联系，没有与 G 进行过联系，只是在发生纠纷以后才与 G 进行联系。由此可以看出 A 公司并没有向 B 公司联系履行过案涉合同，即 A 公司并没有通过实际履行的方式向 B 公司作出承诺的意思表示。

综上，案涉合同未成立。

针对第三个争议焦点，因 A 公司要求解除案涉协议、返还合同款项及利息、赔偿损失的仲裁请求，均是基于案涉协议成立的前提。在

案涉合同未成立的情况下，A公司的仲裁请求应予驳回。

裁决结果

（1）驳回A公司的全部仲裁请求。

（2）本案仲裁费（A公司已预交），由A公司承担。

结语和建议

随着淘宝直播等电子商务领域的异军突起，通过网络直播推广产品的销售服务模式受到了越来越多人的追捧和复制，但对初次进入这一行业市场主体来说，该遵守什么样的法律规则，恐怕仍需要进行大力的普法宣传。

诸如本案，不管是借用名义还是被借用名义，都是不诚信的行为。公司对个人借用其名义签订服务合同的法律风险应当有足够的了解，对其加盖公章的行为后果应当有明确的预见。个人在面对以公司名义签订合同的要求面前，也应当促成条件成立公司，而非借用名义。新兴市场主体仍需要以诚信为根本，以法律为底线，这样市场运作中产生的纠纷才能减少，以实现平稳有序发展。

思考：

1. 电子商务纠纷发生后，当事人应当如何选择在线仲裁机构？

（三）互联网法院

国内司法系统改革一直重视应用信息技术以适应电子商务争议解决。最高人民法院规定，裁判文书与庭审过程均可通过专门信息系统公示与传播。2017年6月，中央全面深化改革领导小组第三十六次会议审议通过了《关于设立杭州互联网法院的方案》。会议强调：设立杭州互联网法院，是司法主动适应互联网发展大趋势的一项重大制度创新。2017年8月18日，杭州互联网法院正式揭牌，成为中国首家互联网法院；2018年9月9日，北京互联网法院挂牌成立；2018年9月28日，广州互联网法院正式挂牌成立。互联网法院配备了满足网上诉讼的硬件设施，如全电子化的导数台及机器人扫描仪器，可实现证据材料自助扫描提交一体化、电子证据平台提交实时电子数据。相关证据可实时传输至法院，通过实名认证软件核实当事人身份，必要时结合线下传统方式进行身份确认开庭，采用当事人身份证在线验证方式核实身份，并通过人脸识别系统辅助进行身份验证。举证、质证方面，互联网法院产生并存储在网络平台的电子证据，还可从平台一键式导入非电子证据，可通过扫描拍照等方式转化为电子证据提交。对已上传至互联网法院平台的证据，当事人可直接在线以文字方式发表质证意见，开庭时可补充质证意见。互联网法院平台嵌入语音识别系统，可将庭审录音自动转化为电子笔录，在庭后向当事人核对。若当事人对笔录有异议，可向书记员发送修改信息，核对无误后可在线确认笔录。互联网法院从起诉到立案送达，庭审全程在线。将法庭搬到网络空间，引发了司法系统的巨大变革。

对于三大互联网法院的具体管辖范围可以参考自 2018 年 9 月 7 日起实施的《最高人民法院关于互联网法院审理案件若干问题的规定》。其第一条规定："互联网法院采取在线方式审理案件，案件的受理、送达、调解、证据交换、庭前准备、庭审、宣判等诉讼环节一般应当在线上完成。根据当事人申请或者案件审理需要，互联网法院可以决定在线下完成部分诉讼环节。"其第二条规定："北京、广州、杭州互联网法院集中管辖所在市的辖区内应当由基层人民法院受理的下列第一审案件：（一）通过电子商务平台签订或者履行网络购物合同而产生的纠纷；（二）签订、履行行为均在互联网上完成的网络服务合同纠纷；（三）签订、履行行为均在互联网上完成的金融借款合同纠纷、小额借款合同纠纷；（四）在互联网上首次发表作品的著作权或者邻接权权属纠纷；（五）在互联网上侵害在线发表或者传播作品的著作权或者邻接权而产生的纠纷；（六）互联网域名权属、侵权及合同纠纷；（七）在互联网上侵害他人人身权、财产权等民事权益而产生的纠纷；（八）通过电子商务平台购买的产品，因存在产品缺陷，侵害他人人身、财产权益而产生的产品责任纠纷；（九）检察机关提起的互联网公益诉讼案件；（十）因行政机关作出互联网信息服务管理、互联网商品交易及有关服务管理等行政行为而产生的行政纠纷；（十一）上级人民法院指定管辖的其他互联网民事、行政案件。"其第三条规定："当事人可以在本规定第二条确定的合同及其他财产权益纠纷范围内，依法协议约定与争议有实际联系地点的互联网法院管辖。电子商务经营者、网络服务提供商等采取格式条款形式与用户订立管辖协议的，应当符合法律及司法解释关于格式条款的规定。"

互联网法院具体的办案流程可以参照图 5 - 1 步骤进行。

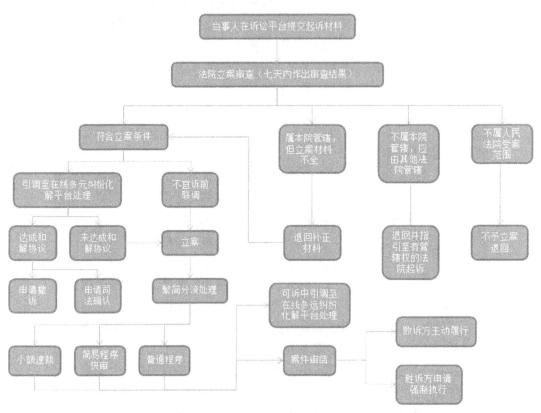

图 5 - 1　广州互联网法院诉讼流程①

四、跨境电子商务争议解决机制

《中华人民共和国电子商务法》第七十三条第二款规定："国家推动

①　广州互联网法院官网诉服中心，https：// gzinternetcourt. gov. cn/#/articleDetail？id = 2001bf547e744911b1459f4b3adb0a87&titleType = litigationProcess&type = LitigationFlow&apiType = convincing。

建立与不同国家、地区之间的跨境电子商务争议解决机制。"考虑到跨境电子商务特点，适用调解、仲裁等争议解决机制，既能体现当事人自治，又能避免法律适用与管辖冲突。不同国家地区之间，如能以国际条约协定等方式建立跨境电子商务争议解决机制，能为有关争议解决机制提供最为稳定可靠的国际法律支持。我国与"一带一路"伙伴国家在双边协定中谈判建立跨境电子商务（在线）争议解决机制，可考察成功的国际经验，如欧盟颁布的《消费纠纷替代性解决机制指令》及《消费纠纷网上解决机制条例》。自2016年2月起，在欧盟数字化单一市场框架内，所有面向消费者的电子商务经营者（包括平台经营者）都需实施跨境消费者纠纷网上解决机制。欧盟内所有电子商务经营者都需在其网站以醒目的方式设置通向在线争议解决平台的链接、向消费者提供其在线联系方式及指导的在线争议解决机构，并告知消费者在线争议解决平台的信息与使用方法。联合国国际贸易法委员会曾建立在线争议解决工作组，提出"2016年在线争议解决技术性注释"，但其仅为描述性而非有任何约束力的文件。该文件概括了在线争议解决程序的主要因素，希望有助于解决跨境小额电子商务合同纠纷，协助成员发展有关在线争议解决机制。

依托互联网技术的发展，南沙国际仲裁中心成立于2012年10月23日。该中心是由广州仲裁委员会、香港、澳门仲裁界及法律专家在广州市政府和南沙区政府的大力支持下共同组建设立的国际商事仲裁平台。自成立以来，一直致力于发挥仲裁法律制度服务和促进国际贸易的纽带作用，为南沙自贸区创造更好的投资和营商环境。南沙国际仲裁中心采用最国际化的仲裁通则、最开放的仲裁员名册，同时充分发挥粤港澳合作的特点，在现有广州国际仲裁模式、香港国际仲裁模式、澳门国际仲裁模式三套庭审模式的基础上，吸收世界先进国家和地区的庭审模式，形成新的"3＋N"仲裁庭审模式，为境内外当事人提供最为合适的庭审方式以解决纠纷。

【案例5－10】南沙国际仲裁中心网络仲裁案①

2019年11月20日，南沙国际仲裁中心借助先进的5G视频传输

---

① 广州仲裁委员会官网国际仲裁具体案例，https://www.gzac.org/jtal11/1819。

技术，完成了全球首例远程视频网络仲裁庭审。身在柬埔寨的案件当事人根据合同约定，将与一家中国企业的纠纷交给南沙国际仲裁中心管辖，经双方当事人选定适用《广州仲裁委员会仲裁规则》进行审理。在充分尊重意思自治的前提下，案件从受理到结案仅仅用了 15天的时间。在历时 2 个小时的跨国远程庭审过程中，案件双方当事人在仲裁庭的主持下通过视频"面对面"进行了协商并最后达成和解。柬埔寨王国司法部部长昂翁·瓦塔纳、柬埔寨王国驻广州总领事兴波均对案件给予高度评价，人民日报、法制日报、央广网、中央人民广播电台、南方电视台以及香港文汇网均对该案进行了深度报道。跨国远程庭审服务节约了当事人的仲裁成本，为境内外当事人提供更加便捷国际仲裁服务的同时，也更有效地提升了裁决和调解的效率。

第六章

电子商务促进

【案例 6 –1】 京东 "青流计划"①

为了促进环保事业，京东物流自 2020 年 7 月推出物流行业首个环保日以来，其主题从 "聚焦绿色供应链"，升级为 "可持续发展战略"，再到 "进入科学碳排放时代"。早在 2017 年，京东物流便已和九大品牌一起推出绿色供应链联合行动——青流计划，希望从包装减量化、绿色物流技术创新与应用、节能减排等方面推动物流产业绿色发展，青流计划渐渐从关注绿色物流提升到整个京东集团的可持续发展战略，从关注生态环境提升到与人类可持续发展相关的 "环境"（planet）、"人文社会"（people）和 "经济"（profits）全方位内容。京东物流最重要的环保项目 "青流计划"，将不断进行绿色可持续发展的探索和升级，并且愿意和合作伙伴一起发挥更积极和更重要的影响力。

"青流计划" 不断在绿色包装、绿色仓储、绿色运输配送、公益回收等方面下功夫，推动整个供应链上下游生态链的绿色发展，累计减少一次性包装废弃物 10 万吨，回收中转袋平均利用率超过 90%。未来，京东物流表示将继续依托 "青流计划"，坚持 "与行业共生、与环境共存" 的理念，积极承担责任，努力拼搏，以优异的实际行动不断引领全行业履行职责，建立全球商业社会可持续发展的共生生态。

在绿色包装方面，京东物流推出瘦身胶带，将封箱环节中所用的胶带宽度由 53 毫米降至 45 毫米，每年能够减少至少 1 亿米的胶带使用。在绿色仓储方面，京东物流在部分亚洲一号仓的屋顶应用了分布式光伏发电系统。在绿色运配方面，京东物流积极引入新能源车，节能减排。在公益回收方面，京东物流推出了上门回收快递纸箱的服务，用户还可以因此获得相应的京豆奖励。京东与用户携手为环保事业贡献力量。

2020 年 10 月 22 日，京东物流宣布正式加入 "科学碳目标" 倡议，与世界自然基金会（WWF）达成合作。在正式开展合作后，京

---

① 网络资料，编者整理。

东物流将成为国内首家承诺科学碳目标的物流企业，加入"科学碳目标"将成为京东物流正在持续推进的绿色物流的重要一环。

2020 年"6·18"大促期间，为兼顾销量与环保，京东物流在全国的 78 座"黑灯仓库"火力全开。据了解，从 2014 年上海亚洲一号投用至今，黑灯仓库在京东物流已经是一个标配，分布在北京、上海、广州等各大城市。京东物流广泛应用了微波感应 LED 照明系统，该系统具有自动感应功能，员工拣货时灯亮，人走开灯就灭，据了解，该系统比传统灯节能 72%。并且在选择电力工具时，京东物流也将环保作为重要参考标准。有数据表示，从 2020 年 5 月 21 日到 6 月 5 日零点，智能仓群"摸黑"作业，处理订单总数超过千万，节省用电 349440 度。

思考：

1. 京东的"青流计划"在绿色发展方面作了哪些努力？

第一节　电子商务促进概述

为促进我国电子商务健康可持续发展，《中华人民共和国电子商务法》有专门一章对电子商务促进作出了规定，将国家支持促进电子商务发展的一些关键措施用法律条文固定下来。明确了政府在促进电子商务发展方面应承担的基本职责。具体条文分析如下。

一、促进电子商务创新发展

《中华人民共和国电子商务法》第六十四条规定："国务院和省、自治区、直辖市人民政府应当将电子商务发展纳入国民经济和社会发展规划，制定科学合理的产业政策，促进电子商务创新发展。"这一规定包括两个方面的含义。

第一，电子商务发展的基本要求之一就是创新发展。这是因为电子商务本身就是在新经济、新技术模式下发展起来的，面对不断迭代更新的新模式、新业态和世界范围内的激烈竞争，只有不断创新才能使我国的电子商务产业不断发展壮大。创新发展是电子商务发展的基本要求。

第二，政府通过制定发展规划和产业政策承担促进电子商务创新发展的职责。国民经济和社会发展规划是国家加强和改善宏观调控的重要手段，也是政府履行经济调节、市场监管、社会管理和公共服务职责的重要依据。将电子商务发展纳入国民经济和社会发展规划，可以从宏观层面引导电子商务的创新发展，调整发展中出现的问题，给予电子商务创新发展配套的政策支持和制度建设，促进电子商务发展新业态，开创新模式、研发新技术，从而创造新需求、拓展新市场、促进传统产业转型升级，推动经济发展。电子商务五年规划从"十一五"开始，迄今已经编制了四期，在指引我国电子商务发展方向、推动电子商务实现快速健康发展方面发挥了重要作用。商务部、中央网信办、国家发展改革委于 2021 年 10 月 9 日发布《"十四五"电子商务发展规划》，明确了"十四五"时期我国电子商务发展的战略框架：在促进形成强大国内市场方面，以电子商务引领消费升级、推进商产融合、服务乡村振兴，推动服务业、制造业、农业等产业数字化；从深化创新驱动、优化要素配置、统筹发展安全入手，深度挖掘数据要素价值，推动 5G、大数据、区块链、物联网等先进技术的集成创新和融合应用，实现电子商务高质量发展；在推动更高水平对外开放方面，更好地统筹两个市场两种资源，依托"丝路电子商务"，深化数字经济国际合作，积极推动跨境电子商务发展，加强数字产业链全球布局；推进跨境交付、个人隐私保护、跨境数据流动等数字领域国际规则构建，倡导开放共赢的国际合作新局面。

二、促进电子商务绿色发展

《中华人民共和国电子商务法》第六十五条规定："国务院和县级以上地方人民政府及其有关部门应当采取措施，支持、推动绿色包装、仓储、运输，促进电子商务绿色发展。"这表明，我国电子商务法确立了以推进绿色物流为主要内容的电子商务绿色发展原则。县级以上人民政府及有关部门对此应采取措施，促进电子商务绿色发展。《中华人民共和国电子商务法》确立的绿色发展原则的落实，核心就是以推进绿色物流服务为内在要求。促进电子商务绿色发展的主要措施如下。

（一）绿色包装

《中华人民共和国电子商务法》对经营者使用绿色环保包装材料作出了要求。政府在推动绿色包装方面应着重利用技术手段，积极开发绿色包装材料。一是避免使用含有毒性的材料。包装容器或标签上所使用的颜料、染料、油漆等应采用不含重金属的原料；作为接合材料的粘剂，除应不含毒性或有毒成分外，还应在分离时易于分解。二是尽可能使用循环再生材料。国际上使用的可循环再生材料多是再生纸，将废纸回收后可制成再生纸箱、模制纸浆、峰浆纸板和纸管等。三是积极开发植物包装材料。植物基本上可以延续不息地重产繁殖，而且大量使用植物一般不会对环境、生态平衡和资源的维护造成危害，受到国际包装市场青睐。四是选用单一包装材料。减少包装材料的种类和数量，产品包装的种类应尽可能少。这样不必使用特殊工具即可将材料解体，还可以节省回收与分离时间，避免使用黏合方法而导致回收、分离的困难。如果能够使用单一种类的材料就尽量使用一种，这样更有助于产品包装的回收利用。

（二）绿色仓储和绿色运输

电子商务绿色发展的重要前提之一就是物流配送的科学性、合理性。确保及时送达货物的同时尽可能选择耗能少、污染少的配送方式。制定相应的物流配送各环节标准，制定节能制度。

绿色仓储是指以环境污染小、货物损失少、运输成本低等为特征的仓储。仓储本身对周围环境产生影响。例如，保管、操作不当会引起货品损坏、变质、泄漏等；另外，仓库布局不合理也会导致运输次数的增加或运输迂回。要做到绿色仓储，必须满足以下要点：仓库选址要合理，有利于节约运输成本。仓储布局要科学，使得仓库得以充分利用，减少仓储成本。仓储建设应当进行相应的环境影响评价。充分考虑仓库建设和运营对所在地的环境影响，比如易燃、易爆商品不应放置在居民区，有害物资仓库不应安置在重要水源地附近等。

绿色运输是绿色物流的重要组成部分。绿色运输是，指以节约能源、减少废气排放为特征的运输。其实施途径主要包括：合理选择运输工具和运输路线，克服迂回运输和重复运输，以实现节能减排的目标；改进内燃机技术和使用清洁能源，以减少对环境的污染；防止运输过程中的泄漏，以免对局部地区造成严重的环境危害。

推广绿色低碳运输工具，淘汰更新或改造老旧车船。实现绿色运输的方式有三点：第一，发展多式联运。多式联运不是单纯的运输方式的转换，而是运输企业或运输承运人的自觉行动，可以提高运输效率。联运的主要特点是：在从生产者到消费者整个行程中，货物运输在公路和铁路（有时是水上）之间是连续不断的，联运的核心是每一种运输形式都发挥出最适应其运输特点的应有作用。第二，发展共同配送。共同配送指由多个企业联合组织实施的配送活动。它主要是针对某一地区的客户所需要物品数量较少导致使用车辆不满载、配送车辆利用率不高等情况。共同配送可以最大限度地提高人员、物资、资金、时间等资源的利用效率，取得最大化的经济效益。同时，可以去除多余的交错运输，并取得缓解交通、保护环境等社会效益。对企业界而言，向物流绿色化推进就必须实行共同配送，以节约能源，防止环境污染。第三，建立信息网络。采用和建立库存管理信息系统、配送分销系统、用户信息系统、EDI/Internet 数据交换、GPS 系统以及决策支持系统、货物跟踪系统和车辆运行管理系统等，对提高物流系统的运行效率起着关键作用。同时，要更好地建立和运用企业间的信息平台，将分属不同所有者的物流资源通过网络系统连接起来进行统一管理和调配使用，放大物流服务和货物集散空间，使物流资源得到充分利用。

三、促进电子商务基础建设

《中华人民共和国电子商务法》第六十六条规定："国家推动电子商务基础设施和物流网络建设，完善电子商务统计制度，加强电子商务标准体系建设。"

（一）电子商务基础设施建设

《"十四五"电子商务发展规划》中提到，国家要支持电子商务新型基础设施建设、公共服务平台建设、科技创新研发、推广等活动，支持农村电子商务、跨境电子商务和工业电子商务发展。引导电子商务企业积极参与阳光采购，提供应急物资保障。鼓励电子商务平台企业全球化经营，完善仓储、物流、支付、数据等全球电子商务基础设施布局。

（二）物流网络建设

《"十四五"电子商务发展规划》中提到，要积极推动供应链数字化转型。支持 B2B 电子商务平台加速金融、物流、仓储、加工及设计等供应链资源的数字化整合，培育产业互联网新模式新业态。鼓励工业电子商务平台向数字供应链综合服务平台转型，提供线上线下一站式服务，解决采购、营销、配送、客户服务等业务痛点。鼓励企业依托电子商务平台发展可视化、弹性化供应链业务体系，提升供应链快速响应能力。

（三）电子商务标准体系建设

电子商务标准化，是对电子商务的信息，在进行数据化定义、描述、分类、标识及格式化的基础上，依托互联网络，通过选择交易伙伴、交换贸易数据资料，直至完成全部贸易手续等作业方式，实现标准化的过程。电子商务标准化的内容主要有数据分类、标识和维护技术，信息包结构化技术和文本描述技术，电子商务安全，电子支付，网络通信，一致性测试和认证等方面。我国电子商务标准体系不断健全，累计制定发布了 120 余项国家标准、50 余项行业标准以及多项团体标准。

《"十四五"电子商务发展规划》特别提出完善电子商务法规标准体系。统筹推进电子商务相关法律法规制定修订，加快数据立法进程，探索建立数据产权制度，统筹数据利用和数据安全。研制数字供应链实施指南和标准规范，建立健全区域数字供应链发展评价体系，开展企业数字供应链能力诊断行动，指导地方依托区域特色产业集群，打造数字供应链网络。推动建立互利共赢、公开透明的电子商务国际规则标准体系。

四、促进电子商务融合发展

《中华人民共和国电子商务法》第六十七条规定："国家推动电子商务在国民经济各个领域的应用，支持电子商务与各产业融合发展。"

电子商务融合发展，是指将互联网融入国民经济的各个领域之中，实现线上与线下融合、互联网与其他行业融合，促进电子商务在国民经济各领域的应用。

《"十四五"电子商务发展规划》提到，电子商务融合发展主要包括以下三个方面：加速线上线下融合、产业链上下游融合、国内外市场融合。

未来电子商务将进一步融合线上与线下渠道。近年来，各大电子商务平台开始意识到线下渠道的不可替代性，纷纷加入线下布局。同时，传统线下实体企业也逐渐从线下向线上延伸。

通过加强大数据、物联网、区块链、云计算等新兴技术的应用，提升对行业及用户的服务水平与科技应用能力，不断构筑对产业链上下游的智慧服务能力。

立足高水平对外开放，充分发挥电子商务集聚全球资源和要素高效配置的优势，推动相关产业深度融入全球产业链供应链，助力产业链供应链安全稳定；丰富电子商务国际交流合作层次，推进电子商务领域规则谈判，与世界各国互通、互鉴、互容。

五、促进农村电子商务和精准扶贫

《中华人民共和国电子商务法》第六十八条规定："国家促进农业生产、加工、流通等环节的互联网技术应用，鼓励各类社会资源加强合作，促进农村电子商务发展，发挥电子商务在精准扶贫中的作用。"

《"十四五"电子商务发展规划》中提到以电子商务服务乡村振兴，带动下沉市场提质扩容。主要包括培育农业农村产业新业态，推动农村电子商务与数字乡村衔接，培育县域电子商务服务。

电子商务助力乡村振兴，统筹政府与社会资源，积极开展"数商兴农"，加强农村电子商务新型基础设施建设，发展订单农业，赋能赋智产业升级。"互联网＋"农产品出村进城工程，充分发挥"互联网＋"在推进农产品生产、加工、储运、销售各环节高效协同和产业化运营中的作用，培育一批具有较强竞争力的县级农产品产业化运营主体，强化农产品产地生产加工和仓储物流基础设施。扩大农村电子商务覆盖面，深化农村电子商务，推动直播电子商务、短视频电子商务等电子商务新模式向农村普及，创新营销推广渠道，强化县级电子商务公共服务中心统筹能力，为电子商务企业、农民合作社、家庭农场、专业服务公司等主体提供市场开拓、资源对接、业务指导等服务。加快贯通县乡村物流配送体系。升级改造县级物流配送中心，科学设置场内分区，更新换代自动分拣、传输等设施，为电子商务快递、商贸物流等各类主体服务。发展共同配送，健全县、乡、村三级物流配送体系，发展统仓共配模式。

六、促进电子商务数据保护与合法利用

《中华人民共和国电子商务法》第六十九条规定："国家维护电子商务交易安全，保护电子商务用户信息，鼓励电子商务数据开发应用，保障电子商务数据依法有序自由流动。"

这一规定明确了保护用户信息与开发利用并重，体现了促进发展的理念。

（一）电子商务数据

电子商务相对于传统零售业来说，最大的特点就是消费者的一切行为都可以通过数据化来监控。通过数据可以看到用户从哪里来、浏览了什么产品、历史消费数据等，商家就可以有针对性地推荐产品，从而带来较好的转化率，并提高投放广告的效率等。当用户在电子商务平台上产生了购买行为之后，就从潜在客户变成平台的价值客户。电子商务网站一般都会将用户的交易信息，包括购买时间、购买商品、购买数量、支付金额等保存在自己的数据库里，以便对用户建立画像。因此，电子商务数据开发、利用、流动中的权益应得到法律保护。

【案例6-2】卢某、吴某、罗某等利用职务之便侵犯公民个人信息案[①]
福建省泉州市中级人民法院（2020）闽05刑终987号

2017年10月，被告人杜某在晋江市某镇某村某开发区仓储中心

---

① 中国裁判文书网（有删减），https：//wenshu. court. gov. cn/website/wenshu/181107ANFZ0BXSK4/index. html? docId = vUmy3C2ryolTSuZ/UKQQHshhMESpøvAVksXsFp0de1uxE2OtTVv6evUKq3u + IEo49ZjW9rCjP7dNµ2E + C4DWHXo1/3OvediSJilLVvXfHTHVLCi9Dk7LnpI4Ob2c +/u4.

任仓库主管，期间提供该中心信息系统的登录账号、密码给被告人卢某，用以窃取该中心交易信息，后离职。2018 年 7 月，被告人杜某在泉州市某开发区某公司任仓库管理员，期间获取该公司信息系统的登录账号、密码，并提供给被告人卢某用以窃取该公司交易信息。2017 年至 2018 年，被告人杜某还协助被告人卢某整理部分窃取的交易信息。被告人杜某从被告人卢某处共获利至少 10000 元。

2018 年 3 月以来，被告人吴某等人受被告人卢某指使，陆续到各电商公司应聘工作，成功后即利用职务之便获取公司信息系统的登录账号、密码信息，并提供给被告人卢某，用以窃取公司交易信息，随即辞职。

2018 年 4 月，被告人卢某将所得账号信息提供给被告人邹某，委托其登录系统并窃取电商交易数据，内容包括姓名、手机、昵称、地址、商品名称、店铺名称、订单编号等。邹某利用他人提供的软件工具下载、整理部分交易信息，再将所窃取信息发送给被告人卢某。被告人邹某从中获利逾 15000 元。

案发后，经福建中证司法鉴定中心鉴定，从被告人卢某笔记本电脑检出的文件经去重统计，得到 229501 条交易信息；从被告人邹某电脑得到 440149 条交易信息。

经查，被告人卢某共侵犯交易信息 442831 条，因出售公民个人信息获利逾 50000 元。被告人吴某共侵犯交易信息 435242 条，被告人吴某、罗某等人获利超 11000 元。

法院认为，被告人卢某等人结伙违反国家有关规定，非法获取、出售公民个人信息，情节特别严重，其行为构成侵犯公民个人信息罪。

判决：（一）被告人卢某犯侵犯公民个人信息罪，判处有期徒刑五年，并处罚金人民币十万元。（二）被告人吴某犯侵犯公民个人信息罪，判处有期徒刑四年，并处罚金人民币五千元。（三）被告人罗某犯侵犯公民个人信息罪，判处有期徒刑三年零九个月，并处罚金人民币一万五千元。其他被告人均得到相应惩罚。

后被告人上诉，法院裁定如下：

驳回上诉，维持原判。

本裁定为终审裁定。

思考：

1. 结合案例，谈谈如何做好电子商务数据的安全和保护工作。

数据交易有序合法的前提是明确个人信息以及数据的权属界限，在法律上确定不同主体对数据资源中相应利益或权利的边界或基本内容。2021年11月1日起施行的《中华人民共和国个人信息保护法》明确规定了个人信息处理的相关内容，例如：个人信息处理者在处理个人信息前，应当以显著方式、清晰易懂的语言真实、准确、完整地向个人告知；处理敏感个人信息应当取得个人的单独同意；处理个人信息应当遵循公开、透明原则；公开个人信息处理规则，明示处理的目的、方式和范围；采取必要措施保障所处理的个人信息的安全。

近年来发生的一系列数据资源纠纷案例，既涉及网络经营者之间数据权益的争夺，也涉及用户个人信息保护与经营者数据权益的冲突与协调。协调个人信息保护以及数据权益分配应当从以下三个方面予以把握。

（1）以契约机制作为解决用户与网络经营者数据权益分配的主要路径。互联网时代人们的生活、工作、商务、消费等各种活动越来越多地通过网络来开展。用户通过提供一定的信息给网络经营者，从而获得某种网络服务，而互联网服务经营者或网络交易经营者通过一定的技术手段对用户信息加以分析利用，从而实现大数据的经济价值。

（2）对经营者收集和利用用户信息获得授权的方式及内容的必要限制。在互联网环境下，身份的验证与确认、交易的实现等都需要以用户向经营者在线提供一定的信息为前提，在互联网时代，提供信息的主要方式除了用户注册环节以外，其他大部分信息是网络经营者通过技术手段收集而来。虽然《中华人民共和国电子商务法》《中华人民共和国网络安全法》《中华人民共和国民法总则》《中华人民共和国个人信息保护法》等法律对收集个人信息必须经过用户同意作了规定，但在具体适用中，应对取得的形式予以规制，应当对不同类型的信息采取不同的授权方式，不得采取打包授权的方式。经营者利用个人信息，涉及用户隐私和能识别特定人的信息时，必须再次获得用户授权。其他非敏感个人信息的利用则无须重新授权，可采取协议的方式确定。此外，个人信息的利用不得侵害用户的隐私权和其他合法权益。比如大数据杀熟就是通过分析用户信息，掌握其经济状况及对价格的敏感度，从而侵害用户知情权和选择权的典型事例。

（3）兼顾用户权利的保护、数据流动的需求及经营者的合理商业利益。在实践中，经营者提供互联网信息服务或从事网络交易积聚了大量的用户信息，形成了经营者实际拥有的数据资源。这些数据或信息中的一部分通过网络服务平台予以开放，向用户或第三方合作者提供，例如用户或第三方可以通过新浪微博的开放数据平台获得相关的信息。一方面，互联网的本质是开放的，数据信息的自由流动是数据有效利用的前提，如果采取过分严苛的制度限制数据抓取，将不利于互联网功能的发挥；另一方面，数据提供方经过大量的资金投入和长期的经营积累的用户数据属于其核心竞争力，应当认可其适度的支配控制权。此外，经过平台授权也并不意味着数据抓取方抓取数据的行为就具备了合法性，因为用户才是数据权益的重要的主体。抓取的数据中若包含个人信息的，不应该绕过用户。

（二）公共数据共享机制

公共数据是指政府在行政管理过程中收集以及产生的信息。建立公共数据共享机制，一方面，可以降低电子商务经营者及相关参与者自行收集相关信息的成本；另一方面，依托政府力量形成的公共数据更具有可靠性，有助于了解交易主体双方的身份、信誉等信息，促进交易的进行，提高交易效率，保障交易安全。

七、促进电子商务信用评价体系建设

《中华人民共和国电子商务法》第七十条规定："国家支持依法设立的信用评价机构开展电子商务信用评价，向社会提供电子商务信用评价服务。"

《"十四五"电子商务发展规划》提出加强电子商务监管治理协同，推进数字化、网络化和平台化监管，构建可信交易环境，保障市场公平竞争；督促电子商务平台经营者加强对平台内经营者管理，探索建立"互联网＋信用"的新监管模式，引导电子商务直播带货平台建立信用评价机制。

　　各类电子商务平台用户发表的商品评价，往往成为消费者衡量商品服务品质的重要辅助参考。对于卖家而言，"好评"有助于吸引客源，带来大量交易机会和潜在经济效益。

　　电子商务平台设计评价体系是基于买卖双方公平立场、维护行业发展的一项开拓性措施，相当一段时间内起到了良好作用。然而，在利益驱动下，部分商家想方设法增加"好评"数量，导致信用评价体系逐渐变味。国家市场监管总局曾发布《2021年度重点领域反不正当竞争执法典型案例——网络虚假宣传篇》，对一些商家虚构评价、"刷单炒信"问题进行曝光。

　　虚假评价数据扭曲了平台评价机制的初衷，使其可信度大打折扣，在一定程度上扰乱了正常的网购秩序。对此，《中华人民共和国电子商务法》明确指出，电子商务经营者不得以虚构交易、编造用户评价等方式进行虚假或者引人误解的商业宣传，欺骗、误导消费者。电子商务平台经营者应当建立健全信用评价制度，公示信用评价规则。

　　除市场监管部门要加大失信惩治力度外，电子商务平台、商家和消费者应携手同行、凝聚合力，营造良好的电子商务信用评价体系。电子商务平台要切实履行主体责任，改进审核机制，以更高效精准的方式打击虚假好评，力挺真正的"好评商家"，让虚假评价没有生存空间。此外，还要健全完善信用评价体系，制订评价依据，细化评价标准，保障消费者的知情权和选择权。

　　信任机制是网购成交的基石，商品评价体系是平台信任机制的重要组成部分。依法实施信用监管是规范电子商务市场秩序、改善市场信用环境的关键举措，更是推动电子商务行业高质量发展的必由之路。相信好评失真的问题解决后，评价体系的多元化内容能为消费者的决策提供更全面的参考，助力平台经济健康有序发展。

八、促进跨境电子商务发展

（一）我国跨境电子商务现状

　　《中华人民共和国电子商务法》第七十一条第一款规定："国家促进跨境电子商务发展，建立健全适应跨境电子商务特点的海关、税收、进出境检验检疫、支付结算等管理制度，提高跨境电子商务各环节便利化水平，支持跨境电子商务平台经营者为跨境电子商务提供仓储物流、报关、报检等服务。"据此，一方面，国家应建立健全与跨境电子商务特点相适应的海关、税收、进出境检验检疫、支付结算等管理制度；另一方面，跨境电子商务平台经营者依托国家的支持为跨境电子商务平台内经营者提供仓储物流、报关、报检等服务。

2022 年 11 月 24 日，《国务院关于同意在廊坊等 33 个城市和地区设立跨境电子商务综合试验区的批复》正式发布，同意在廊坊市、沧州市、运城市等 33 个城市和地区设立跨境电子商务综合试验区。此次扩围之后，我国跨境电子商务综合试验区数量达到 165 个，覆盖 31 个省份。据海关总署统计，中国跨境电商进出口 2015 年至 2020 年增长近 10 倍，2021 年规模达到 1.92 万亿元，增长 18.6%。从最新数据来看，2022 年我国跨境电商仍保持平稳较快增长，上半年跨境电商进出口交易额同比增长 28.6%。其中，跨境电商综合试验区带动作用明显。①

2020 年，跨境电子商务零售进口试点扩大至 86 个城市及海南全岛。2021 年 3 月 18 日，商务部、发展改革委、财政部、海关总署、税务总局、市场监管总局发布《关于扩大跨境电子商务零售进口试点、严格落实监管要求的通知》，将跨境电子商务零售进口试点扩大至所有自贸试验区、跨境电子商务综合试验、综合保税区、进口贸易促进创新示范区、保税物流中心（B 型）所在城市（及区域）。

2022 年 9 月 1 日，中国电子商务大会上，商务部副部长盛秋平提到我国电子商务示范基地总数达 155 家。随着国家"一带一路"倡议的构建和推出，跨境电子商务行业进入战略发展期，助力我国传统商贸结构转型升级。近年来，国务院发布了《关于实施支持跨境电子商务零售出口有关政策的意见》等一系列涉及跨境电子商务的政策性文件，支持我国跨境电子商务企业的发展，推动我国外贸发展方式从"制造驱动"向"服务驱动"转型升级。

跨境电子商务已成为我国外贸的重要支柱。我国跨境电子商务市场规模持续、稳定增长，其中跨境出口电子商务行业依靠国内日趋完善的供应链以及国内电子商务行业积累的领先优势。据网经社电子商务研究中心 2022 年 8 月 29 日发布的《2022 年（上）中国跨境电商市场数据报告》所

---

① 中国日报网，https://baijiahao.baidu.com/s? id = 1750451317144724685&wfr = spider&for = pc。

示，2021 年中国跨境电商市场规模达 14.2 万亿元，同比增长 13.6%，2022 年上半年跨境电商市场规模达 7.1 万亿元，预计 2022 全年跨境电商市场规模将达 15.7 万亿元。

《"十四五"电子商务发展规划》支持跨境电子商务高水平发展。鼓励电子商务平台企业全球化经营，完善仓储、物流、支付、数据等全球电子商务基础设施布局，支持跨境电子商务等贸易新业态使用人民币结算；培育跨境电子商务配套服务企业，支持全球产业链、供应链数字化，带动品牌出海。继续推进跨境电子商务综合试验区建设，探索跨境电子商务交易全流程创新；加快在重点市场海外仓布局，完善全球服务网络；补足货运航空等跨境物流短板，强化快速反应能力和应急保障能力；优化跨境电子商务零售进口监管，丰富商品品类及来源，提升跨境电子商务消费者保障水平；加强跨境电子商务行业组织建设，完善相关标准，强化应对贸易摩擦能力，为中国电子商务企业出海提供保障和支撑措施。

（二）跨境电子商务具体管理措施

1. 单一窗口

根据联合国贸易便利化与电子业务中心（The United Nations Centre for Trade Facilitation and Electronic Business，UN/CEFACT）2005 年第 33 号建议书的定义，"单一窗口"是指，国际贸易和运输相关各方在单一登记点一次性以电子形式提交满足全部出口和转口相关监管要求的标准资料、单证与数据。《中华人民共和国电子商务法》第七十二条规定："国家进出口管理部门应当推进跨境电子商务海关申报、纳税、检验检疫等环节的综合服务和监管体系建设，优化监管流程，推动实现信息共享、监管互认、执法互助，提高跨境电子商务服务和监管效率。跨境电子商务经营者可以凭电子单证向国家进出口管理部门办理有关手续。"据此，国家应当提供海关、税收、检验检疫信息共享、监管互认、执法互助的综合服务和监管体系。对于跨境电子商务经营者而言，只要通过单一窗口提交有关资料即可完成报关、报检、收汇、退税等政务服务。我国跨境电子商务综合试验区正在完善各试验区单一窗口的建设。中国（杭州）跨境电子商务综合试验区率先在全国推出跨境电子商务线上综合服务平台，促进数据的互联互通和共享共用，企业通过线上实现"一站式报关、报检、收汇、退税等政务服务，跨境电子商务企业通过线上综合服务平台，一键申报、全国通关"，实现"一次申报、一次查验、一次放行"，为跨境电子商务经营者提供了便利。

2. 单证电子化

除单一窗口之外，单证电子化也是跨境电子商务中的一项重要制度。《中华人民共和国电子商务法》第七十二条第二款规定："跨境电子商务经营者可以凭电子单证向国家进出口管理部门办理有关手续。"该条款为单证电子化提供了法律依据，明确了向国家进出口管理部门办理有关手续时，使用电子单证与纸质单证具有同等法律效力。跨境电子商务经营者往往通过电子单证便可在单一窗口上实现政务服务。

（三）跨境电子商务国际合作与争议解决

规范和促进跨境电子商务，不仅需要加强国内法制建设，也要加强国际交流与合作。《中华人民共和国电子商务法》第七十三条第一款规定："国家推动建立与不同国家、地区之间跨境电子商务的交流合作，参与电子商务国际规则的制定，促进电子签名、电子身份等国际互认。"《中华人民共和国电子签名法》对保障电子商务交易安全发挥了重要作用。我国积极参与联合国国际贸易法委员会电子商务工作组的立法工作，促进电子签名、电子身份等国际互认。

此外，《中华人民共和国电子商务法》第七十三条第二款规定："国家推动建立与不同国家、地区之间的跨境电子商务争议解决机制。"就不同国家、地区在跨境电子商务中产生的争议问题，国家应当推动建立跨境电子商务争议解决机制。目前，我国跨境电子商务争议的解决方式主要是线上纠纷解决和线下纠纷解决两种方式。线上纠纷解决方式主要是跨境电子商务对在线纠纷解决机制的转化应用，电子商务平台接到交易方投诉后，采取在线协商化解争议，若协商未达成，双方可以授权平台进行第三方裁定。线下纠纷解决方式主要是依赖传统诉讼、仲裁等非互联网技术手段处理纠纷。但是两种方式都有其局限性，可建立基于智能合约技术推动下的跨境电子商务多元化纠纷解决机制。[①] 我国跨境电子商务综合试验区也在积极探索有关跨境电子商务争议解决机制，例如广州跨境电子商务综

---

① 魏婷婷：《跨境电商纠纷解决机制的优化与创新》，《人民论坛》，2020 年第 15 期，第 180－181 页。

合试验区成立了首家跨境电子商务行业人民调解委员会，用以调解企业与企业、企业与用户之间的民商事纠纷。杭州仲裁委员会建立了跨境电子商务仲裁中心，与国内多家跨境电子商务试验区签订了合作备忘录，成立仲裁联盟，还与多个国外相关机构签订了合作备忘录。

第二节　电子商务的市场监管

【案例6-3】广州市市场监管局网上"亮剑"①

随着互联网的发展，网络上恶意竞争等问题时有发生，引发了社会广泛的关注。互联网不是法外之地，虚假宣传、侵权等现象正在危害网络环境。

广州市2020网络市场监管专项行动（以下简称"2020网剑行动"）中，全市市场监管部门累计在网上检查网站（网店）2万个次，实地检查网站（网店）1.02万个次，督促网络交易平台删除违法商品信息1501条，责令整改网站735个，提请关闭网站69个，责令停止营业网店153个，抽查核实平台内销售食品、药品、防疫用品经营者主体信息1342个次，查处网络交易违法案件60件，罚没金额231.79万元。

据介绍，2020年10月至12月，广州市市场监管局牵头市网络市场监管部门联席会议各成员单位深入推进"2020网剑行动"。该行动以落实电子商务平台责任，打击网上销售假冒伪劣商品、野生动植物及其制品、不正当竞争行为等各类违法行为为重点，规范网络经营者的经营行为，保护消费者和经营者合法权益。

行动中，广州市市场监管部门在加强与本地电子商务平台协同治

---

① 魏婷婷：《跨境电商纠纷解决机制的优化与创新》，《人民论坛》2020年第15期，第180-181页。

理的基础上，突出开展网络市场监管执法跨区域协调合作。截至2020年12月底，全市共提请协查主体数据信息（线索）206条、移送主体数据信息（线索）45条，形成网络市场监管合力。

截至2020年12月31日，广州市登记以网络地址作为经营场所的个体工商户4395家。为规范网络经营主体资格管理，广州市市场监管局对226家电子商务平台企业开展"双随机、一公开"抽查，其中，35家企业因实地查无或不按要求公示被列入异常名录。

与此同时，该局开展落实电子商务平台主体责任专项行动，督促平台企业依法落实平台治理责任，共核查电子商务平台489家次，行政指导207家，行政约谈41家，发出责令改正通知137份。

为进一步规范网络经营和集中促销活动，广州市市场监管局结合"2020网剑行动"要点，针对"双十一""双十二"等网络集中促销活动中出现的虚假宣传等问题，组织各区市场监管部门督促重点电子商务企业依法依规开展经营。如黄埔区市场监管局督促电子商务企业利用商品大数据对在售商品进行风险评估和筛查，主动发现潜在质量风险；从化区市场监管局实地走访9家电子商务平台经营者，督促其签订《不销售违反知识产权商品的承诺书》。

在"2020网剑行动"中，广州市市场监管局坚持"依法管网、以网管网、信用管网、协同管网"理念，将日常监管与专项行动相结合，严厉查处网络违法行为。

全市市场监管部门对系统登记注册的26万余家网络经营主体，开展线上核查比对和实地抽查。目前，已核查网络经营主体数据信息13.07万条，掌握本地涉及食品、药品等行业主要经营性网站407家。在此基础上，该局组织开展对食品、餐饮、药品、保健品等重点行业的定向监测，完成核查整改157条涉嫌违法线索。

执法过程中，各区市场监管部门注重研判网络经营新业态衍生的监管新难点，不断提升网络交易执法监管能力和水平。如天河区市场监管局重点对"三品一械"进行线下实体专项抽检，其中，食品抽检613批次、药品抽检70批次、医疗器械抽检13批次；白云区市场监管局启用知识产权保护与投诉举报快速处置平台，处理各类涉网投诉举报。

思考:

1. 如何有效地对网络企业的行为进行监管?

一、电子商务市场监管的含义

电子商务市场监管是指拥有电子商务监管权的主体,为了确保电子商务市场秩序的规范运行,在法律法规的指导下对电子商务活动给予监督和管理的行为。[①]

基于《中华人民共和国电子商务法》对电子商务范围的界定,本书所指的电子商务市场监管是指狭义电子商务市场监管,即对通过互联网等信息网络销售商品或者提供服务的经营活动实施的监管行为,不包括对金融类产品和服务、利用信息网络提供新闻信息、音视频节目、出版以及文化产品等服务的市场监管。

电子商务市场监管是对电子商务市场交易活动进行监督管理的行为。这一含义可以从以下四个方面理解。

(一)电子商务市场监管是一种监督、管理行为

"监管"这一词语是监督、管理的意思。监管关系中通常具有一方对另一方单方约束、单方行使权力(权利)的性质。监管关系中的主体是监管方和被监管方,监管方对被监管方拥有监督、管理、控制等权力,一般情况下无须取得被监管方的同意。这和基于自治原则下的民事法律行为相区别。例如,政府部门对违法行为予以查处、行业组织对相关经营者进行纪律处理、电子商务平台经营者对平台内经营者的身份进行核验等,都不需要取得经营者的同意。

(二)电子商务市场监管是对电子商务市场交易活动的监管

市场监管是指对市场交易活动的监督管理。市场交易活动通常属于商法意义上的经营活动,因此市场监管也可称为对市场经营活动的监管。电

[①] 工卫东:《电子商务法律法规》,清华大学出版社 2021 年版。

子商务市场监管，就是指对电子商务市场经营活动的监管。

对于电子商务的含义有广义和狭义之分。因此，从监管对象的角度出发，电子商务市场监管相应地分为广义的电子商务市场监管和狭义的电子商务市场监管。

（三）电子商务市场监管是各个主体的共同监管

狭义的市场监管，是指政府部门或依法行使政府部门职责的单位对市场交易活动实施的监督管理行为，即行政监管。广义的市场监管，是指市场交易中承担监督、管理、治理职责和权力（权利）的各个主体的行为。《中华人民共和国电子商务法》第六条、第七条对电子商务监管问题中政府部门以外的主体也采用了"协同管理"、参与"市场治理体系"的用语，表明对于电子商务市场监管的主体采用了广义说，即除了政府部门以往，其他主体参与的管理、治理活动，也属于电子商务市场监管的范畴。

（四）电子商务市场监管的依据是法律规定

监督管理本质上是一方对另一方的单方约束行为。监管方拥有的监管职权或职责，应当以法律的规定为依据。政府部门的监管权力直接来源于法律的规定；其他主体的监管权限在表现形式上也可以通过合同约定或自治规范产生，例如，基于平台的服务协议和交易规则对经营者的监管、行业组织对其成员的约束等，但平台制定服务协议对经营者进行监督管理、行业组织对其成员进行管理，本身就是法律要求电子商务平台经营者、行业组织履行的法定义务，也是其拥有的职权，当然也就成为平台制定具体监管规则的依据。作为市场监管依据的法律，除法律、行政法规以外，还包括与上位法不相抵触的部门规章、地方性法规。

二、电子商务市场监管的必要性

我国电子商务蓬勃发展，已成为我国经济发展的新动力，对电子商务交易行为的监管是促进其健康发展的重要手段。

（一）电子商务持续健康发展需要必要的市场监督管理

就自治和监管的关系而言，从私权理论的角度看，自治的本意是自由、自主决定和管理，是相对于外部管制、监管而言的，企业自治或市场自治是发展的前提和根本。这在很大程度上有赖于市场主体的自治、创新和宽松的监管环境。市场主体为了营利而开展经营活动，在实现其营利性目标的过程中可能会存在不同主体的利益冲突，这种利益冲突不可能完全靠自我约束和市场调节解决，即存在市场失灵的情形。自治是为了发展，但要规范发展，不能以损害消费者权益为代价，也不能以不公平竞争、假冒伪劣盛行为代价，这就需要规范。规范机制包括两个方面：一是内部约束，二是外部监管。如果内部约束不够，必然需要外部监管。适度的、必要的监管是维护市场正常秩序、保护各方合法权益的必要手段。随着互联网技术带来的商业模式创新，不仅实物电子商务取得了长足的进步，网约车、外卖等O2O多领域的服务电子商务也得到了飞速发展。但与此同时，也不可避免地带来了诸多问题，侵害消费者权益、违反公平竞争秩序、侵害其他经营者权益的行为以各种形式出现，而且由于互联网不受空间限制的放大效应，在一定程度上对电子商务的长远发展造成了很大危害。这就需要处理好发展与规范的关系，通过科学合理的监管体系，实现电子商务的规范健康发展。

（二）电子商务的特殊性要求建立不同于传统市场监管的体系和制度

我国政府有关部门在各自职能范围内，对各个领域的市场交易及相关业务进行监管，基本上建立了比较完整的市场监管体制，制定了一批相应的法律制度，形成了以法律法规为基础、以行政监管为主导的监管格局。电子商务作为技术进步和商业模式创新相结合的一种全新交易形态，给交易形式、交易安全、支付方式、消费者保护、信用机制、知识产权保护、个人信息保护、争议解决等方面带来了新的问题。为维护交易秩序、促进行业发展、保障交易安全、保护消费者权益，需要通过专门的制度予以必要的监管。

三、电子商务市场监管的措施

（一）电子商务协同治理市场监管模式

市场监管模式是指监督管理体系、结构和运行机制。电子商务协同治理市场监管模式是指由电子商务活动中的多方主体协同参与电子商务交易活动的管理，而不是仅由单一类型的主体进行监督管理。

《中华人民共和国电子商务法》第七条规定："国家建立符合电子商务特点的协同管理体系，推动形成有关部门、电子商务行业组织、电子商务经营者、消费者等共同参与的电子商务市场治理体系。"这一规定确立了多元共治、协同管理的电子商务市场监管模式。政府与企业、社会组织以及公民等利益相关者，为解决共同的社会问题，以适当方式进行互动和决策，并分别对结果承担相应责任。

（二）电子商务的行政监管

电子商务的行政监管是由政府部门实施的电子商务市场监管行为。在我国，行政监管在电子商务市场监管中处于主导地位。行政监管体制是履行政府监管职能的机构设置、管理权限划分及其相互关系的组织结构与制度。具体监管机制和方式的完善和创新必须建立在理顺监管体制的基础上。

经过多年的发展，我国政府在电子商务监管方面作了持续性的探索和实践，形成了从中央到地方的较为完整的监管体系。目前，中央政府参与电子商务监管的部门构成了一个三层次的金字塔型梯队：第一层次是最主要和直接的监管部门，比较全面地负责电子商务领域的监管事项，例如国家市场监督管理总局、国家发展和改革委员会、商务部、工信部等，负责电子商务市场交易监管、电子商务发展政策制定和标准规范、行业规划等；第二层次是负责电子商务运行过程中某个重要环节或某个专门领域的监管部门包括税务总局、财政部、人民银行、邮政局、公安部等，这些部门将自己传统的监管职责延伸到电子商务领域，而它们所监管的内容又是电子商务运作中非常重要的一个环节，如税收、网络支付、产品质量、快递服务等；第三层次是某些特定行业或领域电子商务活动的主管机构，如交通运输部、外汇管理局、海关总署、文化旅游部、农业农村部等。这是一种典型的"分工共管"模式，由多部门共同监管、分工合作。

（三）电子商务的行业自律

《中华人民共和国电子商务法》第八条规定：电子商务行业组织按照

本组织章程开展行业自律，建立健全行业规范，推动行业诚信建设，监督、引导本行业经营者公平参与市场竞争。

电子商务行业自律（E-commerce industry self-discipline），是指电子商务行业组织及参与者，为规范自身行业行为，协调同行利益关系，维护行业间的公平竞争和正当利益所构建的自我约束机制。它是对政府行政管理体制的配合与补充，通过发挥电子商务行业组织的社会职能，推动企业与行业的自律与诚信建设，逐步形成政府监管、行业组织监督和引导、电子商务经营者自律、消费者监督等共同参与、多元共治的格局。

电子商务的健康、快速发展，行业自律的作用不容忽视。电子商务市场具有虚拟性、复杂性、不确定性的特征，如果完全依赖法律制度、依靠有关行政部门实行监管和治理，需要较高的行政管理和执法成本。而通过电子商务行业自律，降低管理的刚性，可以减少成本，提升效率。目前，电子商务行业组织在规范电子商务市场的过程中还存在诸多问题，影响力较弱、自身机制不健全等制约了行业组织的发展，难以有效约束组织成员的经营行为。

在保护电子商务经营者、用户的权益和对电子商务市场进行监管的过程中，行业自律可依据市场的发展情况及时调整监管的范围、方式以及相关标准等事项，可为电子商务乃至整个互联网行业的发展创造良好的空间，可缓冲电子商务新技术对法律提出的挑战。

例如，为建立我国 B2B 行业自律机制，规范 B2B 行业企业经营行为，维护 B2B 市场秩序及依法促进和保障 B2B 电子商务行业的健康发展。2017 年 12 月，中国电子商务协会 B2B 行业分会与行业 30 多家领先企业在"第四届中国 B2B 电子商务大会"上共同签署并发布《中国 B2B 电子商务行业自律公约》，作为行业发展的最高守则，请各 B2B 企业予以遵守；倡议中国 B2B 行业各大企业均以自愿方式加入本公约；中国电子商务协会 B2B 行业分会之会员单位及签约参加本公约的 B2B 企业，应自觉遵守本公约，并承担规定的义务；从自觉维护全行业整体利益的高度出发，积极推进行业自律，从而创造良好的行业发展环境。[①]

---

① 知乎，https://zhuanlan.zhihu.com/p/503500551。

（四）电子商务的信用监管

信用监管是指通过对监管对象采取信用状况的记录、评价、公开以及对其失信行为的惩戒等措施而实施的监管方式。运用大数据进行社会信用体系建设，建立以信用为核心的新型市场监管方式，具有完全不同于传统监管方式的特点。尤其在空间虚拟、信息海量的电子商务市场，以登记注册、上门检查为主的传统监管模式，需要花费大量的行政资源。基于网络系统中信息的传递性快及覆盖面广的特点，对电子商务经营者进行监管，是一种新型而又有效的监管方式。信用监管的具体措施包括以下三个方面：第一，电子商务经营者的信息公示及监管；第二，政府部门信用档案记录及分类监管和失信惩戒；第三，信用评价。

（五）线下监管和网络监管相结合

政府有关部门可以采取传统的线下监管方式，也可以采用通过网络监管系统进行监管，对电子商务活动进行监督检查。电子商务由于基于网络的特点，进行现场查处取证困难。对网络交易过程中出现的问题，传统的现场执法和区域执法的方式无法有效监管，必须以网络信息技术为依托和手段，创新网络交易监管方式，实现"以网管网"。在我国的电子商务监管实践中，国家市场监督管理总局、国家发展和改革委员会、商务部、国家邮政局、中国人民银行、公安部、海关总署等部门已经通过相应的在线监管、监测系统，对电子商务经营活动进行规定或定向监测、检查，取得了较好的效果。

第七章

电子商务法律责任

【案例7-1】 某跨国连锁餐厅 "秒杀门"[①]

2010年4月6日早上，某跨国连锁餐厅分时段和轮次推出网络 "秒杀"优惠，最高优惠幅度达32元。下午顾客消费时，却被告知后两轮活动已经取消。众多消费者手持在网上辛苦"秒杀"来的优惠券聚集在该连锁餐厅各地分店讨说法。该连锁餐厅回应称，有大量顾客持"假优惠券"消费，故取消活动。从该连锁餐厅此次优惠活动来看，其一方面称电子优惠券库存设为100张，拍完即止。另一方面又号召网友"秒杀"，同时声称"复印有效"。最终导致优惠券数量剧增，卖场失控的状况。

2010年4月7日，消费者刘先生将该跨国连锁餐厅告上法庭，刘先生认为，他与该连锁餐厅之间已经构成了买卖合同关系，该连锁餐厅应当按照发行的优惠券所载明的条款履行合同义务。被告公司不履行义务的行为属于违约行为，故起诉至法院。

思考：

1. 该连锁餐厅的做法是否侵害了消费者的权益？

网络的迅猛发展给电子商务带来了新的发展力量，但由于网络本身的虚拟性，也使得不法分子有机可乘，屡屡利用这种虚拟性在电子商务领域实施违法或其他犯罪行为，严重阻碍电子商务的稳定、健康发展。法律责任条款的设置，对电子商务法律体系的实施效果具有重要的影响。本章将通过介绍电子商务法律责任制度、电子商务经营者的民事责任、违约责任与侵权责任，使学生了解并掌握《中华人民共和国电子商务法》中的法律责任制度以及与其他相关法律法规的法律责任制度的衔接。

---

① 芦溪县人民法院网站，2010-04-15，http：// jxlxfy. cncourt. org/public/detail. php？ id = 307。

第一节　电子商务法律责任概述

一、电子商务法律责任制度概念与特点

法律责任制度是《中华人民共和国电子商务法》的重要组成部分。电子商务法中的法律责任是指电子商务活动的主体在进行相关活动时，违反法律法规的规定或不按约定履行义务时应依法承担的法律后果。电子商务交易活动与传统交易活动最大的区别之一就是其通过互联网等信息技术手段开展经营活动，因此，此过程中所产生的一些法律责任也有别于社会中其他类型的法律责任，有其必然的特殊性。结合《中华人民共和国电子商务法》中关于法律责任制度的规定，可以将电子商务法律责任制度的特点总结为以下三点。

（一）衔接性

电子商务交易与线下传统交易有联系也有区别。这就意味着在电子商务交易中的法律责任与其他相关法律的法律责任规定亦有重合，因此，《中华人民共和国电子商务法》在法律责任的规定里充分考虑了其他法律法规中的规定，如《中华人民共和国产品质量法》《中华人民共和国食品安全法》《中华人民共和国知识产权法》《中华人民共和国反不正当竞争法》《中华人民共和国消费者权益保护法》等。在其他这些法律法规中已经有所规定的部分，将不再进行重复的规定。务求使电子商务法律责任在整个法律体系中衔接性更为良好，更有融合性、体系性，减少法与法之间的冲突，能够形成统一有效的法律责任制度。

（二）专门性

由于电子商务领域的独特性，对于与传统商务活动中不同的法律责任，《中华人民共和国电子商务法》作了专门的规定，有别于其他法律中

241

的责任内容。比如，《中华人民共和国电子商务法》中规定了电子商务经营者、电子商务平台经营者特有的义务以及违反相应义务所因承担的法律责任。目的在于明确相应的法律责任，遏制不法行为，有效维护电子商务市场的健康秩序。

（三）保障性

在电子商务交易中，经营者往往处于更为有利的地位，他们中的一部分人以格式条款、虚假宣传或者假冒伪劣产品侵害消费者的权益。如若对这些行为不加以规制将影响消费者在电子商务交易中的信心，从而影响电子商务市场的良好发展。因此，《中华人民共和国电子商务法》通过对电子商务经营者、电子商务平台经营者的法律责任进行规定，规范经营者的行为、保障消费者的合法权益也是其重要特点。比如，《中华人民共和国电子商务法》第十七条规定："电子商务经营者应当全面、真实、准确、及时地披露商品或者服务信息，保障消费者的知情权和选择权。电子商务经营者不得以虚构交易、编造用户评价等方式进行虚假或者引人误解的商业宣传，欺骗、误导消费者。"

二、电子商务法律责任的类型

（一）民事责任

电子商务经营者与消费者建立合同后，在不侵害社会公共利益与他人合法利益，并且不违反法律强制性规定的情况下，双方应按合同行使权利和履行义务。电子商务经营者没有履行告知义务，虚假宣传、误导消费者，甚至构成欺诈时，侵害了消费者的权益，应当承担违约和侵权责任。

1. 违约责任

违约责任又被称作违反合同的民事责任，是指当事人在履行合同的过程中，不履行合同义务或者履行合同义务不符合约定，而应向对方承担的民事责任。存在违约责任的前提是必须有合同关系、合同义务。电子商务经营者的违约情形主要分为预期违约和实际违约两种：预期违约是指在合同履行期限到来之前，电子商务经营者虽无正当理由但明确表示其在履行期限届满后将不履行合同，或以其实际行为表明将不可能履行合同的行为。比如，网店卖家在发货期限届满之前，明确表示拒绝发货。实际违约

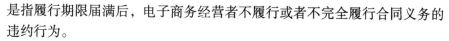

是指履行期限届满后，电子商务经营者不履行或者不完全履行合同义务的违约行为。

2. 侵权责任

电子商务中的侵权责任是指行为人在电子商务活动中，违反法律法规的规定，实施侵权行为侵害了他人的合法权益而应承担的法律责任。电子商务侵权行为的特点在于，行为人侵害他人合法权益所使用的的方式、手段往往与一般侵权行为不同。

（二）行政责任

电子商务中的行政责任是指电子商务活动的参与者在电子商务活动中因行政违法行为而承担的法律后果。电子商务具有高效便利、节约成本等优势，但网络平台准入审核不严格、销售行为混乱、假冒伪劣产品难以甄别等情况离不开政府相关部门的监督管理。《中华人民共和国电子商务法》第六章"法律责任"的核心主要是行政法律责任。行政处罚部门主要是市场监督管理部门。后文将主要阐述电子商务经营者的行政责任。

（三）刑事责任

在电子商务快速发展的同时，针对电子商务的犯罪也频频发生。《中华人民共和国电子商务法》第八十八条规定："违反本法规定，构成违反治安管理行为的，依法给予治安管理处罚；构成犯罪的，依法追究刑事责任。"当事人实施违反电子商务法规定的行为，除承担民事责任和行政责任外，还有可能面临刑事责任。近年来，电子商务犯罪类型在不断增加，主要包括批量倒卖网站信息、利用外挂网站植入木马程序、伪造盗用账户信息和破坏信息系统，涉及罪名有盗窃罪、诈骗罪、非法侵入计算机信息系统罪、盗用身份证件罪等。

《中华人民共和国刑法》第二百八十七条规定："利用计算机实施金融诈骗、盗窃、贪污、挪用公款、窃取国家秘密或者其他犯罪的，依照本法有关规定定罪处罚。"

第二节　电子商务经营者的法律责任

在电子商务活动中，消费者处于更为弱势的地位，部分经营者以格式条款、虚假宣传、销售假冒伪劣产品等方式侵害消费者权益，而由于双方法律地位悬殊等问题，也导致消费者难以维权。对电子商务经营者行为进行规制，严格明确电子商务经营者的法律责任，将有利于维护电子商务市场的繁荣和稳定。

一、电子商务经营者的民事责任

（一）电子商务经营者的民事责任概述

1. 电子商务经营者的范围

《中华人民共和国电子商务法》第九条规定："本法所称电子商务经营者，是指通过互联网等信息网络从事销售商品或者提供服务的经营活动的自然人、法人和非法人组织，包括电子商务平台经营者、平台内经营者以及通过自建网站、其他网络服务销售商品或者提供服务的电子商务经营者。"这说明，电子商务经营者包括各种类型的电子商务经营者和电子商务平台经营者。

2. 销售商品或提供服务的范围

电子商务的内涵是"从事销售商品或者提供服务"，因此《中华人民共和国电子商务法》中采用的含义是，并不局限于网络商品零售，也包括通过网络提供服务。比如，通过网络 app 订购车票、购买电影票、餐饮外卖、购买网络在线教育课程等，都属于销售商品或提供服务的范围。

3. 民事责任所依据之法律

《中华人民共和国电子商务法》第七十四条规定："电子商务经营者销售商品或者提供服务，不履行合同义务或者履行合同义务不符合约定，或者造成他人损害的，依法承担民事责任。"此处所说的"依法承担民事责任"中的"法"，既包括《中华人民共和国电子商务法》本法，也包括其他法律。关于各法律之间的衔接，应当遵循特别法优于普通法的原则，《中华人民共和国电子商务法》中有规定的适用《中华人民共和国电子商务法》，未作规定的，依照其他相关法律、行政法规的规定承担民事责任。比如因违约或侵权引起的民事责任，《中华人民共和国民法典》在第三编"合同"和第七编"侵权责任"中予以了相应的规定。

（二）电子商务经营者的违约责任

《中华人民共和国电子商务法》第七十四条规定："电子商务经营者销售商品或者提供服务，不履行合同义务或者履行合同义务不符合约定，或者造成他人损害的，依法承担民事责任。"此条款规定了电子商务经营者的违约责任是在销售商品或者提供服务时不履行合同义务或履行不符合约定而依法应当承担的民事责任。电子商务经营者的违约责任根据合同当事人的不同，分为三种：违反电子商务平台服务协议的违约责任、违反电子商品及服务交易合同的违约责任和违反电子商品交易中其他相关合同的违约责任。

1. 违反电子商务平台服务协议的违约责任

电子商务平台服务协议属于合同的一种，是指电子商务平台经营者事先拟定，通过平台面向不特定用户发布并重复使用的合同。此种协议的生效往往以用户勾选确认或者签署作为条件。比如在淘宝网的服务协议中，就包括《淘宝平台服务协议》《支付宝服务协议》《淘宝平台规则》等多个协议，当用户在淘宝网进行注册时，会在页面显示"是否同意"的选项，用户勾选同意后，则用户与淘宝网平台达成相应的电子合同。违反电子商务平台服务协议的违约责任主要包括电子商务平台经营者对用户的违约责任和平台内经营者对电子商务平台经营者的违约责任。

（1）电子商务平台经营者对用户的违约责任。电子商务平台服务协议目前并没有统一的版本，但一般而言，会从以下三个方面规定电子商务平台经营者的义务：首先，保障用户进入和退出电子商务平台的自由性。对于符合条件的用户，电子商务平台不得拒绝用户注册，亦不得限制用户进行注销。《中华人民共和国电子商务法》第二十四条中明确规定："电子商务经营者不得对用户信息查询、更正、删除以及用户注销设置不合理条件。"其次，保障交易安全。电子商务平台应保障用户与其平台内经营者交易的安全性和稳定性，不得恶意增加用户交易的风险。最后，保护个人信息安全。电子商务平台经营者应有专门的隐私政策保证平台对个人信息的收集、使用、共享等进行了相应的保护，以防止用户的个人信息泄露，造成交易风险。

对于电子商务平台经营者违反上述义务的，应承担违约责任。《中华人民共和国民法典》五百七十七条规定："当事人一方不履行合同义务或者履行合同义务不符合约定的，应当承担继续履行、采取补救措施或者赔偿损失等违约责任。"由此可知，承担违约责任有三种最基本形式：继续履行、采取补救措施和赔偿损失。另外还有违约金和定金罚则等形式。

继续履行，又称作"强制实际履行"，是指违约方不履行合同义务或者履行不符合约定时，对方当事人请求法律继续强制其按约履行合同的责任形式。继续履行不同于一般意义上的合同履行，是一种独立的违约责任形式。比如，从上述电子商务平台经营者的"保障用户进入和退出平台的自由性"的义务来看，若电子商务平台经营者在服务协议中设置了注册或注销的不合理的条件，用户可以要求其实际履行，以保障用户的自由进入和退出。如电子商务平台经营者拒绝履行，则用户可以诉至法院，要求法院强制其继续履行。

采取补救措施，是指合同的履行出现不适当时，受损害方可要求对方承担修理、更换、重做、退货、减少价款或者报酬等违约责任。

赔偿损失，是指一方违约造成另一方实际损失的，违约方以支付金钱的方式弥补受害方的责任形式。赔偿损失与采取补救措施和继续履行可以并用。赔偿损失具有典型的补偿性，是以违约行为对受害方造成财产损失的事实为基础，确定赔偿损失的方式有法定损害赔偿和约定损害赔偿两种。法定损害赔偿是由法律规定的，由违约方对守约方因其违约行为而造成的损失进行承担的赔偿责任。约定损害赔偿是指当事人在订立合同时，预先约定一方违约时应当向另一方支付一定数额的赔偿金或者约定损害赔偿的计算方式。

违约金，是指当事人一方违反合同时应向对方支付的一定数量的金钱或者财物。《中华人民共和国民法典》第五百八十五条规定："当事人可以约定一方违约时应当根据违约情况向对方支付一定数额的违约金，也可以约定因违约产生的损失赔偿额的计算方法。"由此可见，违约金在我国《中华人民共和国民法典》中仅存在于双方约定的情况下，但电子商务平

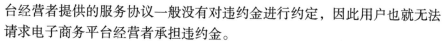

台经营者提供的服务协议一般没有对违约金进行约定，因此用户也就无法请求电子商务平台经营者承担违约金。

定金罚则，是指合同当事人为了保障合同的履行，根据双方约定，由一方向另一方给付定金作为债务的担保，如一方违约则应当双倍返还定金的违约责任形式。但在电子平台达成协议，用户同意服务协议时，用户并未收到电子商务平台经营者提供的定金，则用户不能主张定金罚则。

（2）平台内经营者对电子商务平台经营者的违约责任。平台内的经营者在使用平台进行经营活动时，需在电子商务平台经营者事先拟定的服务协议内进行，若违反相关的义务，则应承担相应的违约责任。平台内经营者的义务一般包括以下三种：一是不得销售禁止销售的产品和提供禁止的服务；二是不得销售假冒伪劣产品；三是不得泄露用户的个人信息或利用用户个人信息获利。

【案例7-2】平台内经营者售假案①

2014年7月，高某以其朋友包某的身份信息在某平台公司运营的某电商平台注册了某网店。2014年12月至2015年7月，高某利用该网店向各地销售假冒注册商标 ROEM 和 MO&Co 的服装赚取差价，累计销售金额106827元。高某在某电商平台进行注册该网店时，点击同意了该平台的《服务协议》，该协议特别提示，完成全部注册程序后，即表示用户已充分阅读、理解并接受协议的全部内容，并与平台达成协议。某电商平台向法院诉请高某赔偿损失106827元以及合理支出10000元。

法院审理后认为：高某已与某电商平台达成协议的依据充分。该网店注册手续由高某办理，高某知晓服务协议的内容，并作为实际使用平台服务的当事人在该网店销售，是该网店的实际经营者，是协议的实际履行主体。本案服务协议明确禁止售假行为，某电商平台对商铺售假作为违约行为予以制止的意思表示清楚明确，高某售假本身采用隐蔽的方式进行，高某并不能因为对方未发现其违约行为而认为对方应分担其造成的对对方的损失。高某的售假行为排挤了诚信商家，

---

① 杭州互联网法院，https：//mp. weixin. qq. com/s/5iTFZ51DmJRZfXiOwrZbfA。

扰乱了公平竞争的网上经营环境，导致诚信商家流失，增加了平台正常招商及商家维护的成本，直接损害了平台的商业声誉。综合考虑与损失相关的各种因素，遂判决高某赔偿某电商平台损失 40000 元和合理支出 10000 元。

思考：

1. 电子商务平台内经营者有哪些义务？
2. 本案例中高某违反了什么义务？
3. 本案例中高某应承担何种法律责任？

2. 违反电子商品及服务交易合同的违约责任

在电子商务的网络环境下，合同的缔结由网络数据传送完成，电子数据信息代替了传统的书面文件，实现了电子合同的无纸化，但商品、服务交易合同实际上仍然属于传统民法上的买卖合同。此种合同主要有两种类型：一是平台与用户之间的商品及服务交易合同；二是平台内经营者与用户之间的商品及服务交易合同。

平台与用户之间以及平台内经营者与用户之间的权利义务由买卖合同规定。平台、平台内经营者出售商品、提供服务承担出卖人的义务，比如承担交付标的物、转移标的物所有权、提供相应服务的责任等。用户是买受人，承担买受人义务，比如支付对应的价款、如实填写评价等责任。若平台、平台内经营者违反相应的义务，用户可以依据《中华人民共和国民法典》《中华人民共和国电子商务法》请求平台、平台内经营者承担实际履行、赔偿损失等违约责任。

3. 违反电子商品交易中其他相关合同的违约责任

在电子商务活动中，交易当事人除了进行买卖和提供商品、服务签订电子合同，还有相应配套的其他情形也需要签署相应的协议，如电子支付、快递物流服务等。《中华人民共和国电子商务法》中对电子支付、快递服务提供者的义务与责任亦进行了相应的规定，构成违约应承担违约责任。一些情形下，若经营者未履行相应法定义务，还应承担法定的侵权责任，形成违约责任与侵权责任的竞合。

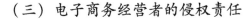

（三）电子商务经营者的侵权责任

根据我国《中华人民共和国民法典》的规定，归责原则是确定行为人是否侵权、是否承担责任的标准和依据。我国采用二元归责体系，即归责原则以过错责任原则为主，无过错原则为例外。无过错责任原则，又称作"严格责任原则"，即违法行为造成损害后果，不论行为人是否存在过错，都应承担民事责任。我国《中华人民共和国民法典》第一千一百六十五条规定："行为人因过错侵害他人民事权益造成损害的，应当承担侵权责任。"第一千一百六十六条规定："行为人造成他人民事权益损害，不论行为人有无过错，法律规定应当承担侵权责任的，依照其规定。"以及第一千一百九十四条规定："网络用户、网络服务提供者利用网络侵害他人民事权益的，应当承担侵权责任。法律另有规定的，依照其规定。"这就说明适用无过错责任原则的对象、具体情形，法律都在条文中进行了明确的规定，如果没有规定的，则适用过错责任原则。电子商务经营者侵权行为属于一般侵权行为，并不是一律承担责任，只是在电子商务经营者有过错的情况下才承担相应的责任。

电子商务经营者应承担的法定义务包括：提供的服务需符合保障人身、财产安全的要求；对平台内经营者的资质资格未尽到审核义务等，如有违反这些法定义务造成他人损害时，均应承担侵权责任。电子商务活动中承担侵权责任的情形主要有以下两种。

1. 以作为方式实施的侵权行为承担侵权责任

在虚拟的环境下，侵害的民事权益包括人格权、知识产权以及其他财产权等。比如，电子商务经营者利用技术手段攻击他人网络、窃取个人信息、盗窃银行账户资金、侵犯他人知识产权等。

2. 以不作为方式实施的侵权行为承担侵权责任

电子商务经营者以不作为方式实施的侵权的主要情形有，明知他人实施侵权行为而没有及时采取必要措施防止损害结果的扩大、没有对相应的平台内经营者进行资质审核、在接到被侵权人的通知后未履行协助义务等。如《中华人民共和国电子商务法》第三十八条第二款规定："对关系消费者生命健康的商品或者服务，电子商务平台经营者对平台内经营者的资质资格未尽到审核义务，或者对消费者未尽到安全保障义务，造成消费者损害的，依法承担相应的责任。"

二、电子商务经营者的行政责任

随着电子商务市场的快速发展，显现出的问题也愈发明显，包括经营者资质审核不严格、商品信息审查不到位、销售行为管理混乱、信用评价系统不完善等。营造良好的电子商务市场环境，离不开政府相关行政部门的监督监管。

（一）电子商务经营者的行政法律责任

（1）未取得相关行政许可从事经营活动，销售、提供法律、行政法规禁止交易的商品、服务，或者不履行法律规定的信息提供义务，依照有关法律、行政法规的规定处罚。

（2）电子商务经营者有下述行为之一的，由市场监督管理部门责令限期改正，可以处一万元以下的罚款：①未在首页显著位置公示营业执照信息、行政许可信息、属于不需要办理市场主体登记情形等信息，或者上述信息的链接标识的；②未在首页显著位置持续公示终止电子商务的有关信息的；③未明示用户信息查询、更正、删除以及用户注销的方式、程序，或者对用户信查询、更正、删除以及用户注销设置不合理条件的。

（3）电子商务经营者提供商品或者服务的搜索结果时，未同时向该消费者提供不针对其个人特征的选项，没有尊重和平等保护消费者合法权益，或者违反规定搭售商品、服务，没有以显著方式提请消费者注意，或将搭售商品或者服务作为默认同意的选项的，由市场监督管理部门责令限期改正，没收违法所得，可以并处五万元以上二十万元以下的罚款；情节严重的，并处二十万元以上五十万元以下的罚款。

（4）未向消费者明示押金退还的方式、程序，对押金退还设置不合理条件，或者不及时退还押金的，由有关主管部门责令限期改正，可以处五万元以上二十万元以下的罚款；情节严重的，处二十万元以上五十万元以下的罚款。

（5）违反法律、行政法规有关个人信息保护的规定，或者不履行法律、行政法规规定的网络安全保障义务的，依照《中华人民共和国网络安全法》等法律、行政法规的规定处罚。

（6）违反规定，销售的商品或者提供的服务不符合保障人身、财产安全的要求，实施虚假或者引人误解的商业宣传等不正当竞争行为，滥用市场支配地位，或者实施侵犯知识产权、侵害消费者权益等行为的，依照有关法律的规定处罚。

（二）电子商务平台经营者的行政法律责任

（1）违法采取集中亮价、做市商等集中交易方式进行交易，或违法进行标准化合约交易的，依照有关法律、行政法规的规定处罚。

（2）对于平台内经营者存在下列行为之一、未采取必要措施的，由市场监督管理部门责令限期改正，可以处二万元以上十万元以下的罚款：①未在首页显著位置公示营业执照信息、行政许可信息、属于不需要办理市场主体登记情形等信息，或者上述信息的链接标识的；②未在首页显著位置持续公示终止电子商务的有关信息的；③未明示用户信息查询、更正、删除以及用户注销的方式、程序，或者对用户信息查询、更正、删除以及用户注销设置不合理条件的。

（3）不履行法律规定的核验、登记义务的，或不按照法律规定向市场监督管理部门、税务部门报送有关信息的，或不按照法律规定对违法情形采取必要的处置措施，或者未向有关主管部门报告的，或不履行法律规定的商品和服务信息、交易信息保存义务的，由有关主管部门责令限期改正；逾期不改正的，处二万元以上十万元以下的罚款；情节严重的，责令停业整顿，并处十万元以上五十万元以下的罚款。法律、行政法规上述违法行为的处罚另有规定的，依照其规定。

（4）违反规定，有下列行为之一的，由市场监督管理部门责令限期改正，可以处二万元以上十万元以下的罚款；情节严重的，处十万元以上五十万元以下的罚款：①未在首页显著位置持续公示平台服务协议、交易规则信息或者上述信息的链接标识的；②修改交易规则未在首页显著位置公开征求意见，未按照规定的时间提前公示修改内容，或者阻止平台内经营者退出的；③未以显著方式区分标记自营业务和平台内经营者开展的业务的。

附录：《中华人民共和国电子商务法》

中华人民共和国电子商务法

(2018 年 8 月 31 日第十三届全国人民代表大会常务委员会第五次会议通过)

目　　录

第一章　总　　则

第一条　为了保障电子商务各方主体的合法权益，规范电子商务行为，维护市场秩序，促进电子商务持续健康发展，制定本法。

第二条　中华人民共和国境内的电子商务活动，适用本法。

本法所称电子商务，是指通过互联网等信息网络销售商品或者提供服务的经营活动。

法律、行政法规对销售商品或者提供服务有规定的，适用其规定。金融类产品和服务，利用信息网络提供新闻信息、音视频节目、出版以及文化产品等内容方面的服务，不适用本法。

第三条　国家鼓励发展电子商务新业态，创新商业模式，促进电子商务技术研发和推广应用，推进电子商务诚信体系建设，营造有利于电子商务创新发展的市场环境，充分发挥电子商务在推动高质量发展、满足人民日益增长的美好生活需要、构建开放型经济方面的重要作用。

第四条　国家平等对待线上线下商务活动，促进线上线下融合发展，各级人民政府和有关部门不得采取歧视性的政策措施，不得滥用行政权力排除、限制市场竞争。

第五条　电子商务经营者从事经营活动，应当遵循自愿、平等、公平、诚信的原则，遵守法律和商业道德，公平参与市场竞争，履行消费者权益保护、环境保护、知识产权保护、网络安全与个人信息保护等方面的义务，承担产品和服务质量责任，接收政府和社会的监督。

第六条　国务院有关部门按照职责分工负责电子商务发展促进、监督管理等工作。县级以上地方各级人民政府可以根据本行政区域的实际情况，确定本行政区域内电子商务的部门职责划分。

第七条　国家建立符合电子商务特点的协同管理体系，推动形成有关部门、电子商务行业组织、电子商务经营者、消费者等共同参与的电子商务市场治理体系。

第八条　电子商务行业组织按照本组织章程开展行业自律，建立健全行业规范，推动行业诚信建设，监督、引导本行业经营者公平参与市场竞争。

第二章　电子商务经营者

第一节　一般规定

第九条　本法所称电子商务经营者，是指通过互联网等信息网络从事销售商品或者提供服务的经营活动的自然人、法人和非法人组织，包括电子商务平台经营者、平台内经营者以及通过自建网站、其他网络服务销售商品或者提供服务的电子商务经营者。

本法所称电子商务平台经营者，是指在电子商务中为交易双方或者多方提供网络经营场所、交易撮合、信息发布等服务，供交易双方或者多方独立开展交易活动的法人或者非法人组织。

本法所称平台内经营者，是指通过电子商务平台销售商品或者提供服务的电子商务经营者。

第十条　电子商务经营者应当依法办理市场主体登记。但是，个人销售自产农副产品、家庭手工业产品，个人利用自己的技能从事依法无须取得许可的便民劳务活动和零星小额交易活动，以及依照法律、行政法规不需要进行登记的除外。

第十一条　电子商务经营者应当依法履行纳税义务，并依法享受税收优惠。

依照前条规定不需要办理市场主体登记的电子商务经营者在首次纳税义务发生后，应当依照税收征收管理法律、行政法规的规定申请办理税务登记，并如实申报纳税。

第十二条　电子商务经营者从事经营活动，依法需要取得相关行政许可的，应当依法取得行政许可。

第十三条　电子商务经营者销售的商品或者提供的服务应当符合保障人身、财产安全的要求和环境保护要求，不得销售或者提供法律、行政法规禁止交易的商品或者服务。

第十四条　电子商务经营者销售商品或者提供服务应当依法出具纸质发票或者电子发票等购货凭证或者服务单据。电子发票与纸质发票具有同等法律效力。

第十五条　电子商务经营者应当在其首页显著位置，持续公示营业执照信息、与其经营业务有关的行政许可信息、属于依照本法第十条规定的不需要办理市场主体登记情形等信息，或者上述信息的链接标识。

前款规定的信息发生变更的，电子商务经营者应当及时更新公示信息。

第十六条 电子商务经营者自行终止从事电子商务的，应当提前三十日在首页显著位置持续公示有关信息。

第十七条 电子商务经营者应当全面、真实、准确、及时地披露商品或者服务信息，保障消费者的知情权和选择权。电子商务经营者不得以虚构交易、编造用户评价等方式进行虚假或者引人误解的商业宣传，欺骗、误导消费者。

第十八条 电子商务经营者根据消费者的兴趣爱好、消费习惯等特征向其提供商品或者服务的搜索结果的，应当同时向该消费者提供不针对其个人特征的选项，尊重和平等保护消费者合法权益。

电子商务经营者向消费者发送广告的，应当遵守《中华人民共和国广告法》的有关规定。

第十九条 电子商务经营者搭售商品或者服务，应当以显著方式提请消费者注意，不得将搭售商品或者服务作为默认同意的选项。

第二十条 电子商务经营者应当按照承诺或者与消费者约定的方式、时限向消费者交付商品或者服务，并承担商品运输中的风险和责任。但是，消费者另行选择快递物流服务提供者的除外。

第二十一条 电子商务经营者按照约定向消费者收取押金的，应当明示押金退还的方式、程序，不得对押金退还设置不合理条件。消费者申请退还押金，符合押金退还条件的，电子商务经营者应当及时退还。

第二十二条 电子商务经营者因其技术优势、用户数量、对相关行业的控制能力以及其他经营者对该电子商务经营者在交易上的依赖程度等因素而具有市场支配地位的，不得滥用市场支配地位，排除、限制竞争。

第二十三条 电子商务经营者收集、使用其用户的个人信息，应当遵守法律、行政法规有关个人信息保护的规定。

第二十四条 电子商务经营者应当明示用户信息查询、更正、删除以及用户注销的方式、程序，不得对用户信息查询、更正、删除以及用户注销设置不合理条件。

电子商务经营者收到用户信息查询或者更正、删除的申请的，应当在核实身份后及时提供查询或者更正、删除用户信息。用户注销的，电子商务经营者应当立即删除该用户的信息；依照法律、行政法规的规定或者双方约定保存的，依照其规定。

第二十五条　有关主管部门依照法律、行政法规的规定要求电子商务经营者提供有关电子商务数据信息的，电子商务经营者应当提供。有关主管部门应当采取必要措施保护电子商务经营者提供的数据信息的安全，并对其中的个人信息、隐私和商业秘密严格保密，不得泄露、出售或者非法向他人提供。

第二十六条　电子商务经营者从事跨境电子商务，应当遵守进出口监督管理的法律、行政法规和国家有关规定。

第二节　电子商务平台经营者

第二十七条　电子商务平台经营者应当要求申请进入平台销售商品或者提供服务的经营者提交其身份、地址、联系方式、行政许可等真实信息，进行核验、登记，建立登记档案，并定期核验更新。

电子商务平台经营者为进入平台销售商品或者提供服务的非经营用户提供服务，应当遵守本节有关规定。

第二十八条　电子商务平台经营者应当按照规定向市场监督管理部门报送平台内经营者的身份信息，提示未办理市场主体登记的经营者依法办理登记，并配合市场监督管理部门，针对电子商务的特点，为应当办理市场主体登记的经营者办理登记提供便利。

电子商务平台经营者应当依照税收征收管理法律、行政法规的规定，向税务部门报送平台内经营者的身份信息和与纳税有关的信息，并应当提示依照本法第十条规定不需要办理市场主体登记的电子商务经营者依照本法第十一条第二款的规定办理税务登记。

第二十九条　电子商务平台经营者发现平台内的商品或者服务信息存在违反本法第十二条、第十三条规定情形的，应当依法采取必要的处置措施，并向有关主管部门报告。

第三十条　电子商务平台经营者应当采取技术措施和其他必要措施保证其网络安全、稳定运行，防范网络违法犯罪活动，有效应对网络安全事件，保障电子商务交易安全。

电子商务平台经营者应当制定网络安全事件应急预案，发生网络安全事件时，应当立即启动应急预案，采取相应的补救措施，并向有关主管部门报告。

第三十一条 电子商务平台经营者应当记录、保存平台上发布的商品和服务信息、交易信息，并确保信息的完整性、保密性、可用性。商品和服务信息、交易信息保存时间自交易完成之日起不少于三年；法律、行政法规另有规定的，依照其规定。

第三十二条 电子商务平台经营者应当遵循公开、公平、公正的原则，制定平台服务协议和交易规则，明确进入和退出平台、商品和服务质量保障、消费者权益保护、个人信息保护等方面的权利和义务。

第三十三条 电子商务平台经营者应当在其首页显著位置持续公示平台服务协议和交易规则信息或者上述信息的链接标识，并保证经营者和消费者能够便利、完整地阅览和下载。

第三十四条 电子商务平台经营者修改平台服务协议和交易规则，应当在其首页显著位置公开征求意见，采取合理措施确保有关各方能够及时充分表达意见。修改内容应当至少在实施前七日予以公示。

平台内经营者不接收修改内容，要求退出平台的，电子商务平台经营者不得阻止，并按照修改前的服务协议和交易规则承担相关责任。

第三十五条 电子商务平台经营者不得利用服务协议、交易规则以及技术等手段，对平台内经营者在平台内的交易、交易价格以及与其他经营者的交易等进行不合理限制或者附加不合理条件，或者向平台内经营者收取不合理费用。

第三十六条 电子商务平台经营者依据平台服务协议和交易规则对平台内经营者违反法律、法规的行为实施警示、暂停或者终止服务等措施的，应当及时公示。

第三十七条 电子商务平台经营者在其平台上开展自营业务的，应当以显著方式区分标记自营业务和平台内经营者开展的业务，不得误导消费者。

电子商务平台经营者对其标记为自营的业务依法承担商品销售者或者服务提供者的民事责任。

第三十八条 电子商务平台经营者知道或者应当知道平台内经营者销售的商品或者提供的服务不符合保障人身、财产安全的要求，或者有其他侵害消费者合法权益行为，未采取必要措施的，依法与该平台内经营者承担连带责任。

对关系消费者生命健康的商品或者服务，电子商务平台经营者对平台内经营者的资质资格未尽到审核义务，或者对消费者未尽到安全保障义务，造成消费者损害的，依法承担相应的责任。

第三十九条 电子商务平台经营者应当建立健全信用评价制度，公示信用评价规则，为消费者提供对平台内销售的商品或者提供的服务进行评价的途径。

电子商务平台经营者不得删除消费者对其平台内销售的商品或者提供的服务的评价。

第四十条 电子商务平台经营者应当根据商品或者服务的价格、销量、信用等以多种方式向消费者显示商品或者服务的搜索结果；对于竞价排名的商品或者服务，应当显著标明"广告"。

第四十一条 电子商务平台经营者应当建立知识产权保护规则，与知识产权权利人加强合作，依法保护知识产权。

第四十二条 知识产权权利人认为其知识产权受到侵害的，有权通知电子商务平台经营者采取删除、屏蔽、断开链接、终止交易和服务等必要措施。通知应当包括构成侵权的初步证据。

电子商务平台经营者接到通知后，应当及时采取必要措施，并将该通知转送平台内经营者；未及时采取必要措施的，对损害的扩大部分与平台内经营者承担连带责任。

因通知错误造成平台内经营者损害的，依法承担民事责任。恶意发出错误通知，造成平台内经营者损失的，加倍承担赔偿责任。

第四十三条 平台内经营者接到转送的通知后，可以向电子商务平台经营者提交不存在侵权行为的声明。声明应当包括不存在侵权行为的初步证据。

电子商务平台经营者接到声明后，应当将该声明转送发出通知的知识产权权利人，并告知其可以向有关主管部门投诉或者向人民法院起诉。电子商务平台经营者在转送声明到达知识产权权利人后十五日内，未收到权利人已经投诉或者起诉通知的，应当及时终止所采取的措施。

第四十四条 电子商务平台经营者应当及时公示收到的本法第四十二条、第四十三条规定的通知、声明及处理结果。

第四十五条 电子商务平台经营者知道或者应当知道平台内经营者侵

犯知识产权的，应当采取删除、屏蔽、断开链接、终止交易和服务等必要措施；未采取必要措施的，与侵权人承担连带责任。

第四十六条 除本法第九条第二款规定的服务外，电子商务平台经营者可以按照平台服务协议和交易规则，为经营者之间的电子商务提供仓储、物流、支付结算、交收等服务。电子商务平台经营者为经营者之间的电子商务提供服务，应当遵守法律、行政法规和国家有关规定，不得采取集中竞价、做市商等集中交易方式进行交易，不得进行标准化合约交易。

第三章　电子商务合同的订立与履行

第四十七条 电子商务当事人订立和履行合同，适用本章和《中华人民共和国民法总则》《中华人民共和国合同法》《中华人民共和国电子签名法》等法律的规定。

第四十八条 电子商务当事人使用自动信息系统订立或者履行合同的行为对使用该系统的当事人具有法律效力。

在电子商务中推定当事人具有相应的民事行为能力。但是，有相反证据足以推翻的除外。

第四十九条 电子商务经营者发布的商品或者服务信息符合要约条件的，用户选择该商品或者服务并提交订单成功，合同成立。当事人另有约定的，从其约定。

电子商务经营者不得以格式条款等方式约定消费者支付价款后合同不成立；格式条款等含有该内容的，其内容无效。

第五十条 电子商务经营者应当清晰、全面、明确地告知用户订立合同的步骤、注意事项、下载方法等事项，并保证用户能够便利、完整地阅览和下载。

电子商务经营者应当保证用户在提交订单前可以更正输入错误。

第五十一条 合同标的为交付商品并采用快递物流方式交付的，收货人签收时间为交付时间。合同标的为提供服务的，生成的电子凭证或者实物凭证中载明的时间为交付时间；前述凭证没有载明时间或者载明时间与实际提供服务时间不一致的，实际提供服务的时间为交付时间。

合同标的为采用在线传输方式交付的，合同标的进入对方当事人指定的特定系统并且能够检索识别的时间为交付时间。

合同当事人对交付方式、交付时间另有约定的，从其约定。

第五十二条 电子商务当事人可以约定采用快递物流方式交付商品。

快递物流服务提供者为电子商务提供快递物流服务，应当遵守法律、行政法规，并应当符合承诺的服务规范和时限。快递物流服务提供者在交付商品时，应当提示收货人当面查验；交由他人代收的，应当经收货人同意。

快递物流服务提供者应当按照规定使用环保包装材料，实现包装材料的减量化和再利用。

快递物流服务提供者在提供快递物流服务的同时，可以接收电子商务经营者的委托提供代收货款服务。

第五十三条 电子商务当事人可以约定采用电子支付方式支付价款。

电子支付服务提供者为电子商务提供电子支付服务，应当遵守国家规定，告知用户电子支付服务的功能、使用方法、注意事项、相关风险和收费标准等事项，不得附加不合理交易条件。电子支付服务提供者应当确保电子支付指令的完整性、一致性、可跟踪稽核和不可篡改。

电子支付服务提供者应当向用户免费提供对账服务以及最近三年的交易记录。

第五十四条 电子支付服务提供者提供电子支付服务不符合国家有关支付安全管理要求，造成用户损失的，应当承担赔偿责任。

第五十五条 用户在发出支付指令前，应当核对支付指令所包含的金额、收款人等完整信息。

支付指令发生错误的，电子支付服务提供者应当及时查找原因，并采取相关措施予以纠正。造成用户损失的，电子支付服务提供者应当承担赔偿责任，但能够证明支付错误非自身原因造成的除外。

第五十六条 电子支付服务提供者完成电子支付后，应当及时准确地向用户提供符合约定方式的确认支付的信息。

第五十七条 用户应当妥善保管交易密码、电子签名数据等安全工具。用户发现安全工具遗失、被盗用或者未经授权的支付的，应当及时通知电子支付服务提供者。

未经授权的支付造成的损失，由电子支付服务提供者承担；电子支付服务提供者能够证明未经授权的支付是因用户的过错造成的，不承担责任。

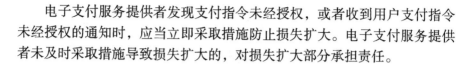

电子支付服务提供者发现支付指令未经授权，或者收到用户支付指令未经授权的通知时，应当立即采取措施防止损失扩大。电子支付服务提供者未及时采取措施导致损失扩大的，对损失扩大部分承担责任。

第四章　电子商务争议解决

第五十八条　国家鼓励电子商务平台经营者建立有利于电子商务发展和消费者权益保护的商品、服务质量担保机制。

电子商务平台经营者与平台内经营者协议设立消费者权益保证金的，双方应当就消费者权益保证金的提取数额、管理、使用和退还办法等作出明确约定。

消费者要求电子商务平台经营者承担先行赔偿责任以及电子商务平台经营者赔偿后向平台内经营者的追偿，适用《中华人民共和国消费者权益保护法》的有关规定。

第五十九条　电子商务经营者应当建立便捷、有效的投诉、举报机制，公开投诉、举报方式等信息，及时受理并处理投诉、举报。

第六十条　电子商务争议可以通过协商和解，请求消费者组织、行业协会或者其他依法成立的调解组织调解，向有关部门投诉，提请仲裁，或者提起诉讼等方式解决。

第六十一条　消费者在电子商务平台购买商品或者接收服务，与平台内经营者发生争议时，电子商务平台经营者应当积极协助消费者维护合法权益。

第六十二条　在电子商务争议处理中，电子商务经营者应当提供原始合同和交易记录。因电子商务经营者丢失、伪造、篡改、销毁、隐匿或者拒绝提供前述资料，致使人民法院、仲裁机构或者有关机关无法查明事实的，电子商务经营者应当承担相应的法律责任。

第六十三条　电子商务平台经营者可以建立争议在线解决机制，制定并公示争议解决规则，根据自愿原则，公平、公正地解决当事人的争议。

第五章　电子商务促进

第六十四条　国务院和省、自治区、直辖市人民政府应当将电子商务发展纳入国民经济和社会发展规划，制定科学合理的产业政策，促进电子商务创新发展。

第六十五条　国务院和县级以上地方人民政府及其有关部门应当采取措施，支持、推动绿色包装、仓储、运输，促进电子商务绿色发展。

第六十六条　国家推动电子商务基础设施和物流网络建设，完善电子商务统计制度，加强电子商务标准体系建设。

第六十七条　国家推动电子商务在国民经济各个领域的应用，支持电子商务与各产业融合发展。

第六十八条　国家促进农业生产、加工、流通等环节的互联网技术应用，鼓励各类社会资源加强合作，促进农村电子商务发展，发挥电子商务在精准扶贫中的作用。

第六十九条　国家维护电子商务交易安全，保护电子商务用户信息，鼓励电子商务数据开发应用，保障电子商务数据依法有序自由流动。

国家采取措施推动建立公共数据共享机制，促进电子商务经营者依法利用公共数据。

第七十条　国家支持依法设立的信用评价机构开展电子商务信用评价，向社会提供电子商务信用评价服务。

第七十一条　国家促进跨境电子商务发展，建立健全适应跨境电子商务特点的海关、税收、进出境检验检疫、支付结算等管理制度，提高跨境电子商务各环节便利化水平，支持跨境电子商务平台经营者等为跨境电子商务提供仓储物流、报关、报检等服务。

国家支持小型微型企业从事跨境电子商务。

第七十二条　国家进出口管理部门应当推进跨境电子商务海关申报、纳税、检验检疫等环节的综合服务和监管体系建设，优化监管流程，推动实现信息共享、监管互认、执法互助，提高跨境电子商务服务和监管效率。跨境电子商务经营者可以凭电子单证向国家进出口管理部门办理有关手续。

第七十三条　国家推动建立与不同国家、地区之间跨境电子商务的交流合作，参与电子商务国际规则的制定，促进电子签名、电子身份等国际互认。

国家推动建立与不同国家、地区之间的跨境电子商务争议解决机制。

第六章　法律责任

第七十四条　电子商务经营者销售商品或者提供服务，不履行合同义务或者履行合同义务不符合约定，或者造成他人损害的，依法承担民事责任。

第七十五条　电子商务经营者违反本法第十二条、第十三条规定，未取得相关行政许可从事经营活动，或者销售、提供法律、行政法规禁止交易的商品、服务，或者不履行本法第二十五条规定的信息提供义务，电子商务平台经营者违反本法第四十六条规定，采取集中交易方式进行交易，或者进行标准化合约交易的，依照有关法律、行政法规的规定处罚。

第七十六条　电子商务经营者违反本法规定，有下列行为之一的，由市场监督管理部门责令限期改正，可以处一万元以下的罚款，对其中的电子商务平台经营者，依照本法第八十一条第一款的规定处罚：

（一）未在首页显著位置公示营业执照信息、行政许可信息、属于不需要办理市场主体登记情形等信息，或者上述信息的链接标识的；

（二）未在首页显著位置持续公示终止电子商务的有关信息的；

（三）未明示用户信息查询、更正、删除以及用户注销的方式、程序，或者对用户信息查询、更正、删除以及用户注销设置不合理条件的。

电子商务平台经营者对违反前款规定的平台内经营者未采取必要措施的，由市场监督管理部门责令限期改正，可以处二万元以上十万元以下的罚款。

第七十七条　电子商务经营者违反本法第十八条第一款规定提供搜索结果，或者违反本法第十九条规定搭售商品、服务的，由市场监督管理部门责令限期改正，没收违法所得，可以并处五万元以上二十万元以下的罚款；情节严重的，并处二十万元以上五十万元以下的罚款。

第七十八条　电子商务经营者违反本法第二十一条规定，未向消费者明示押金退还的方式、程序，对押金退还设置不合理条件，或者不及时退还押金的，由有关主管部门责令限期改正，可以处五万元以上二十万元以下的罚款；情节严重的，处二十万元以上五十万元以下的罚款。

第七十九条　电子商务经营者违反法律、行政法规有关个人信息保护的规定，或者不履行本法第三十条和有关法律、行政法规规定的网络安全

263

保障义务的，依照《中华人民共和国网络安全法》等法律、行政法规的规定处罚。

第八十条 电子商务平台经营者有下列行为之一的，由有关主管部门责令限期改正；逾期不改正的，处二万元以上十万元以下的罚款；情节严重的，责令停业整顿，并处十万元以上五十万元以下的罚款：

（一）不履行本法第二十七条规定的核验、登记义务的；

（二）不按照本法第二十八条规定向市场监督管理部门、税务部门报送有关信息的；

（三）不按照本法第二十九条规定对违法情形采取必要的处置措施，或者未向有关主管部门报告的；

（四）不履行本法第三十一条规定的商品和服务信息、交易信息保存义务的。

法律、行政法规对前款规定的违法行为的处罚另有规定的，依照其规定。

第八十一条 电子商务平台经营者违反本法规定，有下列行为之一的，由市场监督管理部门责令限期改正，可以处二万元以上十万元以下的罚款；情节严重的，处十万元以上五十万元以下的罚款：

（一）未在首页显著位置持续公示平台服务协议、交易规则信息或者上述信息的链接标识的；

（二）修改交易规则未在首页显著位置公开征求意见，未按照规定的时间提前公示修改内容，或者阻止平台内经营者退出的；

（三）未以显著方式区分标记自营业务和平台内经营者开展的业务的；

（四）未为消费者提供对平台内销售的商品或者提供的服务进行评价的途径，或者擅自删除消费者的评价的。

电子商务平台经营者违反本法第四十条规定，对竞价排名的商品或者服务未显著标明"广告"的，依照《中华人民共和国广告法》的规定处罚。

第八十二条 电子商务平台经营者违反本法第三十五条规定，对平台内经营者在平台内的交易、交易价格或者与其他经营者的交易等进行不合理限制或者附加不合理条件，或者向平台内经营者收取不合理费用的，由市场监督管理部门责令限期改正，可以处五万元以上五十万元以下的罚款；情节严重的，处五十万元以上二百万元以下的罚款。

第八十三条 电子商务平台经营者违反本法第三十八条规定，对平台内经营者侵害消费者合法权益行为未采取必要措施，或者对平台内经营者未尽到资质资格审核义务，或者对消费者未尽到安全保障义务的，由市场监督管理部门责令限期改正，可以处五万元以上五十万元以下的罚款；情节严重的，责令停业整顿，并处五十万元以上二百万元以下的罚款。

第八十四条 电子商务平台经营者违反本法第四十二条、第四十五条规定，对平台内经营者实施侵犯知识产权行为未依法采取必要措施的，由有关知识产权行政部门责令限期改正；逾期不改正的，处五万元以上五十万元以下的罚款；情节严重的，处五十万元以上二百万元以下的罚款。

第八十五条 电子商务经营者违反本法规定，销售的商品或者提供的服务不符合保障人身、财产安全的要求，实施虚假或者引人误解的商业宣传等不正当竞争行为，滥用市场支配地位，或者实施侵犯知识产权、侵害消费者权益等行为的，依照有关法律的规定处罚。

第八十六条 电子商务经营者有本法规定的违法行为的，依照有关法律、行政法规的规定记入信用档案，并予以公示。

第八十七条 依法负有电子商务监督管理职责的部门的工作人员，玩忽职守、滥用职权、徇私舞弊，或者泄露、出售或者非法向他人提供在履行职责中所知悉的个人信息、隐私和商业秘密的，依法追究法律责任。

第八十八条 违反本法规定，构成违反治安管理行为的，依法给予治安管理处罚；构成犯罪的，依法追究刑事责任。

第七章　附　　则

第八十九条 本法自 2019 年 1 月 1 日起施行。

参考文献

[1] 崔聪聪.电子商务法 [M].北京：知识产权出版社，2019.

[2] 崔建远.合同法 [M].北京：法律出版社，2016.

[3] 高富平.中国电子商务立法研究 [M].北京：法律出版社，2015.

[4] 郭海霞.电子商务法 [M].北京：电子工业出版社，2021.

[5] 郭鹏.电子商务法 [M].北京：北京大学出版社，2017.

[6] 贺琼琼.电子商务法 [M].武汉：武汉大学出版社，2016.

[7] 凌斌.电子商务法 [M].2 版.北京：中国人民大学出版社，2022.

[8] 凌斌.电子商务法 [M].北京：中国人民大学出版社，2019.

[9] 苏丽琴.电子商务法 [M].北京：电子工业出版社，2015.

[10] 唐先锋.电子商务法 [M].杭州：浙江大学出版社，2020.

[11] 唐先锋.电子商务法律实务 [M].北京：清华大学出版社，2014.

[12] 童宏祥.电子商务法律实务 [M].上海：立信会计出版社，2019.

[13] 汪涌，杨振中，孟斌，等.电子商务平台侵权法律实务与案例评析
[M].北京：中国民主法制出版社，2020.

[14] 王丹.电子商务法律实务 [M].上海：上海交通大学出版社，2013.

[15] 王利明.合同法 [M].北京：中国人民大学出版社，2010.

[16] 王卫东.电子商务法律法规 [M].北京：清华大学出版社，2021.

[17] 温希波.电子商务法：法律法规与案例分析 [M].北京：人民邮电出
版社，2019.

[18] 温希波，邢志良，薛梅.电子商务法：法律法规与案例分析：微课版
[M].北京：人民邮电出版社，2021.

[19] 徐海明.中国电子商务法律问题研究 [M].北京：北京理工大学出版
社，2017.

[20] 薛虹.论电子商务合同自动信息系统的法律效力 [J].苏州大学学报

（哲学社会科学版），2019，40（1）：70 - 78，192.

［21］杨坚争.电子商务法教程［M］.3 版.北京：高等教育出版社，2017.

［22］杨立钒，万以娴.电子商务法与案例分析：微课版［M］.北京：人民邮电出版社，2020.

［23］衣赓.论电子商务合同效力及其立法完善［D］.北京：中国政法大学，2011.

［24］张楚.电子商务法教程［M］.北京：清华大学出版社，2005.

［25］张玉敏.民法［M］.北京：北京高等教育出版社，2011.

［26］赵旭东.电子商务法学［M］.北京：高等教育出版社，2019.

［27］赵旭东.商法学［M］.北京：高等教育出版社，2015.

［28］赵旭东.中华人民共和国电子商务法条文释义与原理［M］.北京：中国法制出版社，2018.

［29］周庆山.电子商务法概论［M］.沈阳：辽宁教育出版社，2005.

［30］朱晓娟.电子商务法［M］.北京：中国人民大学出版社，2019.